2011 年度国家社科基金西部项目

云南省社会科学院
中国（昆明）南亚东南亚研究院　研究文库
何祖坤　主编

云南对外开放中的宗教文化建设

YUNNAN DUIWAI KAIFANGZHONG DE
ZONGJIAO WENHUA JIANSHE

纳文汇　著

中国社会科学出版社

图书在版编目（CIP）数据

云南对外开放中的宗教文化建设／纳文汇著．—北京：中国社会科学出版社，2017.2

ISBN 978 - 7 - 5161 - 9970 - 1

Ⅰ.①云…　Ⅱ.①纳…　Ⅲ.①宗教文化 - 文化交流 - 研究 - 云南、国外

Ⅳ.①B928.2

中国版本图书馆 CIP 数据核字（2017）第 042131 号

出 版 人　赵剑英
责任编辑　任　明
特约编辑　乔继堂
责任校对　闫　萃
责任印制　李寡寡

出　　版　中国社会科学出版社
社　　址　北京鼓楼西大街甲 158 号
邮　　编　100720
网　　址　http：//www. csspw. cn
发 行 部　010 - 84083685
门 市 部　010 - 84029450
经　　销　新华书店及其他书店

印刷装订　北京市兴怀印刷厂
版　　次　2017 年 2 月第 1 版
印　　次　2017 年 2 月第 1 次印刷

开　　本　710×1000　1/16
印　　张　13.25
插　　页　2
字　　数　247 千字
定　　价　68.00 元

目 录

综 合 报 告

综合报告

一　绪论

（一）"桥头堡"建设和"一带一路"战略构想的提出及意义

2009 年 7 月，胡锦涛总书记在云南考察时提出"使云南成为我国面向西南开放的桥头堡"的战略构想。同年 12 月，云南省委八届八次全会确定把云南"建设成中国面向西南开放桥头堡"的战略目标。此后，国家发改委和有关部门将云南桥头堡建设项目立项并上报国务院审议。接着，国务院下发了《关于支持云南省加快建设面向西南开放重要桥头堡的意见》，云南省委、省政府根据中央和国务院的要求编制了实施方案和细则，至此，"桥头堡"建设即正式启动。

"桥头堡"是陆桥经济研究中的一个具有特定内涵的重要概念，它包含了经济、政治、社会、文化等内容，具有控制力、发展力和影响力三个方面的特征。在经济层面的基础性建设方面，根据国家发改委下发的《指导意见》，云南"桥头堡"建设是一个为期十年的中长期规划，共分为两个阶段实施。2011—2015 年是桥头堡战略重点实施阶段，这一阶段云南将加快实施互联互通的通道路网建设、加快通关便利、综合口岸基础设施建设、昆明至缅甸皎漂的油气管道建设、国际物流体系的建设、连通云南到印度洋的口岸建设等。2016—2020 年是重点突破阶段，这一阶段将建成昆明、曲靖、大理、蒙自四大枢纽为核心的公路、铁道、航空、水运对内对外网络运输体系的建设；建设石油、化工天然气、新能源、特色农业、矿产加工、生物制药、旅游文化、金融交通运输建设。在基础设施方面，构建南北方向的印度洋国际大通道，包括泛亚铁路、泛亚公路，深圳—广州—南宁—昆明—缅甸—孟加拉—巴基斯坦—伊朗—土耳其伊斯坦布尔的亚洲大陆桥，是支撑"桥头堡"的重要骨架。其中连接云南与缅甸的通道，主要包括从德宏瑞丽出境的滇缅水陆联运通道、昆明—仰光的高等级公路和泛亚铁路西线。

把云南建设成中国面向西南开放的重要"桥头堡"，是中国进一步对外开放，力图从西南走出去，通过东南亚、南亚、印度洋与世界各国广泛联系的重要战略举措；是中央从国家层面和国家高度对促进和推动云南经济文化社会全面发展做出的重大战略决策，它使云南从我国对外开放的后方变成了对外开放的前沿，使云南在全国的战略地位得到空前提升，为云南的经济社会发展提供了前所未有的广阔空间和重大的历史机遇，其意义是深远而重大的。

正值各族人民举全省之力积极投入"桥头堡"建设之际，新一届党中央根据国内国际形势的变化，以及我国经济社会发展的实际适时提出了"一带一路"建设战略构想。

2013 年 9 月和 10 月，习近平主席在出访中亚及东南亚地区和国家时提出了"丝绸之路经济带"和"21 世纪海上丝绸之路"建设的战略构想。党的十八届三中全会形成的《中共中央关于全面深化改革若干重大问题的决定》，确定了"推进丝绸之路经济带和海上丝绸之路建设，形成全方位开放新格局"的战略部署，"一带一路"建设正式成为国家的重要发展战略。2014 年 4 月 10 日，李克强总理在博鳌亚洲论坛年会开幕会上，发表了"共同开创亚洲发展的新未来"的主题演讲，全面阐述了中国的亚洲合作政策，并特别强调要推进"一带一路"建设。2015 年 3 月 28 日上午，习近平主席在 2015 博鳌亚洲论坛的开幕式上发表主旨演讲时宣布："一带一路"建设愿景与行动文件已经制定。当天下午，国家发改委、外交部、商务部联合发布了《推动共建丝绸之路经济带和 21 世纪海上丝绸之路的愿景与行动》。至此，"一带一路"建设战略正式启动。

"一带一路"是世界上跨度最长的经济走廊带，也是世界上最具发展潜力的经济合作带。"一带一路"发端于中国，贯穿中亚、东南亚、南亚、西亚乃至欧洲部分区域，涉及沿线 26 个国家，覆盖约 44—46 亿人口，经济总量约 21 亿美元，分别占全球的 63% 和 29%。

"一带一路"建设强调相关各国坚持共商、共建、共享，以及开放合作、和谐包容、互利共赢、共同发展繁荣的原则和理念，共同打造政治互信、经济融合、文化包容的"利益共同体"、"命运共同体"和"责任共同体"，这是新一届党中央主动应对全球形势变化、根据国内国际两个大局做出的重要战略构想，是新形势下我国面向世界开放的又一重要战略布局，是从国家层面和国家高度提出的国家重大战略决策。它完全符合我国进一步扩大对外开放的需要，也是加强同亚欧非国家互利合作，促进亚欧国家和世界各国共同发展的必然选择，同时还是实现中华民族伟大复兴、实现中国梦的重要步骤和历史机遇。同时，通过"一带一路"建设，能够更好地推动沿线各国人民友好交往，促进不同种族、不同信仰、不同文化传统的国家之间

和谐相处、共同发展，为沿线各国人民带来更多的利益。"一带一路"建设
战略构想的提出，表明中国愿意在力所能及的范围内承担更多责任义务，为
人类和平发展做出更大的贡献。

2015 年 1 月，习近平总书记在云南考察时提出，希望云南主动服务和
融入国家发展战略，闯出一条跨越式发展的路子来，努力成为民族团结进步
示范区、生态文明建设排头兵、面向南亚东南亚辐射中心，谱写好中国梦的
云南篇章。

云南从地理位置来说，地处古代南方丝绸之路要道，拥有面向三亚
（东南亚、南亚、西亚）、肩挑两洋（太平洋、印度洋）、通三江（长江、珠
江、澜沧江—湄公河）达海沿边的独特区位优势，北上连接陆上丝绸之路
经济带，南下连接海上丝绸之路，是中国唯一可以同时从陆上沟通东南亚、
南亚的省份，具有"东连黔桂同沿海，北经川渝进中原，南下越老达泰柬，
西接缅甸连印孟"的独特区位优势。是我国面向西南开放的重要"桥头
堡"，是"一带一路"建设的连接交汇战略支点。由于云南在南方丝绸之路
的重要地位，就使得云南在"一带一路"建设中具有重要的作用。在"一
带一路"建设的纲领性文件《推动共建丝绸之路经济带和 21 世纪海上丝绸
之路的愿景与行动》中，对云南的定位是："发挥云南区位优势，推进与周
边国家的国际运输通道建设，打造大湄公河次区域经济合作新高地，建设成
为面向南亚、东南亚的辐射中心。"因此，充分发挥云南的区位优势和作
用，是顺利推进"一带一路"建设战略的需要。

自习近平主席提出"一带一路"建设的战略构想，并正式成为国家发
展战略以来，丝绸之路意识和丝绸之路经济已为许多国家和国际组织所接
受，"一带一路"建设已为越来越多的国家所认可，其战略意义已为国际社
会所重视，许多国家已将本国的发展战略与"一带一路"建设战略有效对
接。据悉，目前，已经有 60 多个沿线国家和国际组织对参与"一带一路"
建设表达了积极态度；亚投行运作迈出实质性步伐，丝路基金已经顺利启
动，一批基础设施互联互通项目已经在稳步推进。①

中国经过 30 多年的改革开放，取得了举世瞩目的成就。今天，国际国
内形势已发生了深刻变化，中国对内改革和对外开放都面临着新的突破。在
吸收过去有效的改革开放经验的基础上，需要我们调整发展思路，以全新的
理念推动新一轮的对外开放。因此，不论是"桥头堡"建设，或"一带一
路"建设，还是"辐射中心"建设，都是国家发展战略的重要内容和组成

----

① 见 2015 年 3 月 28 日习近平主席在 2015 博鳌亚洲论坛的开幕式上的主旨演讲。

部分，也是中国进一步改革开放、走出去的重要步骤和题中之意。

（二）本课题研究的目的、意义及主要内容

1. 目的意义

自"桥头堡"建设、"一带一路"建设和"辐射中心"建设战略提出并实施以来，引起了社会各界的广泛关注，各省（区）市、各级党委和政府部门，以及学术界、教育界、工商界都对此展开了积极的讨论和研究，并形成了许多相应的成果。但迄今为止，大多数研究成果都是从经济、商贸、科技、交通、通讯等基础设施建设或物质建设的角度，以及广义文化等方面来对此展开讨论研究，鲜有从宗教和宗教文化建设的角度，特别是结合云南地处边疆，多民族、多宗教，民族文化和宗教文化丰富多样的实际和特点，将宗教文化建设放入"桥头堡"建设、"一带一路"建设和"辐射中心"建设战略，以及云南对外开放这一特定的历史背景下和进程中来进行深入研究的。也未见相关的具体和针对性较强的研究报告或著述，只有少量有关加强宗教文化建设促进社会经济发展、积极引导宗教与社会主义社会相适应等方面的文章。因此，在"桥头堡"建设、"一带一路"建设和"辐射中心"建设战略实施中，结合云南的实际和特点，对包括宗教文化在内的民族文化建设，特别是跨境民族地区宗教和宗教文化建设对"桥头堡"建设、"一带一路"建设和"辐射中心"建设战略以及云南对外开放的影响，从宗教文化建设与国家安全和文化安全的角度来进行研究就显得非常重要和必要。本课题拟结合西南边陲云南的地缘和特点，从民族文化和宗教文化的角度，通过对宗教和宗教文化在"桥头堡"建设、"一带一路"建设和"辐射中心"建设战略形成及实施过程中的历史考察和现实研究，重新认识宗教文化在"桥头堡"建设、"一带一路"建设和"辐射中心"建设战略以及云南对外开放的价值和意义，从而传承和发挥宗教文化中的积极因素和正面作用，规避和防范宗教文化中的消极因素和负面作用，加强宗教文化建设，引导宗教及宗教文化为"桥头堡"建设、"一带一路"建设和"辐射中心"建设战略以及云南对外开放服务。所以，本课题具有理论学术价值和现实的实践意义。

2. 主要内容

中国面向西南开放的"桥头堡"建设、"一带一路"建设和"辐射中心"建设战略是一个庞大的系统工程，是社会、经济、制度、文化等综合性、整体性和全方位的建设，是以物质建设为特征的经济建设和以精神建设

为核心的文化建设等在内的有机统一体。其中，经济建设是文化建设的载体和基础，而文化建设是经济建设的灵魂和保障，"桥头堡"建设、"一带一路"建设和"辐射中心"建设战略需要文化软实力的支撑和保障。因此，在云南"桥头堡"建设、"一带一路"建设和"辐射中心"建设战略中，既要注重经济层面的基础性建设，也要注重文化层面的保障性建设；既要注重物质的硬件建设，也要注重文化的软件建设；要把经济建设和文化建设有机地结合起来，以经济建设带动文化建设，以文化建设促进经济建设，充分发挥文化在推动经济建设和社会发展中的软实力作用。

中国面向东南亚、南亚开放，并通过印度洋走向世界，与世界各国进行广泛的政治、经济、文化、科学技术等全方位的交流和贸易，突破霸权国家对中国的封锁和围堵，扩大中国在世界上的影响，实现中华民族的伟大复兴是"桥头堡"建设和"一带一路"建设战略的重要内容，而且这种对外开放的力度、广度和深度是前所未有的，是全方位、立体型、宽领域、高层次、高效益的开放，是经济、贸易、科技、文化、教育、交通、信息等领域的全面合作与接轨，其中文化的对外开放和交流是必然的也是必需的，而且是极其重要的方面。而在文化系统中，宗教文化是极其重要的组成部分。

云南是全国民族成分最多和宗教形态最完备的省区，全省有 26 个世居民族，每个民族都有自己的宗教信仰和宗教生活，五大传统宗教和原始宗教及民族民间宗教等多种宗教形态丰富多样而并存，宗教文化多元而共生。全省有信教群众 400 多万，宗教和宗教文化与各民族的社会生活密不可分，它对一个国家和地区的经济社会发展、国家安全、民族关系、社会稳定以及人们的物质生活和社会的精神文化生活产生着深刻而重大的影响。加之云南地处祖国西南边陲，与缅甸、老挝、越南三国接壤，边界线总长为 4061 公里，自古就是中国连接东南亚各国的陆路通道。全省有 16 个民族与境外相同民族跨境而居，族源同根、文化同源，在历史和现中，宗教文化交流密切，对边疆社会和谐稳定，发展与邻国友好关系发挥着重要作用。所以，云南边疆民族地区的宗教和谐是社会和谐的重要保证，宗教文化建设是"桥头堡"建设、"一带一路"建设和"辐射中心"建设战略的重要内容，各民族宗教界人士和广大的信教群众是实现"桥头堡"建设、"一带一路"建设和"辐射中心"建设战略的重要力量。

同时，在实施"桥头堡"建设、"一带一路"建设和"辐射中心"建设战略中，需要一个和谐稳定的社会环境，这是"桥头堡"建设、"一带一路"建设和"辐射中心"建设战略以及云南经济社会发展的重要保证。丝绸之路沿线国家多，覆盖人口广，经济规模总量大，民族众多，宗教形态多样，民族文化和宗教文化多元。"在陆上丝绸之路沿线地区，若干国家的政治动荡和跨国界的民族、宗教、教派冲突，将对未来全球程序和大国关系造成严重冲击，也必将对中国在该地区迅速拓展的经济利益和政治影响造成严重冲击。在海上丝绸之路，也存在着由民族、宗教纷争而引发的各种冲突，国际恐怖组织及势力在东南亚一带的活动日趋活跃。"[①] 加之"东突"势力与中亚、中东等极端宗教组织千丝万缕的联系，使得非传统安全与传统安全相互交织，国际反恐合作中的宗教交流与合作的重要性与紧迫性凸显。[②] 再由于"一带一路"沿线地区和国家大多拥有丰富的自然资源和广阔的发展空间，具有重要的战略地位优势。近些年来，美国先后在亚太地区推行推行和实施的"重返亚太战略"、"丝绸之路战略法案"、"新丝绸之路战略"，以及日本开展的"丝绸之路外交战略"等一系列战略举措，企图将日美同盟的干预范围扩大至南海，以达到遏制中国，围堵和打压中国发展的目的。其上述政策和行为破坏了中国与东南亚国家友好合作关系，影响了南海正常的航运安全，损坏了中国在南海的海洋权益，对海上丝绸之路建设带来严重威胁和挑战。[③] 因此，"桥头堡"建设、"一带一路"建设和"辐射中心"建设面临着严峻的挑战。

此外，要把云南建设成为"民族团结进步示范区、生态文明建设排头兵和面向南亚、东南亚开放辐射中心"是习近平在云南考察时对云南提出的三个定位。而民族和睦、宗教和顺、社会和谐是建设民族团结进步示范区的重要内容和面向南亚、东南亚辐射中心的必要保证，其中宗教和顺的关键之一是宗教文化的和谐，没有宗教文化的和谐就不可能有宗教和顺，也就不可能有民族和睦和社会和谐。所以，宗教和宗教文化的和谐既是"桥头堡"建设和"一带一路"建设的重要内容和题中之意，也是把云南建设成为"民族团结进步示范区、生态文明建设的排头兵和面向南亚、东南亚开放的辐射中心"，以及构建和谐社会，进一步对外开发的重要保证和必要条件。所以，包括宗教和宗教文化和谐在内的宗教文化建设就至关重要，它对"桥头堡"建设、"一带一路"建设和"辐射中心"建设战略有着重大影响。

---

① 王辑私：《"西进"，中国地缘战略的再平衡》，《环球时报》，2012 年 10 月 17 日。
② 马丽蓉：《中国"丝绸战略"与伊斯兰教人文交流的比较优势》，《世界宗教文化》2015 年第一期。
③ 袁新涛：《"一带一路"建设的国家战略分析》，《理论月刊》2014 年第 11 期。

（三）本课题研究的基本思路、方法、重点及创新之处

1. 基本思路

第一，通过实地深入的田野调查，全面了解和掌握云南宗教和宗教文化的基本情况，以及宗教和宗教文化在云南经济社会发展、民族团结、边疆稳定和对外交流等方面的历史和现实状况，认真分析研究宗教和宗教文化在云南社会进程中的作用和影响，进而从理论和实践两个方面对宗教文化与民族文化及社会主义文化的关系，以及宗教文化在云南经济社会发展和桥头堡建设中的作用和意义进行充分的阐述和论证。

第二，通过广泛深入的座谈、走访、调查和研讨等形式，结合"桥头堡"建设和"一带一路"发展战略的宏观背景和云南宗教的实际，努力发掘宗教文化资源在经济社会发展中的现代价值，积极寻求宗教文化推动经济社会发展的结合点。

第三，从文献资料和田野调查中，客观分析研究当前云南宗教和宗教文化对"桥头堡"建设、"一带一路"建设和"辐射中心"建设战略的积极作用以及负面影响和存在的问题，从理论和实践层面，以及政府、宗教、社会等维度和层面分析研究应对的办法和策略，并针对不同情况，提出若干启示性意见和建议，最终形成相应的具有可行性和操作性的综合报告及专题调研报告，供有关部门作决策参考。

2. 研究方法

从马克思列宁主义民族宗教观出发，坚持以毛泽东思想、邓小平理论、"三个代表"重要思想和科学发展观为指导，深入贯彻习近平系列重要讲话建设，充分阐释宗教和宗教文化在"桥头堡"建设、"一带一路"建设和"辐射中心"建设战略中的重要作用，凸显宗教文化建设的重要地位。

本课题研究资料的获取采用文献资料收集和实地调查的方法。文献资料收集贯穿于课题研究的整个过程，主要从"桥头堡"建设、"一带一路"建设和"辐射中心"建设战略与宗教文化建设两方面，多渠道全面收集相关文献和资料。实地调查主要是针对云南各宗教的地域分布特征，并结合文献资料研究选取具有代表性的几个调查点，深入进行田野调查。调查点的选取主要考虑少数民族聚居区，尤其是边疆跨境民族地区和宗教信众较多、民族宗教多元，以及宗教文化对经济社会发展影响较大的地区。通过田野调查、个案访谈、座谈等形式，全面掌握和了解云南宗教和宗教文化在历史和现实社会中对当地经济社会发展和社会生活具有重要影响和意义的第一手资料，

并在此基础上结合宗教学、民族学、社会学和文化学等学科多视角进行研究。

3. 重点难点

本课题研究的重点在于厘清宗教文化建设与"桥头堡"建设、"一带一路"建设和"辐射中心"建设的关系和作用，以及在"桥头堡"建设、"一带一路"建设和"辐射中心"建设战略中如何进行宗教文化建设。宗教文化的构建将贯穿于整个课题研究之中。

难点之一：在研究方法上怎样很好地做到理论联系实际。一方面，怎样在现有材料的基础上做到理论上有所突破；另一方面，又能够在实践中加以运用，在宗教文化助推""桥头堡"建设、"一带一路"建设和"辐射中心"建设战略中有一定的启示和借鉴作用，这就需要在理论和实践相结合上下功夫。

难点之二：如何辨析现实社会中宗教文化的正负和显隐功能，并正确看待宗教文化的积极和消极作用。由于云南民族地区宗教文化的多样性，宗教和宗教文化中既有精华也有糟粕，一方面要传承和发扬宗教中的积极因素和宗教文化中的精华，让精华部分拥有充分发挥助推"桥头堡"建设、"一带一路"建设和"辐射中心"建设战略的空间；另一方面要摒弃其糟粕，规避和减少宗教和宗教文化中消极因素对"桥头堡"建设、"一带一路"建设和"辐射中心"建设战略的负面影响。

4. 创新之处

本课题的创新之处在于研究对象的创新，即"桥头堡"建设、"一带一路"建设和"辐射中心"建设战略的宗教文化建设。课题研究明确提出在中国面向西南开放的"桥头堡"建设、"一带一路"建设和"辐射中心"建设战略中要加强宗教文化建设这样一个命题，这一方面需要一定的学术勇气，另一方面也需要理论和实践支撑。同时，本课题也是积极贯彻十六届六中全会和十七大以来党中央提出的"积极引导宗教与社会主义社会相适应，充分发挥宗教界人士和信教群众在促进经济社会发展中的积极作用"的具体实践和体现。

课题组成员经过认真细致和艰辛的田野调查，并在积累和掌握了大量文献资料的基础上，对云南宗教和宗教文化的历史和现状有了比较全面和系统的了解；对宗教和宗教文化在云南社会历史进程和社会经济发展中的历史价值与社会功能，以及宗教文化建设与"桥头堡"建设、"一带一路"建设和"辐射中心"建设战略的关系及其作用、价值和意义等宗教文化的当代价值与现代适应做了研究和阐述，从而在此基础上提出"桥头堡"建设、"一带一路"建设和"辐射中心"建设战略中宗教文化建设的内容、路径和方法。最终形成了本课题研究的约16万字的综合报告和约5万字的三个专题报告。

（四）宗教文化的内容及其在本课题研究中的界定

宗教不仅是一种特殊的社会意识形态和客观社会存在，也是一种特殊的社会文化现象。宗教在适应人类社会长期发展过程中形成了特有的宗教信仰、宗教感情和与此种信仰相适应的宗教理论、教义教规，并有其严格的宗教仪式、相对固定的宗教活动场所、严密的宗教组织和宗教制度。宗教在其形成和发展过程中不断吸收人类的各种思想文化，与政治、哲学、法律、文化（包括文学、诗歌、建筑、艺术、绘画、雕塑、音乐）、道德等意识形态相互渗透、相互包容，逐步形成属于自己的宗教文化，成为世界文化宝库的重要组成部分。所以，广义上讲，宗教本身就是一种文化，是一种以信仰为核心的文化，同时又是整个社会文化的重要组成部分。具体来说，宗教文化是宗教信仰、宗教理论、宗教教义、宗教信徒、宗教仪式和宗教活动在社会生活中的反映及其成果，它包括了物质的和非物质的形态。千百年来，宗教和宗教文化作为我国社会文化和传统文化的重要组成部分，不仅在信教群众的精神生活中发挥着作用，而且对社会的精神文化生活也产生了影响。

在社会文化大系统中，宗教文化是子系统。作为社会文化现象和社会文化子系统的宗教文化有广义和狭义之分。广义的宗教文化内容是十分广泛的，它涉及宗教政治、宗教哲学、宗教意识、宗教信仰、宗教教义、宗教伦理、宗教礼仪、宗教活动、宗教流派、宗教团体、宗教管理、宗教典籍、宗教场所、宗教文学、宗教艺术、宗教绘画、宗教音乐、宗教建筑（包括寺观、庙宇、教堂等）诸多方面，涵盖了理论、信仰和实践的多个层面。

同时，宗教既然是一种社会存在、社会文化现象和社会意识形态，就必然形成和生存于一定的社会土壤，就必须与一定的社会和时代相适应、相融合，这样才能生存和发展。离开了特定的社会，任何宗教都不可能存活，更谈不到发展。而如何处理宗教与社会、宗教与国家的关系，是一个宗教能否与社会和时代和谐发展的关键。尤其是当国家和民族面临重大的社会变革、社会结构和社会利益调整，或宗教与社会、宗教与国家的利益发生矛盾或冲突时，如何应对和调适，是考验一个宗教与社会适应能力和社会功能价值的关键。所以，宗教为了自身的生存和发展，会主动地与所处的社会以及这个社会的制度、政治、经济和文化等进行调适，不断地修正、改良、完善和提升自己，从而来适应社会和时代的需要，这种调适有时是主动的，有时是被动的，但不管是主动或是被动，都是必需和不可回避的。

在南方丝绸之路、陆上丝绸之路和海上丝绸之路形成和发展的过程中，宗教就曾主动地调适自己，以适应当时的社会需要，其中，宗教文化在其中起到了重要的作用。正如卓新平教授所说的，"丝绸之路不仅是中外政治、经济的交往之路、更是文明相遇、文化交流之路。其中丝绸之路的连接和保持亦有着重要的宗教因素，在很大程度上，丝绸之路的生命力乃靠宗教的往来得以维系和延续，故而体现出其典型的宗教之魂。"①

历史上，佛教、祆教（锁罗亚斯德教）、犹太教、景教（基督教聂斯脱利派）、明教（摩尼教）、伊斯兰教、天主教都曾先后通过陆地丝绸之路或海上丝绸之路传入中国。虽然有的宗教在后来的发展过程中在中国逐步消失，但它们都在不同的历史时期活跃在丝绸之路上，并留下了许多珍贵的文化遗产。佛教自东汉时传入中国，"可以说，丝绸之路是佛教得以传入中国的'大乘'（大道），而佛教的来往，也使丝绸之路充满生机。佛教通过丝绸之路在中国深根开花，使中国文化的开放性、包容性得到很大的提升。"②自北魏就传入中国的祆教对丝绸之路的精神文化也产生过长久的影响，除了其信仰较有特色外，由其信仰礼仪习俗等演变发展的歌舞艺术也成为珍贵的文化遗产。唐代，随着犹太人来中国经商，犹太教也沿着陆上丝绸之路和海上丝绸之路经中亚、印度辗转来到中国，与丝绸之路密不可分。景教在唐时的传入和在宋元时期的发展与当时丝绸之路的开通和各族的往来也有直接关联。当时景教是活跃在丝绸之路上沟通中西文化的一大宗教。唐初，信仰伊斯兰教的阿拉伯与波斯商人起初主要是从海上丝绸之路前来我国，伊斯兰教也随之传入中国。元时，蒙古族西征也以陆地丝绸之路为主，并促成了沿途信仰伊斯兰教的穆斯林的东迁，大批穆斯林来到中国，形成"元时回回遍天下"的场景。推动了中国境内各民族、宗教的发展。

特别是到了明朝，信奉伊斯兰教的回族将领郑和（1371—1435）率领船队七下西洋，进一步开拓了海上丝绸之路的疆域，促进亚非众多国家和地区的政治、经济和文化交流，亦使这些域区的宗教，尤其是伊斯兰教有了明显提升。尽管传播伊斯兰教不是郑和下西洋的外交目的，但郑和伊斯兰教的背景和因素却在客观上传播了中国伊斯兰文化。郑和船队到访过的 30 多个国家，大多是亚非伊斯兰文化圈的国家，包括东南亚伊斯兰地区、阿拉伯－伊斯兰地区以及非洲伊斯兰等伊斯兰教发源地和两翼辐射地区。郑和下西洋

---

① 卓新平:《丝绸之路的宗教之魂》,《世界宗教文化》2015 年第一期。
② 同上。

对这三个地区的影响程度及方式不尽相同，其中对东南亚伊斯兰地区的影响程度尤其明显，它"催生了一个有利于东南亚伊斯兰化的大环境，加速了阿拉伯、印度、中国与马来西亚穆斯林商人及阿拉伯传教士在马来群岛传播伊斯兰教的活动，……不经意间加速了岛屿与东南亚伊斯兰化的历程"。①郑和在历时28年七下西洋的历程中，不仅传播了伊斯兰文化，还沿途参与佛教、道教仪式和活动，兴建天妃庙宇等，促进了多种宗教及其文化的交流、融合和发展。"郑和的宗教外交实现了'宗教软着陆'的目的，进而柔化并美化了中国形象。"②

天主教自元初传入中国，其传教士的足迹留在了陆地和海上丝绸之路，并形成中西文化及宗教文化的深度交往。而中西文化及宗教文化交流的鼎盛时期是明末清初以耶稣会为代表的天主教东传。以利玛窦为代表的传教士真正实现了这种文化交流的突破，使中西文化交流得以深化。自此，中国人开始对西方文化，如哲学、宗教、语言、科学的系统研究，而西方人也由此而获知中华传统的儒教、道教等宗教文化，受到中国哲学、文学、艺术等的影响。"长期以来，丝绸之路虽因冲突、战乱等政治原因不时中断，但却因无数经商者、传教者的执着、坚持而不断畅通。"③

由此可见，在古丝绸之路的形成过程中，宗教传播和宗教文化的交流起着重要的作用。有的传教士既是信徒又是商人，既传教又经商。由于各宗教传教士的西征东返，促进了丝绸之路沿线经济和商贸的发展，丰富了当地各民族的精神文化生活，改变了其地区的社会面貌。这种发展演变作为文化遗产的积淀而保留下来，至今仍有其影响。因此，在"桥头堡"建设、"一带一路"建设和"辐射中心"建设战略中，要有宗教的考量，不能忽视宗教的因素，"必须关注其中宗教文化的存在与交流，研究其在形成和发展中的影响和作用"。④

云南是一个民族众多、宗教形态多样、宗教文化多元的边疆省区，同时也是自然资源和人文资源，特别民族文化资源最富集的地区之一，而在丰富灿烂的民族文化中，宗教和宗教文化极其重要并独具特色。但是，尽管云南的宗教文化的内涵十分广泛，尽管云南的宗教文化多元而丰富，本课题所关涉的宗教文化不能也不可能穷尽和涵盖宗教文化的所有内容，而只能是根据

---

① 陈达生：《郑和与东南亚伊斯兰》，海洋出版社，2008年版，第98—99页。
② 马丽蓉：《中国"丝绸战略"与伊斯兰教人文交流的比较优势》，《世界宗教文化》2015年第一期。
③ 卓新平：《丝绸之路的宗教之魂》，《世界宗教文化》2015年第一期。
④ 同上。

本研究的需要，也即"桥头堡"建设、"一带一路"建设和"辐射中心"建设战略的需要，对与之相关的宗教文化，或者说与上述建设战略有重要关系和重大的影响的宗教文化进行研究。所以，本课题所涉及的宗教文化，是狭义的宗教文化，或者说是宗教文化的一部分，主要是涉及"桥头堡"建设、"一带一路"建设和"辐射中心"建设战略作为云南民族文化重要组成部分的宗教文化，尤其是在此背景下云南民族地区和边疆地区的宗教文化，也即在上述建设战略中我们应该从哪几个方面和层面来进行宗教文化建设？只有准确地定位、明确的目标，我们才能有的放矢、行之有效地进行相关的研究和建设。因此，本课题研究的宗教文化和宗教文化建设，具体来说，主要是针对我国现行的宗教政策及相关的法律法规、宗教与社会主义和谐、宗教人才队伍与宗教团体、宗教场所（寺观庙宇）与宗教教育、宗教经典与教义教理、宗教文化旅游与宗教文化生态，宗教文化交流以及防范和抵御境外势力利用宗教或宗教文化对我进行渗透等方面的内容。我们认为，在"桥头堡"建设和"一带一路"建设以及"辐射中心"建设战略中，通过对上述宗教文化诸方面的建设，一方面可以为上述建设战略提供文化软实力，促进、助推和确保上述建设战略顺利实施；另一方面也是宗教与宗教文化自身建设和发展的需要。

二 云南宗教及其文化状况与特点

（一）云南宗教及其文化状况

云南省地处祖国西南边陲，与缅甸、老挝、越南等国接壤，是一个多民族的边疆省份，除汉族外，有 55 个少数民族成分，全省总人口为 4596.6 万人，少数民族人口为 1533.7 万人，占全省总人口的 33.37%；人口在 5000 以上的世居少数民族有 25 个，其中有 16 个少数民族跨境而居，有 15 个特有少数民族，是全国少数民族成分和特有少数民族最多的省份。[①] 同时，云南还是全国宗教种类最多和宗教形态最完备的省区，每个民族都有自己的宗教信仰和宗教生活，有的民族几乎全民信教（如回族、藏族和傣族）；云南境内除了有各民族形态丰富多样的传统宗教（原始宗教和民族民间宗教）外，佛教（包括汉传佛教、藏传佛教和南传上座部佛教）、道教、伊斯兰教、基督教和天主教均有传播和发展。目前，云南全省有信教群众 450 多万，占全省总人口的 1/10 左右；有宗教意识和宗教情结的人就更多。其中信仰佛教的有 282.4 万多人，信仰道教的有 16.3 万多人，信仰伊斯兰教的有 64 万多人，信仰基督教的有 58.5 万多人，信仰天主教的有 4.3 万多人。信教群众每年都有上升趋势，近几年有的地区出现宗教热，特别是汉传佛教和基督教的信众增加较快。截至 2008 年，全省有宗教教职人员 14619 人，正式登记的宗教活动场所有 5738 处，各民族宗教界人士、信教群众绝对数和人口比，以及宗教活动场所数均在全国各省区中位于前列（截至 2012 年 9 月全国经批准开放的宗教活动场所总数为 14 万处，宗教团体为 5500 个[②]）。

[①] 据云南省统计局、云南省第六次全国人口普查办公室 2011 年 5 月 9 日公布的 "2010 年云南省第六次全国人口普查主要数据公报" 和云南省民族事务委员会、云南省统计局联发《关于规范使用少数民族称谓和云南省少数民族数据的意见》。

[②] 见《中国宗教》2012 年第 10 期，第 10 页。

"十里不同天，一山有四季，三个民族十个神"，是对云南自然环境、生物资源和人文历史多样性的生动写照。云南丰富多样的自然环境、生物资源和悠久的人文历史，形成了云南丰富多彩的民族文化与宗教文化相融并存、多元共生的现状和特点。

1. 佛教及其文化

佛教是世界三大宗教之一，起源于古天竺（古印度），约于公元 1 世纪两汉交替时逐渐从印度传入我国内地，迄今约有 2000 年历史，在我国影响广泛，信徒众多。佛教传入我国后，与我国本土文化互相融合，从而成为我国的主要宗教之一。

佛教大约于公元 7 世纪从印度、缅甸、西藏和中原多路传入云南，迄今已有 1300 多年的历史。佛教在云南多元多流，教派繁多，宗教文化内容丰富，地方民族特色浓厚，在中国佛教中具有极为重要的地位和广泛影响。

佛教按所用经典的语系，分为梵文经典系佛教（又称印度密教和云南阿吒力教）、汉文经典系佛教（又称汉传佛教或汉地佛教）、巴利文经典系佛教（又称南传上座部佛教，俗称小乘佛教）、藏文经典系佛教（又称藏传佛教，俗称喇嘛教）四大派系。云南是我国唯一一个同时拥有汉、藏、巴利三语系佛教传播的省份，这在我国佛教乃至世界佛教中都是十分独特的，显示出云南形态的多样性和独特性。

（1）云南阿吒力密教（梵文经典系佛教）

阿吒力属印度密教，是公元 7 世纪以后印度大乘佛教一部分派别与婆罗门教相结合的产物。约于公元 7 世纪末至 8 世纪初经缅甸北部传入云南大理洱海地区，为白、彝、汉等民族所信仰。

印度密教阿吒力传入云南后，与当时的南诏、大理封建统治阶级紧密联系，融神权与封建地方政权为一体，并把儒家思想与佛教结合起来，成为封建统治阶级安邦定国的思想基础。随后经过长期的传承演变而成为云南独有的一个佛教派别，并形成了它的一系列特征，具有浓厚的地方民族宗教色彩。

元明两代，阿吒力密教的宗教地位和政治地位逐渐衰颓，到康熙时，被作为邪教对待，禁止其传播发展。到民国时仍有组织和活动，但规模和作用已大大衰落，其寺庙和教徒多被汉传佛教的禅宗所融合，成为禅宗的附庸，仅在民间有残余变种流传。新中国成立后，云南阿吒力密教基本衰亡，已无宗教组织和庙宇，僧侣已演变为类似居士的信徒，只在农村有少量的念经活动。而今，阿吒力密教在云南也成为历史宗教。但由于阿吒力密教在云南大理白族地区长期存在，在白族民间留下不少的用汉文书写但又夹杂着白语的经典，成为研究云南佛教史的珍贵资料。

（2）汉传佛教（汉文经典系佛教）

云南虽然地处我国西南边陲，但汉传佛教的传入时间却很悠久，分布广泛、信仰人数众多。汉传佛教约在公元 7—8 世纪之间分别从中原和蜀地（今四川）传入云南，为汉族及接受汉文化较早的一些少数民族所信仰。唐宋时期，云南汉传佛教在全国都有很高的声誉和广泛的影响，曾被称为"妙香古国"。至宋、元、明时期达到鼎盛，特别是昆明和大理地区，曾一度成为云南汉传佛教的圣地。清代以后，由于战乱和经济萧条等原因，云南境内的汉传佛教逐步衰落。新中国成立后云南汉传佛教的僧尼多数已还俗，"文革"时受到冲击，寺庙受到破坏，僧尼被迫还乡还俗，宗教活动被迫停止，直到 1978 年十一届三中全会后才逐渐恢复起来。信徒主要是汉族，并对白族、纳西族等民族有一定影响；主要分布在大理、保山、楚雄、昆明、红河、曲靖和昭通地区。现全省约有信徒 120 万人。

云南汉传佛教的宗派主要是密宗和禅宗，也有净土宗、律宗、天台宗流传。云南汉传佛教宗派众多，这在全国其他省区也是少见的。云南汉传佛教寺、塔始建于唐代。晚唐以后，特别是宋、元、明时代庙宇极多，出现"无山不寺，无寺不僧"的盛况。清代，汉传佛教在云南逐渐衰竭，但仍有不少寺宇。新中国成立以后，云南汉传佛教的主要寺宇得到修复，并开辟为旅游文化景观，其中最具代表性的有昆明的圆通寺、筇竹寺、华亭寺和宾川鸡足山的祝圣寺，云南境内著名的佛塔有大理崇圣寺三塔和昆明东、西寺塔。云南汉传佛教的名山圣地、寺、塔、经幢、石窟造像等都是云南民族文化的重要资源。

在云南汉族地区，汉传佛教与道教、儒教相融合，具有三教合一的特色。在云南少数民族地区，汉传佛教的思想观念及文化与少数民族的原始宗教及民族民间宗教信仰相融合，形成了佛、巫合一的文化形态，具有鲜明的民族特点和地方特色。如云南澜沧拉祜族的汉传佛教文化与拉祜族民间信仰的至上神厄莎、弥勒佛有机融合在一起，祈福消灾找至上神厄莎，生育健康找弥勒佛，十五、三十烧香点蜡纳福辟邪。在许多少数民族的节日方面，还融合了道教节日的某些内容，具有佛、道合一的特征。

云南汉传佛教的节日较多，主要有如来会、浴佛会、观音会、地藏会、普贤会、弥勒会、龙华会、盂兰盆会等，影响较大的有鸡足山香会和大理观音会等，其中观音会是云南汉传佛教节日中最具群众性的节日。此外，云南许多民族都特别崇奉观音菩萨、弥勒佛、天神等，为祈福、生育、消灾的节日活动也特别多，由此形成了许多地方性的庙会文化，如弥勒会、大理鸡足山香会、嬢嬢会、盘龙寺庙会等。

　　（3）南传上座部佛教（巴利文经典系佛教）

　　南传上座部佛教属于佛教的南传系统，是由印度向南传入斯里兰卡，再传到缅甸、泰国、柬埔寨、老挝等国，约于公元 8 世纪从缅甸传入我国云南西双版纳地区，13 世纪得到发展，现主要分布在云南西双版纳、德宏、普洱、临沧和保山等地，为傣族、布朗族、德昂族、阿昌族及部分佤族所信仰，其中傣族全民信仰南传上座部佛教，目前约有 110 万信众。南传上座部佛教是云南独有的佛教派别。

　　就语言系统来说，南传上座部佛教属于巴利语系佛教，使用巴利文大藏经；就教派来说，它自称属于早期佛教的上座部系统，因此也称为"南传佛教"、"巴利语经典系佛教"、"上座部佛教"。此外，由于它属于大乘佛教兴起前的早期佛教派系，因此被后起的大乘佛教贬称为"小乘"，虽然这一称呼现在已无贬义，但其信徒从感情上仍然接受不了，所以一般不用此称呼。

　　在云南，信仰南传上座部佛教的村寨都有佛寺与佛塔。傣族地区的佛寺可分为若干等级，有统领全区的总佛寺，总佛寺下有各版纳和勐的中心佛寺，中心佛寺下又有各村寨的佛寺。寺院掌握着文化教育大权。传统上，傣族的男子在幼年时都必须出家一段时间，到寺院接受佛教教育，学习佛经和有关的宗教文化知识。在寺院学习的时间不等，有三年五年，也有七年八年，到了接近成年时，就为其举行一定的宗教仪式，还俗为民。也有少数留在寺里，成为僧人。佛寺里有大量的傣文佛经，最古老的佛经是刻写在贝叶上，称为贝叶经，较近代的抄写在棉纸上。其经书数量浩繁，据说有 84000 卷。其内容除佛经外，还有大量的神话传说、民间故事、历史文献、天文历法、医药、数学等。佛教对傣族文化的发展作出了重要贡献，为傣族社会培养了大批的本民族知识分子。

　　傣族地区佛寺与佛塔的建筑风格具有鲜明的南传上座部佛教特点。西双版纳的佛寺一般为宫殿式建筑，德宏地区的佛寺有宫殿式、干栏式和干栏宫殿混合式三种，其中著名的佛寺、佛塔有：曼阁佛塔、大勐龙佛寺、菩提寺、景真八角亭、曼飞龙笋塔、姐勒塔等。

　　云南信奉南传上座部佛教的地区有许多佛教节日，这些佛教节日又与民俗节日融合在一起，既保留着上座部佛教的传统仪轨及习俗，又是傣族等民族的传统节日，因而具有较为广泛的群众基础和丰富的内容。如浴佛节（泼水节）、关门节、开门节、雨安居、翁瓦萨、献经节、塔摆、赕白象、做帕夏等。

　　南传上座部佛教在云南长期的传播发展过程中，与傣族、布朗族、德昂族、阿昌族及佤族等滇西南的少数民族文化、社会生活和风俗习惯逐渐融合，对当地民族的社会、文化、艺术、教育产生了极其深远的影响，以至于形成了以傣族为代表的，在道德心理、风俗习惯、文字教育、天文历法、医学卫生、绘画建筑、音乐舞蹈等方面别具特色的佛教文化圈，成为云南民族传统文化的重要组成部分。

　　（4）藏传佛教（藏文经典系佛教）

　　藏传佛教是藏族全民信仰的传统宗教，以西藏为中心，约于公元 7 世纪从西藏传入云南迪庆、丽江等地区，为藏族、纳西族和普米族所信仰。11世纪以后有较大规模的发展。藏传佛教在云南的传播和发展大致经历了四个阶段。第一阶段：吐蕃时期的初传阶段；第二阶段：宋末至元时的正式传入阶段；第三阶段：明朝时期；第四阶段：清代。在蒙古和硕特部以及清王朝的大力支持下，格鲁派（黄教）日益兴盛，而其他各派则日渐衰落。清代以后，云南的藏传佛教总体没有大的变化。新中国成立后，迪庆废除了政教合一的统治制度，废除了寺院经济及上层僧侣的特权，寺院内的僧侣逐渐减少，宗教活动总体处于平稳、正常状态。"文化大革命"时受到冲击，十一届三中全会以后逐渐恢复起来。在今云南境内主要传播于迪庆藏族自治州的中甸县（今香格里拉县）、德钦县和维西县，怒江傈僳族自治州的兰坪县、福贡县和贡山县以及丽江市的古城区、宁蒗县，除藏民全民信仰外，在迪庆州南部的傈僳族、怒江州北部的怒族以及丽江地区的纳西族（含摩梭人）和普米族中也有信众，约有 18 万人。目前，藏传佛教在民间活动的规范性较差，一些特殊的修行方法在民间逐步流传并出现了向藏区以外地区流传的扩大化倾向。云南藏传佛教具有显著的地方民族特色。

　　藏传佛教各教派是"后弘期"的产物，从 11 世纪中叶开始，藏传佛教各教派也随着"后弘期"各教派的形成而传入云南境内，最早传入云南的是宁玛派（红教），随后依次为噶举派（白教）、萨迦派（花教）和格鲁派（黄教）。早期以宁玛派和噶举派分布最广，信众最多。到清初，格鲁派因受到封建统治者的支持而迅速传播。

　　云南著名的藏传佛教寺院有松赞林寺、东竹林寺、来远寺以及指云寺等。藏传佛教对滇西北各民族的社会、文化、生活和政治都产生了较大的影响。

　　云南藏传佛教文化以藏族文化和佛教文化为主，包含和融合了藏族本教文化、纳西族东巴文化、摩梭人的达巴文化和普米族的汉归文化，其中本教是藏文化的根基。本教是云南藏族信仰的原始宗教，其中就包含有神山崇拜和人与自然和谐共处的朦胧意识。佛教传入云南藏区后,佛教的行善惜生、因果轮回等观念与藏族的原始宗教相结合,形成了以山神崇拜为核心的生态文化。这种文化认为,动植物都是有生命的,狩猎、砍树是杀生的行为,要进行严格的控制。动植物多了,家畜与人的疾病将大大减少。在众多活动及禁忌中,每年正月初一至十五,所有的藏族人都要种树,因为他们认为,种一棵树可以延长五年寿命;反之,损一棵树,就要折寿五年。生孩子时请喇嘛取名,生病时请喇嘛祛病,喇嘛都会叫你去种树。这也正是藏族人民具有以神山崇拜为核心的包括寺院周围的生态保护意识和行为,才使中甸和德钦的大面积森林植被幸免于新中国成立后由于经济建设和林权变动引发的几次毁林高潮而得以保存下来,也才使迪庆州至今仍然是生物多样性的富集地和云南生态环境保护得最好的地区之一①。

2. 基督教及其文化

基督宗教与佛教、伊斯兰教并称世界三大宗教。它最初起源于公元 1 世纪的巴勒斯坦,后逐渐流传于罗马帝国全境。基督宗教包含罗马公教、东正教及新教三大派别,但由于历史的原因,在中国,基督教通常仅指三大派别之一的新教,而将罗马公教称为"天主教"。

基督教(新教)于 19 世纪后期从缅甸和四川等地传入云南,最早在大理开办教会,后传播到昆明、昭通、东川等地。主要集中在较偏僻的少数民族地区,教徒多为傈僳族、苗族、拉祜族、景颇族、佤族、哈尼族、彝族等少数民族及部分汉族,少数民族占绝大部分。就基督教的影响及特点而言,在中国,特别是在内地,基督教在思想观念、文化传统、伦理道德等思想文化领域,是与中国传统的儒学结成同盟,借助儒学推广福音;但在西南地区,特别在云南,基督教主要是与少数民族的传统生活习俗、民族文化相结合,从而对云南少数民族的社会生活和精神生活产生影响。

基督教在云南少数民族社会的传播过程中,通过传教士创制少数民族文字的文字布道,使得云南部分信仰基督教的少数民族能运用文字与外部交流、从事本民族的文化教育活动。传教士们以拉丁字母拼写方法为基础,以少数民族语音为依据,创制适合少数民族语言和发音习惯的传教文字。借推广使用少数民族文字之机,他们开办培训班,翻译出版宗教书刊,在少数民族中产生了极大的影响,从而使基督教在云南得到了较快的发展。自 20 世纪以来,基督教传教士们在云南先后创制和推广使用了十余种少数民族文字,其中以苗文、景颇文、傈僳文、拉祜文等影响较大。

---

①　郭家骥主编:《生态文化与可持续发展》,中国书籍出版社 2004 年版,第 70—71 页。

此外，基督教传教士还通过医药布道，使少数民族开始接触现代医药卫生观念，引起了信教群众卫生健康观念的重要变化。在医疗卫生较差的少数民族地区，传教士们开办了医院和许多施药点，通过治病救人、施药行善的方式使人们接受基督教。虽然医药传教具有明显的宗教目的，但对少数民族的生命观、医药卫生观产生了深刻的影响。

云南基督教派别虽然繁多，但影响最大、分布最广并最能体现云南基督教活动概况的，当属内地会、循道公会、浸会、五旬节派教会和安息日会五大派别。中国基督教会因为直接源出西方教会，因此在新中国成立前夕，云南基督教各宗派在外国差会的控制下四分五裂，彼此攻击。新中国成立后，中国基督教掀起了摆脱帝国主义控制的"三自"（自治、自养、自传）的爱国运动，彻底摆脱了外国势力的控制，奉行独立自主、自办教会的宗旨和"三自"方针，摒弃了门户之见和教派之争，完成了基督教在中国的划时代转变。在中国基督教"三自"爱国运动的推动和影响下，云南基督教会积极响应，在礼仪和信仰上大力提倡互相尊重、打破宗派界限，从而加强了各宗派间的联合，1958年后原来的各宗派不复存在。

"文化大革命"时基督教受到冲击，宗教活动被全面禁止，所有教堂均被关门。十一届三中全会以后得到恢复，进入新的发展阶段。近几年来有较大发展，特别是在傈僳族和部分苗族、景颇族等民族中，初步完成了基督教与民族传统文化生活相融合的历史转变，并融入人们的世俗生活和文化传统中，逐步改变了人们传统的生活习俗、宗教信仰和传统婚姻，对少数民族地区的社会生活产生了较大而深远的影响。"三自"爱国运动使广大基督教徒高举爱国爱教的旗帜，坚持独立自主自办教会的方针，积极参与社会主义建设，为和谐社会以及边疆安定作出了积极的贡献。

基督教在我省边远少数民族地区具有较大的影响，现全省有50多万信徒，85%以上的信徒主要分布在昆明、思茅、怒江、德宏、迪庆、楚雄、临沧和昭通等州市。目前，基督教的影响和范围不断扩大，局部地区甚至出现了过热发展的现象，特别在省会昆明，随着信众的不断增多和城市的扩大，原有的教堂数量和分布格局远远满足不了信众的需要，加之宗教渗透等原因，公开或隐蔽的家庭教会就逐渐形成并有所发展，宗教活动的规范性较差。

3. 天主教及其文化

天主教是基督宗教三大派别之一。云南作为天主教的一个教区，最早设立于1696年。天主教传入云南的时间要比基督教早得多，但是它的发展却比后期传入的基督教迟缓，影响范围也不及基督教。

　　据零星资料记载，早在 8 世纪（唐代）前后和 13 世纪（元代），就有天主教在云南开展活动，当时称为"也里可温"，但未能流传下来。此后，天主教于 17 世纪前后再次进入云南。早期云南的天主教一部分是四川天主教徒和南明永历皇帝迁居昆明的随行人员中的天主教徒。最初天主教主要集中在川滇两省交界的大关、盐津等偏僻山区的彝族和苗族地区传教，后逐步扩散到滇西白族地区和西部边疆的少数民族地区。1950 年以后，由于国外传教士的离境，天主教的活动逐渐消沉。"文化大革命"时，宗教活动被全面禁止，所有教堂被占用，天主教活动归于沉寂。十一届三中全会以后得到恢复。

　　目前，云南天主教的分布基本与新中国成立前相同，没有新增的地区和教堂，全省开放的教堂约 55 座，信徒 8 万余人。主要分布在昭通、曲靖、昆明、大理、迪庆、怒江、德宏、文山、红河等地州市。云南天主教信徒大多是少数民族，其中主要是彝族、苗族、藏族、景颇族，其次是傈僳族、怒族、白族、纳西族、拉祜族、佤族和少数汉族。其信徒的发展主要是信教家庭子孙的延续，其次是教徒聚居地区受环境影响而入教。因此，其民族构成比较稳定。

　　天主教在云南传播发展的过程中，不可避免地与云南不同民族的传统观念、传统宗教、传统文化以及传统生活方式发生冲突、摩擦、调适与融合，逐渐形成了具有云南特色的天主教文化，其最为突出的表现则是建筑风格的融合。云南天主教堂多采用哥特式的建筑形式，在本土建筑风格较强的民族地区还融入了当地的元素，但在建筑的某些显著部位，例如整体轮廓、门窗等处还是凸显出天主教堂的传统建筑风格。其中最具代表的当属大理城内的圣心堂。教堂使用木质构架，雕梁画栋、斗拱飞檐，极富白族传统民居特色，但在门窗设计中保留了哥特式拱顶造型，从而使哥特式造型与白族传统建筑完美融合起来。

　　基督教、天主教一开始传入云南就主要是在少数民族地区传播，因此特别重视与当地少数民族的文化和生活习俗相结合，尤其对苗族、拉祜族、佤族、彝族、景颇族、傈僳族、怒族、哈尼族等少数民族的宗教信仰、生产生活方式、医疗卫生、文化教育产生了深刻影响，由此形成了具有显著民族特征和地方特色的宗教信仰的民族化。

4. 伊斯兰教及其文化

　　伊斯兰教是公元 7 世纪初由穆罕默德在阿拉伯半岛创立的一神教。于公元 7 世纪中叶开始传入我国，为我国的十个少数民族所信仰，在蒙、藏、白、傣等民族中也有少量流传。

　　云南是我国伊斯兰教传播较早和较广的地区之一，民间历来就有唐代传入的说法，较之文献记载早600余年。在云南，回族是信仰伊斯兰教的主体民族，也是伊斯兰文化的主要传承者，伊斯兰教和伊斯兰文化就是由于有了广大回族穆斯林的吸收、接纳、传播和实践而不断地发展。据有关史料记载，回族先民进入云南始于唐宋时期，即阿拉伯人和波斯人入滇经商，而大批回回人迁入云南则在元代。13世纪中叶以后，回族先民开始大量移入云南，迄至18世纪初的500余年间，历史上共经历了三次移居云南的高潮。第一个高潮是在元代：13世纪东迁来云南的西域回回（信仰伊斯兰教的中亚各族人及波斯人和阿拉伯人）是云南回族的主要来源。元宪宗三年（1253）忽必烈、兀良合台率十万大军南下平定大理国，其中就有不少是西域回回军士，他们在云南各地征战、屯田、制造兵器，开拓边疆，娶妻生子，落籍云南，是回回穆斯林入滇之开端，也是伊斯兰教传入云南之始。特别是元赛典赤·赡思丁主政云南时期，其部下、亲属及后裔大量移居云南，后代繁衍昌盛。第二次高潮是在明代初期：大量回回士兵、商人、工匠进入云南。明洪武十四年（1381），明太祖朱元璋命傅友德、蓝玉、沐英（回族）率30万大军征云南，云南平定，回族将领沐英镇守云南，随沐英而来的大量回回军士亦落籍云南。沐英治理云南九年，从外地来滇的军民四五十万，其中不少是回回穆斯林。后明军"三征麓川"，其中也有不少江南、陕甘回回随之入滇落籍，这对云南回族穆斯林的发展和伊斯兰教的进一步传播有着十分重要的意义。第三次高潮是在清代初期：清初，在各地的反清斗争中，南明桂王退入云南，随之转战的湖广一带的回族穆斯林相继落籍滇西的保山、腾冲地区，形成明、朱回族大姓。到雍正时期，清政府在滇东北少数民族地区推行"改土归流"，在频繁用兵征战中，河北、山东和四川等地的许多回回士兵随回族将领哈元生、冶大雄、许世亨、哈国兴在川、滇、黔三省交界地区驻防，最后在滇东北地区落籍……随着大批回族穆斯林不断迁入云南，经过元明清三代的发展，到了清朝中叶，云南的回族穆斯林已达80余万，成为仅次于西北的第二大回族聚居区。但在清后期，由于清政府采取民族压迫和民族歧视政策，对伊斯兰教和回族穆斯林进行残酷的镇压，经过清"咸同之变"（1856—1874年）的屠回惨案后，云南回族穆斯林的人口锐减至十余万人，省会昆明也仅存2万余人。清真寺被毁，云南伊斯兰教处于衰颓状态。辛亥革命后，伊斯兰教有所发展，但直到20世纪50年代初期，云南的回族穆斯林才增至21万余人。在其分布、居住环境和社会经济及文化等方面，基本与历史上的状况相同。新中国成立后，云南伊斯兰教得到平稳发展。"文化大革命"时期，云南伊斯兰教同样受到严重冲击，清真寺被关闭，宗教界人士受到批斗。十一届三中全会后逐步得到大恢复。经过新中国成立后 60 年的发展，现在云南回族人口约 70 万人，全省各州（市）县都有回族穆斯林分布。

云南的伊斯兰教派大多是逊尼派哈乃斐学派中的格底目，少数属哲赫林耶和伊赫瓦尼等。格底目自称老派、老教、正统派。哲赫林耶系阿拉伯语的音译，意思是"公开的"、"高声的"和"响亮的"。该教派的创始人是甘肃阶州（今武都）人马明心，于清乾隆年间传入云南，教民主要分布在通海古城、大回村，墨江县的玫联镇和回辉村，弥勒县的竹园和小寨，个旧沙甸的川方寨，华宁县的盘溪镇，峨山县的文明村，昆明有少量分布。全省共有教民 1 万余人，昆明有四五百人。伊赫瓦尼，系阿拉伯语的音译，意为"兄弟"，是伊斯兰教派别之一。因该派产生的时间较晚，故又被称为"新派"；又因其主张"遵经革俗"，又被称为"遵经派"。该派是在 19 世纪末期由甘肃河州（今临夏回族自治州）东乡果园村东乡族著名阿訇马万福（又称马果园）创立的。伊赫瓦尼派在教义上信守逊尼派教义，教法上遵奉哈乃斐学派学说。传入云南的伊赫瓦尼派是 20 世纪 20 年代初由几位赴西北在马万福帐下学习归来的阿訇学者倡导的，现全省有信众 1 万余人，主要分布在昭通市、鲁甸县、个旧沙甸、开远以及昆明市个别街巷。

近年来，随着朝觐和出国留学、经商人员的不断增多，受阿拉伯地区和伊斯兰国家的影响，云南有的回族地方出现了持"瓦哈比"观点的穆斯林（当地称"新观点"或"三抬手"）。由于其在礼俗层面的主张和观点与中国传统的穆斯林不尽一致，在有的回族村寨发生过摩擦和冲突，对当地的生产生活和社会安定造成了一定影响。

云南伊斯兰文化在经历了元、明、清、民国到新中国的历史演变和发展，在与汉文化和相邻民族的交往互动中，吸收、融合了以儒家思想为主体的汉文化以及相邻民族的文化，形成了以伊斯兰文化为基本特质和内核的，具有中国特色和地域特色的复合型文化，并随着历史的发展和社会的变化而不断发展和创新，有机地融入中华文化之中，成为中华文化和云南民族文化的重要组成部分，是中国化和本土化了的伊斯兰文化。

云南伊斯兰文化的内容十分丰富，包括伊斯兰教的宗教理论思想、宗教经典、宗教教育、文学艺术、音乐舞蹈、美术建筑、文物古迹、民风民俗和科技成果等有形和无形的形态。

清真寺是伊斯兰教聚众礼拜、进行宗教活动、处理教务和举办宗教教育的场所，也是穆斯林经济、文化的集中体现，伊斯兰文化的许多元素，诸如建筑、雕刻、绘画、书法，以及审美观和美学理念等都在清真寺得到集中反映。云南清真寺的建筑形式既保存了阿拉伯地区伊斯兰教的建筑风格，又有与其杂居的其他民族的建筑元素，还带有浓厚的中国传统建筑的特点。云南境内现存著名的清真寺有昆明市的顺城清真寺、南城清真寺、永宁清真寺，以及寻甸回族彝族自治县柯渡镇的回辉村清真寺和昭通市鲁甸县的拖姑清真寺等。个旧市沙甸大清真寺是云南目前投资最多、规模最大、影响最广的清真寺。

伊斯兰教的经堂教育是伊斯兰文化的重要内容，云南伊斯兰教的经堂教育有其悠久的历史传统，并代代延续传承至今。在云南回族地区，有条件的清真寺都办有不同层次的经堂教育，为传承和发扬伊斯兰文化培养了大批人才。

云南回族的风俗习惯既和伊斯兰教有密切的联系，同时又受汉文化或相邻民族的影响，带有鲜明的宗教特色和地方特色。回族从出生、结婚到丧葬都有自己独特的仪式和风俗习惯，有的既是宗教的内容（如出生取经名、结婚念"尼科赫"、丧葬要站"者那则"等），又是回族的传统习惯。主要节日有开斋节、古尔邦节、圣纪节，有些地方还举行姑太节、亡人节。

云南伊斯兰文化还有一个显著特点，即伊斯兰教在云南的传播过程中，除吸收了汉文化外，杂居在其他少数民族地区的部分回族还不同程度地接受了当地民族的文化，在语言、服饰等方面与当地邻近的少数民族基本一样，但仍保留着伊斯兰教信仰和回族的饮食习惯。所以，云南的伊斯兰文化不仅在回族聚居区得到传承和集中体现，就是在边疆民族地区也有传播和发展，形成了内容丰富、形态完整的云南伊斯兰文化。如西双版纳傣族州的"傣回"（帕西傣），大理的"白回"、迪庆的"藏回"，宁蒗受彝族影响较大的回族，他们除使用汉语言外，还使用傣、白、藏、彝等民族的语言，服饰也与傣、白、藏、彝族等大致相同。其中最具有代表性的是生活在西双版纳勐海县曼峦寨和曼赛寨的"帕西傣"。[①] 他们与当地傣族一样，讲傣话，用傣族姓名、穿傣族服饰、过春节，但却信仰伊斯兰教，遵守伊斯兰教教规、教义，保持着伊斯兰教的生活习俗。其既不同于傣族，又不同于回族的特点，反映了回族穆斯林和傣族人民在生产、生活方式、婚姻等方面长期交往融合的历史文化状况，以及由此形成的独具特色的"帕西傣"文化，构成云南

---

① "帕西傣"是傣语，也称"傣回"。其来源主要是历史上回族传统马帮贸易以及清晚期（1872 年）滇西回民起义失败后部分回族穆斯林落籍后形成的。2009 年西双版纳州共有回族 3715 人，主要分布在景洪城区和勐海县的勐海镇、勐遮镇。

伊斯兰文化和回族文化的组成部分。

5. 道教及其文化

道教是产生于中国的本土宗教，由东汉中叶张道陵在四川所创的五斗米道发展而来，至今已经有 1800 年以上的历史。道教传入云南的历史较为悠久，创立初期就传入云南汉族、彝族、白族和纳西族地区。明代中叶是道教空前繁荣的时期，清代中叶后期以后，道教在云南逐渐衰落下来。新中国成立后，道教继续衰落。"文化大革命"时期，道教宫观被拆毁，道士、道姑流落各地，道教活动被迫停止，直到十一届三中全会以后才得到逐渐恢复。

在云南，除汉族外，在白族、彝族、纳西族、傣族等少数民族中亦有道教信仰，信徒主要分布在大理、昭通、保山、昆明、临沧、丽江等地州，其中大理、昭通、保山三地的信徒占全省信徒的 80%。目前，道教处于恢复发展过程，道教活动总体上处于正常范围，但教职人员缺乏，宗教活动不尽规范。

云南道教的派别众多而复杂，有些派别是外省传入的，有些派别是云南衍生的。云南道教的主要派别有正一派（俗称"火居道"）、全真派（俗称"清虚派"），全真派又有许多分支，如天上派、龙门派、长春派、灵宝派等。道教在云南的传播发展过程中，与佛教、儒教和云南多民族的土著原始信仰和原始宗教相结合，形成了儒、佛、道三教合一的地方民族特色，并表现出趋向民间发展，演变为民间宗教组织的趋势，具有较为鲜明的地方化、民间化特征。历史上，道教在云南各地有广泛的传播和发展，对云南汉族和众多少数民族的传统文化产生过重要影响。现在，云南的道教总体上已呈衰颓态势，仅在局部地区有少数道众活动。①

道教文化作为中国的传统文化，是在方仙道和黄老道的理论基础上吸收了神仙方术、民间武术、自然崇拜、阴阳五行等而形成的宗教文化，是中国传统文化的重要组成部分。

道教主张尊道贵德、道法自然，以清静无为为法则治国修身。以"道"为最高信仰，认为"道"是天地万物的本源和宇宙生生不息的总生机，又是宇宙深层本质和社会人生的最高真理，具有无限性、超越性和普适性，相信人通过修炼可以"成仙得道"。道教是重生的宗教，养生文化最为发达。道教信仰追求的最高目标是修道成仙，长生不老，其次是治病健身、驱邪除祟、祈福消灾。

---

① 杨学政：《云南宗教形态及其文化特色》，见《2002—2003 云南宗教情势报告》，云南大学出版社 2003 年版。

云南道教文化涉及内容广泛，主要分为道教物质景观和道教礼仪两大部分，包括道教建筑、道教科仪、道教哲学、医学、音乐、文学、艺术等。道教传入云南以后与当地少数民族民间宗教相融合，尤其与彝族、白族、瑶族、傣族、壮族等民族关系密切，形成了独具地域特色的道教文化。云南在明、清两朝兴建了许多道教宫观，大多集中在汉族聚居区，或是受汉文化影响深远的地区。主要的道观有滇东北地区的昭通大龙洞道观、元宝山、威信观斗山、师宗飞来寺；滇中地区的昆明真庆观、龙泉观、太和宫、三清阁、铁峰庵、虚凝庵；滇南地区的蒙自缘狮洞、个旧宝华寺、景谷大石寺、临沧子孙庙；滇西地区有著名的巍宝山道教宫观群、腾冲云峰山等。这些宫、观、亭、台、楼、阁大多修建在风景清幽、山清水秀之地，与绮丽的自然景观交相辉映，相映成趣，形成了自然山水与道教建筑相融合的独特风格，使自然风景名胜增添了道教文化色彩。

云南道教的经籍多从外地传来，后来也被昆明、昭通、巍山等地道士、信众抄录、翻印，甚至自撰道书。云南道教典籍中还有一部分最具特色、散落民间的少数民族道教经典。例如杨志成先生整理、翻译的《云南罗罗族的巫师及其经典》《罗罗台上清净消灾经对译》，是云南彝族民间宗教与道教融合形成的经典；云南瑶族民间也珍藏着大量古籍，多是瑶族道教的经典文献，如《瑶书》（瑶经）、《瑶传道藏》等。

道教音乐源于巫祝，继承了"巫以歌舞降神"的传统，同时不断吸取帝王庙堂仪典音乐和民俗祭神音乐成分，是道教进行斋醮仪式时为神仙祝诞、祈求上天赐福、降妖驱魔和超度亡灵等法事活动中使用的音乐，对信仰道教的云南少数民族的生产生活均有一定影响。云南道教音乐大致分为正一经韵与全真经韵两类。由于广泛在民间传播，道教音乐与当地地方音乐多有融合，在一定程度上具有民间传统音乐与地方性音乐的特色，与汉族地区的道教音乐不尽相同，既蕴含着本民族固有文化特质，也不乏汉族传统文化风貌。云南的道教音乐以正一经韵为多，广泛分布于汉族及白族、瑶族、纳西族、壮族、阿昌族等民族地区；而昆明长春观、曲靖紫云洞、巍山朝阳洞以及新平县部分火居道士则使用全真经韵；此外，在昆明、巍山等地曾经流传过道教清微派的经韵音乐。但在云南传播最广影响最大的还是"洞经音乐"，至今剑川、腾冲、巍宝山等地还有称为"古乐队"的洞经乐手。

6. 原始宗教（自然宗教、传统宗教和民族民间宗教）及其文化

原始宗教（包含自然宗教、传统宗教和民族民间宗教）是原始社会发展到一定阶段产生的，以反映人和自然的矛盾为主要内容的初期宗教。是原始人类在生产力和思维能力十分低下的情况下，人与自然对立并把自然力作

为一种异己力量而自发产生的自然宗教，是人类自身异化的产物。它以多神崇拜和巫术控制为主要特征，是氏族、部落和原始民族重要的社会意识形态之一。原始宗教随着人类认识自然和改造自然能力的提高，经历了一个由低级到高级的发展历程。因此，原始宗教在不同的历史发展阶段上出现了不同的宗教形态。其主要有万物有灵、自然崇拜、动植物崇拜、图腾崇拜、鬼魂崇拜、神灵崇拜、祖先崇拜和偶像崇拜等多种形态。在云南少数民族原始宗教文化圈中，各种原始宗教的崇拜形态都有保存。原始宗教形态和宗教意识在很长的历史时期影响甚至支配着云南许多民族的社会生活。

新中国成立前，云南各少数民族的社会发展极不平衡，不同的民族处于不同的社会历史阶段。如独龙族、基诺族、傈僳族、怒族、布朗族等居住在山区的少数民族基本上还处于原始社会末期向阶级社会过渡的历史阶段，小凉山地区的彝族还保留着奴隶制，傣族、藏族还保留着封建农奴制，其他民族如壮、苗、拉祜、白、哈尼、阿昌、纳西等民族的社会已经发展到封建地主制阶段。而宁蒗县永宁地区的摩梭人（纳西族支系）在家庭婚姻制度方面还遗存着母系制残余。[①] 云南多民族和各民族间社会发展不平衡的特点，即构成了云南少数民族原始宗教内容丰富、形态多样、特色鲜明的特征。处于不同发展阶段的云南各民族，都有自己传统的原始宗教或不同程度地保留着原始宗教的一些内容和残余，如纳西族的东巴教、白族的本主教（崇拜）、藏族的本教、彝族的毕摩巫教、普米族的汗归教、哈尼族的贝玛、傈僳族的尼帕、瑶族和壮族的师公等。

历史上，随着佛教、道教、伊斯兰教、天主教和基督教先后在云南的传播，受其影响的民族全部或部分先后信仰和皈依了不同的宗教。但即便如此，传统的原始宗教信仰和意识仍然遗存在这些民族中，而更多的则是与所信仰的宗教相融合，体现出信仰的多元性和地域性特征。如受南传上座部佛教（小乘佛教）的影响，云南西双版纳和德宏地区的傣族几乎全民信仰南传上座部佛教，而在滇东北地区的苗族和滇中、滇南地区的彝族因受基督教的影响则部分信仰基督教，同时又保留有传统的原始宗教。在信仰基督教的一些彝族地区，他们既到教堂做祈祷、诵读《圣经》、唱赞美诗，又在日常的生产、生活中请毕摩占卜、算卦，表现出其信仰的二元或多元性。

随着时间的推移，生产力、科学技术、文化教育等社会各方面水平的发展，原始宗教文化中的许多内容都成为民族文化的重要组成部分，不同程度地渗透与融入各民族生产、生活习俗的方方面面。

---

① 颜思久主编：《云南宗教概况·原始宗教》，云南大学出版社1991年版，第25页。

此外，由于宗教自身发展的规律，它与社会的政治、经济发展并不是完全同步的，所以即使是在科技、信息高度发达的现代社会，云南许多民族仍保留着原始宗教的各种遗存形态，并在一定程度和范围内，从思想观念、思维意识、道德规范、行为要求、社会生活和风俗习惯等方面对这些民族继续产生着影响，而且这种影响在短期内不会消亡，在特定的条件和环境下甚至会产生积极或消极的作用。

云南少数民族原始宗教的内容十分丰富，形态多样，基本上涵盖了原始宗教的所有内容和形态。其主要形态特征有：

（1）自然崇拜

自然崇拜是原始宗教中最基础的崇拜形态。人类最初的自然崇拜，是对自然实体的崇拜，这种最初的宗教意识和宗教形态是由于当时社会生产力的极端低下和人们对于自然知识异常贫乏而产生的。原始社会，人们对自然界的神奇现象几乎一无所知，对诸如山石、草木、水火、日月、风雨、雷电等自然现象所产生的作用和威力感到神奇无比，于是对此产生了崇拜的心理要求和行为要求，并形成一系列的崇拜仪式。云南许多民族历史上都经历过自然崇拜阶段或有过自然崇拜的现象。包括山石崇拜、草木崇拜、水崇拜、火崇拜、土地崇拜、日月崇拜、风雨崇拜和雷电崇拜等。

在云南少数民族中，盛行山、石崇拜的主要有彝族、藏族、普米族、傈僳族、哈尼族、拉祜族、佤族、摩梭人（纳西族支系）等民族。这些民族世代生活在高山峻岭，山与他们的生活密切相关，大山的神秘感使其先民对之产生了种种膜拜和祭祀仪式。他们认为高山是撑天的柱子，是神灵的住所和通往天神的途径。是山神的化身，山神有撑天之力，在自然诸神中，山神的力量最大，能制服一切鬼邪。因此要对其祭祀崇拜，祈求山神给人们带来风调雨顺、五谷丰登，护佑人类。在彝族中还有石块崇拜的信仰，彝族支系撒尼人以石块象征山神，供于村寨旁的小茅屋中或立于祖坟旁；在怒族中则保持着古老的岩石崇拜，一般是为病人祈祷而进行祭礼。①

云南少数民族大都残存着对植物崇拜的奇异风俗，其中最为突出又最丰富的是树木崇拜。景颇族、布朗族、佤族、壮族、彝族、苗族、傈僳族、纳西族、藏族和普米族等都有崇拜神树、神林的风俗。对有神树、神林的山林予以保护，不准砍伐，平时不准一般人进去，只有在节庆或祭祀期间才准入内。

特别崇拜水的民族有傣族、普米族、纳西族、藏族、傈僳族、基诺族、

---

① 李德成：《中国少数民族宗教信仰》，中央民族大学出版社 1999 年版，第 7—8 页。

佤族等。在水崇拜中，傣族主要是对江河的崇拜；而居住在高原山区的民族，由于其特殊的自然环境，主要是对泉水（俗称龙潭）的崇拜。他们认为水的力量太伟大，一切生物都离不开水，水能给人们带来丰富的资源，也能给人们带来灾难，所以对水就特别崇拜。傈僳族认为水中有水神，称其为"恩笃斯"，认为人生病是因为水神作祟，所以要祭祀水神，并且认为每条河里都有水妖，所以忌讳一个人单独在河里洗澡；傈僳族则保持着古老的祭水塘仪式，每个基诺族村寨独有一个水塘，作为公共祭祀场所，每遇到天旱就要到水塘祭祀。

彝族、白族、纳西族（包括摩梭人）、普米族和藏族等民族特别崇拜火，他们把天然发生的火，如雷电引起的火、火山等看得非常神秘可怕，对地界诸神中重点歌颂的是火神，把火看作光明和财富的象征。这些民族历来有烧长明火的传统习惯，每家都有长年不息的火塘，每日三餐都要祭祀火神。彝族烧山耕种要祭山火，猎人在野外露宿烧火时要祭火，发生火灾要祭送火神，火把节时更是要祭火，正月初一要祭火塘，火塘里的火终年不灭；白族也有规模较大的火崇拜仪式，白族村寨一般都建有火神庙，新年伊始，村民们要祭拜火神。

哈尼族、景颇族、佤族、布朗族、独龙族、怒族、傈僳族、基诺族等民族则特别崇拜日、月、星以及风、雨、雷、电、彩虹等，他们对这些自然物和自然现象感到迷惑和神秘，认为它们有鬼灵，于是加以崇拜和祭祀。如景颇族把日、月、星以及风、雨、雷、电等统称为"天鬼"，而其中以太阳鬼最大。傈僳族称天鬼为"白加尼"，其威力最大，主宰旱、涝、风灾和农牧业的收成，天神可保庄稼丰收；还认为天空出现的彩虹（称"莫信"）会使人腰疼，所以要宰杀牲畜祭祀。

（2）鬼魂（或灵魂）崇拜

鬼魂崇拜是原始宗教极为普遍的信仰形式之一。是自然崇拜和动植物崇拜的进一步发展，也是原始人类自身进一步解脱自然界束缚的一个重要的具体表现。在各民族的原始宗教中，灵魂和灵魂不死的观念占有重要的位置。原始人认为，人和自然都是有生命有灵魂的，肉体和灵魂是可以分离的，相信人死后其灵魂会变成鬼魂，并且认为鬼魂可以变形，可附着于其他事物之上。同时认为鬼魂与人的关系十分密切，可以给人带来灾难或益处，为了避灾趋利，就要祭祀和崇拜鬼魂，这种观念在云南少数民族中普遍存在。

云南的少数民族的鬼魂崇拜大体包括以下内容：其一，迷信人有灵魂，并力图用灵魂解释人的睡梦、疾病、死亡等现象，例如景颇族认为入睡和做梦是"真魂"离开自己的肉体所造成的；其二，相信灵魂可以脱离人体，灵魂不死，从而产生了各种招魂、叫魂、送魂等活动。例如在西双版纳的傣族古歌谣中就有专门的"招魂词"、"叫谷魂"、"叫鸡魂"、"叫黑姑娘魂"等记载；其三，相信灵魂有超人的能力，人死后其魂魄会变成鬼或仙；其四，相信自然万物也都有灵魂，甚至认为人生疾病或遭不幸都是由于各种鬼灵作祟，由于畏惧各种鬼灵，从而产生了崇拜和祭祀鬼灵的各种仪式。如景颇族过去崇信的鬼灵就有100多种，这些鬼灵可分为"天鬼"、"地鬼"和"人鬼"（或家鬼）。除了各个氏族每个家庭各自供奉自己的家鬼（或人鬼）之外，山官要供奉"木代鬼"，据说"木代鬼"是所有家鬼中最大的，统管着所有的家鬼和人鬼。佤族鬼灵崇拜的观念也很重，他们认为自然界中除了有保护人们的"木依吉"（意为创造万物之神）、"梅顶"（大神）、"梅亚克"（小神）等外，还有许多会对人作祟的各种鬼灵，如水鬼"阿容"、风鬼"达务"等。在澜沧西盟佤族中，氏族长"窝郎"同时也是祭祀鬼灵的主持者。因此，佤族祭祀各种鬼灵和鬼魂的仪式很多都涉及佤族社会生活的各个方面。①

（3）祖先崇拜

祖先崇拜也是原始宗教极为普遍的一种重要信仰形式，它是在鬼灵崇拜发展到一定阶段上出现的。人类对祖先崇拜的观念由来已久，祖先崇拜的根源主要是在相信人有灵魂的基础上衍生的，即灵魂不灭的观念。认为人死后灵魂与肉体相分离，但灵魂不死，灵魂单独存在，且会变成鬼魂，在另外一个世界里存活着，与自己的家族和家人维持着一定的关系，并且在暗中监视和保护着家族和家人。由于当时人们的生产力水平低下，为了生产和生活上的保障，需要寻求一种依赖对象，出于祈求先人魂灵保护和报答祖先的心理，从而产生了对祖先的崇拜观念和仪式。

云南各少数民族都不同程度地保存着祖先崇拜的观念。哈尼族特别重视祖先崇拜，其中最重要的是供奉护寨神"艾玛"，传说这是一位以智慧战胜魔鬼从而使哈尼人得以生存的女祖先。哈尼族最隆重的宗教祭典"艾玛突"就主要是祭祀艾玛。在拉祜族中，一般家家都要供奉本家的祖先，用竹篾编成篾牌以作祖先的灵位，挂在家中男性长者的床头。德昂族也有古老的家庭祖先祭拜仪式，称为"祭家堂"。云南祖先崇拜的内容在丧葬的各个环节及与之相关的各种祭祀仪式上得到集中的反映和充分的体现。新中国成立前由于各个民族的生产、生活和社会发展条件不同，对不同死者遗体的处置、安葬仪式、规格及方式等也有所不同。在葬礼上对尸体的停放、保护等都显示

---

① 颜思久主编：《云南宗教概况·原始宗教》，云南大学出版社1991年版，第290页。

出对死去先人的尊敬，同时还有丰富多样的陪葬品随葬。例如在景颇族、纳西族、阿昌族等民族中，当老人去世时都要在死者的嘴里放上少许碎银或米粒、茶叶之类，据说这是给死者灵魂通往另一个世界的"路费"。纳西族人死后停尸时，则要先给死者遗体洗身，然后再全身涂上酥油。在对遗体保护上，基诺族、佤族和独龙族在人死了之后，全村男子要出动将一棵大树砍倒，取其一段从中剖开，将中间凿空，把遗体放入其内。傈僳族在家停尸期间，每天要给死者祭献三次酒饭和冷水。普米、纳西等民族要在死者灵前点上油灯，敬献酒、茶、饭、菜和糖果等。怒族在知道自己氏族里有人逝世时，要带上一瓶酒前去吊唁，并当即由巫师将酒灌进死者嘴里，表示与死者喝离别酒。出尸（出殡）也是云南许多民族祖灵崇拜中比较重视的一个环节。如纳西族、景颇族，在出尸时要由巫师持法杖或刀矛做前导，以示为死者开路，不让其他野鬼侵扰祖灵。傈僳族出尸时，要现将遗体抬放在大门外的空地上，并在其头和脚前插上两棵栗树枝，然后由巫师将树枝砍倒，接着由两名年轻人舞刀做前导，将尸体抬至墓地里。独龙族出尸时则更为特殊，棺材不能从正门抬出，而必须从撬开的地板空隙里抬出。以上种种仪式，几乎都是围绕着祖灵崇拜进行的。云南各民族先人在对死者的葬法上大致有消灭遗体和保留遗体两种葬法，如火葬和土葬。但不论是火葬还是土葬，都是人们对于亡灵的崇拜仪式。此外，云南各民族的祖先崇拜，还表现在墓地选择、陪葬品、供奉、祭祀等方面。

（4）图腾崇拜

图腾崇拜是原始宗教中较为高级的一种信仰形式和意识形态。原始人相信他们的每个氏族都与某种动物、植物或无生物有着亲缘关系和联系，因而即把这种物质（体）视为他们的祖先，对其进行虔诚的崇拜，并以这些自然物为自己氏族的标记。而各个民族所崇拜的自然物都与本民族所处的自然环境和生活条件密切相关，故所崇拜的对象也不尽相同。图腾崇拜主要有三个方面的特征：一是对图腾对象的禁忌，如禁杀、禁食、禁触摸；二是对图腾象征的神秘力量的信仰和祭祀；三是同一图腾氏族的成员禁止通婚、联姻。新中国成立前，云南大多数民族都有自己的图腾或不同程度地保留着图腾崇拜的遗迹。其图腾崇拜物多为动植物，动物如虎、鼠、蜂、熊、狼等，植物如竹、野蒿、山草等以及各种树木。云南许多民族都以虎为自己家支、氏族的图腾，如拉祜族、彝族、怒族（碧江怒族支系达霍人）、普米族、傈僳族、纳西族、白族等民族或部分支系都以虎为图腾。在白族的40多种他称中，有11种称为虎人，即虎氏族的人；布朗族的图腾主要是竹鼠和癞蛤蟆；碧江、泸水等地的傈僳族各氏族则以某一种动物或植物作为自己氏族的名称，如虎、熊、猴、羊、蛇、鼠、蜂以及荞麦、麻、茶、竹等；普米族的图腾主要是蛙和虎；瑶族则以槃瓠为图腾，相信狗是氏族的保护物，因此禁食狗肉。云南少数民族的图腾崇拜内容丰富，形态多样，有的一个家支就有一个图腾，有的一个氏族或一个民族有多种图腾。不同地域的同一民族其崇拜的图腾也不一样。如彝族，其图腾崇拜较为普遍，崇拜的图腾也很多。富宁县的彝族以竹为图腾，澄江的彝族将金竹视为祖灵；哀牢山的彝族则以葫芦为图腾；而新平的彝族各家支，则分别以水牛、绵羊、岩羊、白鸡、绿斑鸠、獐等作为自己祖先的名号和标志。据说，世界上已知的图腾形式几乎在云南少数民族的图腾崇拜中都能得到体现。[①] 图腾崇拜物最多的，当数生活于西双版纳的克木人，有 20 多种，如野猫、猴子、老虎、八哥、白头翁、水鸟、花喜鹊等，不仅每个氏族都以图腾物命名，而且各氏族成员也以图腾物作为自己的姓氏。此外，云南许多民族还有生殖器崇拜、巫术崇拜、神灵崇拜、灵物崇拜、偶像崇拜及英雄崇拜等多种崇拜形态。这些不同种类的原始宗教形态是云南少数民族的普遍崇拜现象，作为一种社会意识形态，在云南各少数民族中相当普遍和久远。

在原始宗教多种崇拜形态中，云南白族的本主崇拜是一种较为特殊和较有特色的宗教崇拜形式。"本主"，白语称"朵博"，意为"大老爷"，最早是白族先民氏族、部落的护卫神，后来演变为村寨的护卫神。本主崇拜起源于自然崇拜，并经历了祖先崇拜、图腾崇拜、偶像崇拜和英雄崇拜等发展阶段，是诸种原始崇拜的综合体，其思想根源是万物有灵。本主崇拜虽然是一种原始宗教信仰，但它却有自己的鲜明特点，它集各种原始宗教为一体，具有复杂性和综合性，反映了白族先民所经历的不同社会发展和复杂的社会心态，他们既要应付自然力量的压迫，又要应付社会力量的压迫，以求在各种压迫之下生存发展。从白族所崇拜的本主来看，反映了白族先民是一个善于吸收外来文化的民族，汉族的历史人物以及佛教、道教神灵在白族本主崇拜中都有所体现，这不仅增强了各民族的文化交流，丰富和充实了白族文化内涵，也是云南原始宗教文化和民族文化的重要内容。

东巴教也是云南民族民间宗教中较有代表性的宗教形态。东巴教是纳西族信仰的一种民族宗教，流行于以云南丽江为中心的纳西族西部方言区（东部方言区的纳西族支系摩梭人主要信仰"达巴教"），因其经师称为"东巴"而得名。自唐代以来，东巴教在发展的过程中受到了藏族苯教、藏传佛教、汉传佛教和道教的很大影响，其内容有许多来自上述宗教或与之有

---

① 颜思久主编：《云南宗教概况·原始宗教》，云南大学出版社 1991 年版，第 278 页。

关。东巴教没有统一的组织、教规、寺庙、宗教财产和职业教徒，但其宗教信仰和宗教意识已渗透到整个纳西族的社会生活之中。东巴分为普通东巴、大东巴和东巴王三个等级。东巴作为宗教经师，其传承方式有家传和师传两种。他们一般不脱离生产，在作法事道场时有少许报酬。在民间，东巴大多数是能工巧匠，见识多，集吹、唱、画、舞于一身，是纳西族传统文化的主要传承者。东巴教的宗教仪式内容繁多复杂。主要有"什罗务"、"美布"等仪式及灵洞朝拜习俗和大型集会等。东巴教在长期的发展过程中形成了独具特色的东巴教文化艺术，其中尤其以东巴舞和东巴画更具文化艺术魅力而闻名于世。东巴舞是东巴教祭神时跳的宗教舞蹈，独具特点。其东巴舞谱是用象形文字记录的，是世界上最古老的象形文字舞谱。东巴画即东巴教绘画，是纳西族绘画中一种最原始、最具代表性的艺术遗产，也是研究东巴教和东巴文化的重要资料，其内容、风格、技巧等都不同程度地受到佛教禅宗、密宗及道教绘画艺术的影响，但又不失本民族特色。由于东巴文是以描摹实物形状，用图画的方法写成的文字符号，所以用东巴文字写成的经书不仅是珍贵的文字文献资料，也是东巴绘画的艺术珍品。《东巴经》是东巴教的经书，多用纳西族的象形文字或少量的表音文字哥巴文抄写，一般书写在橡树皮制成的厚棉纸上，是历代东巴口诵手抄世代相传下来的，是纳西族珍贵的古代文献资料。东巴经的经卷十分浩繁，藏书量约有 600 卷，近 800 万字，国内外约有 2 万册。除宗教内容外，还记载有纳西族的神话和历史传说，以及纳西族的语言文字、社会历史、文学艺术、天文历法、哲学思想、民族关系等内容，著名的经典有《创世纪》《鲁般鲁饶》《黑白战争》《祭天古歌》等。

　　东巴教信仰在纳西族社会中具有重大影响，且深入到纳西族日常生活的各个方面，诸如婚丧、节庆、动土、求寿、祈年、卜命、治病、驱鬼等。以东巴教为主要内容形成的东巴文化极具学术价值。其中东巴舞是世界上唯一用象形文字记载的最古老的舞谱；东巴教的祭天习俗是我国各民族中保留最完整、最系统的原始宗教祭典；东巴所念诵的祭天古歌系统地保留了纳西族最古老的民俗、祭典及信仰，其内容涉及人与自然、人与人的关系，以及人类自身对生命现象、人类繁衍的生理和心理因素的探索；祭天习俗和祭天古歌所反映的古代纳西族和华夏民族、古羌族的祭天古文化有着相同的外显内隐的行为模式和文化心态，从中可以看出古代纳西族文化同古羌族文化与中原文化同根同源的渊源关系。

　　此外，原始宗教仪式和经典是原始宗教文化的重要内容。原始宗教信仰是原始社会人们所创造的一种文化形态，它具有丰富的文化内涵。原始宗教的一个重要特点就是所崇拜对象的复杂性及教仪的多样性。由于原始宗教所信仰的神灵众多，因此，祭祀方式也呈多样性特征。再由于云南少数民族原始宗教文化圈的民族众多，原始宗教仪式便有了各不相同的民族特色，代表了云南原始宗教文化的多样性特点和文化面貌。因此，要真正了解原始宗教文化，就必须了解原始宗教仪式，原始宗教仪式是打开和进入原始宗教文化之门的钥匙。[①] 如景颇族的目瑙祭奠、瑶族的盘王祭祀、哈尼族的"普祖代祖"等。各民族色彩斑斓、各具特色的原始宗教仪式体现了不同民族特点的文化内容，反映了不同民族在不同的历史、社会、自然条件下或不同的困难面前所表现出的生活态度和处理方式，以及不同的民族心理、不同的民族价值取向和不同的民族生活方式。云南各民族的祖先正是在这些复杂的祭祀活动中创造并形成了自己的传统文化，并促进了各民族文化的繁荣与发展。随着民族的进步，各民族的传统文化仍会潜移默化地伴随并继续影响着该民族的生产、生活和经济社会的发展。

在云南少数民族原始宗教文化圈内的许多民族，在同自然作斗争的过程中以及在自己的宗教实践过程中，形成了本民族的原始宗教经典。这些宗教典籍既有文字记载的成文经典，也有口传的祈词、颂歌。云南世居的 25 个少数民族中，历史上有本民族文字记载的宗教有藏族的苯教、纳西族的东巴教、彝族的毕摩等。各少数民族都有数量不等的口传祷词、颂歌、咒语。如洪荒古歌、祭天词、祭祖歌、招魂调、请神歌、选墓调、祭寨词、求子祷词、丧葬歌、驱鬼咒语、避邪咒语、农耕祷词、占卜咒语等。其内容主要涉及人们对自然诸神的赞颂和祈求神赐给人类风调雨顺、谷物丰产、人畜繁殖的要求，以及对鬼邪、世俗仇敌的诅咒等。其中也包含各民族远古的历史、神话传说、哲学思想、天文历法、医药等方面的内容，这对人们认识和研究各民族远古历史文化具有重要的资料价值。

原始宗教经典还是各民族的"大百科全书"，它全面地反映了各民族原始状态下的社会政治、经济和社会发展的面貌，是研究各民族社会历史发展的重要文献，是云南民族文化的瑰宝。如彝族的《彝经》（彝文经典的简称），是彝族的原始宗教经典，多由毕摩传抄、保存、流传于世。其大部分内容为祭祀经和占卜经，是历代毕摩宗教活动的产物。一部分内容为律历、天文、历史、地理、伦理、谱牒、医药、神话、诗文等，集中反映了彝族原始宗教信仰的意识形态和彝族社会的政治、历史、科学和文化，并对本民族的文化和社会发展产生了重要影响。

---

① 李德成：《中国少数民族宗教信仰》，中央民族大学出版社 1999 年版，第 61 页。

云南各民族的原始宗教经典，不仅是该民族宗教文化的主要载体，更是各民族文明进步的标志，各民族先民在劳动生产实践中创造了自己的文字，标志着他们进入了较高的文明时代。同时，有的民族先民首先将自己创造的文字用于宗教活动或记录宗教典籍，因此，在客观上，宗教文化带动了其他社会文化的发展、繁荣和社会文明的进步。再从某种意义上说，掌握原始宗教经典的巫师、祭师等宗教人士实际上是各民族中最早的知识分子，他们世代相袭，对民族的文化知识起到了传承、传播和发展的作用。所以，云南各民族的原始宗教和民族民间宗教是云南民族文化的重要载体，各民族民间宗教教职人员是云南少数民族文化的继承者和传播者，是各民族文化的知识精英，特别是那些没有本民族文字的少数民族这一特点显得更为突出。云南各民族民间的宗教典籍、教规教义，以及该民族关于历史、生产、生活、史诗、传说、神话、故事、音乐、歌舞等就主要是因有了这些民族民间宗教教职人员而得以一代代传承下来。

在云南，原始宗教还同各民族的风俗习惯紧密联系在一起。首先，云南民族众多，每个民族在物质生活和精神生活中都形成了自己的风俗习惯，而有许多风俗习惯同原始宗教意识形态和宗教文化有着不同程度的联系，有的甚至完全融合在一起，从表面上看，不容易分清二者的区别。风俗习惯作为社会物质生活和精神生活的产物，对社会经济基础都有相对的依存性和相对的独立性。不管任何民族，其风俗习惯都不是孤立地存在和变化的，而是随社会生产力的提高和经济基础的发展以及意识形态的变化而变化，其中，风俗习惯与意识形态特别是宗教意识形态有着紧密的联系和互为影响的关系。例如，在风俗习惯中占有重要地位的节日及其仪式，就其意识形态而言，最初都源于原始宗教的范畴。如农业祭祀仪式，就源于自然崇拜。各民族有关婚丧的礼仪，特别是丧葬礼仪，可以说更多的是反映了人们对灵魂不灭和祖先崇拜的观念。其次，在云南许多少数民族社会里，反映宗教意识的风俗习惯，常集中地表现为宗教禁忌，强制其社会成员加以遵守。长期以来，各民族的各种宗教禁忌约定俗成一种民间法律，约束、限制和规范着人们的思想和行为，并发展成为内容丰富的禁忌文化。

云南各民族的风俗习惯是一定社会历史的产物，它一经形成，便成为一个民族的一种社会习惯势力，起着积极或消极的作用。在原始社会，由于还未产生国家和法律的上层建筑，其社会秩序就主要靠风俗习惯来维持。在进入阶级社会后，虽然有了国家和法律，但风俗习惯仍在各民族的社会生活中有其重要的影响，特别是在遗存有原始社会残余的少数民族社会生活中起着重要的作用。在社会主义社会，我们虽然有了较为健全和完备的法律法规以及社会主义的道德规范，但传统的风俗习惯，尤其是同宗教意识和宗教文化结合得较为紧密的习俗仍然不同程度地起着一定的作用，特别是在传统文化较为浓厚和经济社会发展较为滞后的少数民族地区，其影响和作用就更为明显和深刻。

从宗教学的角度说，原始宗教属于自然宗教的范畴，有其自然产生、发展和消亡的历史过程，了解原始宗教的这个发展过程对于认识整个人类历史发展规律是极为重要的。原始宗教的表现形式非常丰富，一般来说，它具有以下一些特征：自发性、氏族性、地域性和功利性。其中功利性是原始宗教较为显著的特征。因为，原始宗教的根本目的不是其他，而是为了满足现实生活的需要。它不像后来的人为宗教或成型宗教那样，是为了死后升天堂或成佛、成仙，永享超人间的快乐。所以，原始宗教的崇拜对象往往与原始人的日常生活密切相关。出于对崇拜对象的依赖，进而把它神化，祈求得到它的帮助与恩赐，这是原始宗教多种崇拜形式的共同特点，因此，原始宗教的崇拜、祭祀具有功利性质。此外，原始宗教还有全面性、制度性等特点。这些特点的形成，归根到底是由原始社会氏族制度和社会经济条件决定的。而当这些宗教一旦形成之后，又会反过来对氏族制度及其社会政治、经济、文化、道德生活等产生深刻影响。这种影响表现在：首先，它促进了氏族的形成和巩固。这一点祖先崇拜和图腾崇拜表现得尤为明显。其次，原始宗教的祭祀和巫术等，对于无能为力的原始人在同自然和野兽的斗争中起到了增强信心、鼓舞斗志的作用。当然，蕴藏在其观念背后的依赖及侥幸心理，又会成为他们进行生产技术改进和探索的障碍。而原始宗教中的诸多禁忌，有时也会妨碍他们的生产生活，从而给经济社会的发展带来消极的影响。再次，原始宗教对人们的道德生活有明显的影响。原始宗教的习惯规范具有全氏族道德规范的意义，以及调整氏族社会人与人关系的重要作用。例如，有些原始宗教对于违反社会公德，如偷盗等行为的"神判"，在维护社会秩序和氏族制度方面就具有很大的约束力。此外，原始宗教对氏族社会的文化习俗也有很大的影响。例如，属于艺术范畴的神话就是在万物有灵基础上发展起来的。其他如舞蹈、诗歌、绘画、雕刻等艺术，虽然从根源上说是来源于生产生活，但往往也受到宗教思想和宗教活动的深刻影响。人类文化艺术史大量的资料及其发展的历史证明，人类历史上不少文化艺术形式及成果与原始宗教是分不开的。

总之，云南除信仰伊斯兰教的回族外，其他各少数民族都不同程度地保留着本民族传统的原始宗教残余，这是云南原始宗教的一个特点。万物有灵和灵魂不灭的观念至今仍深刻影响着云南少数民族的精神世界，原始宗教的祭祀活动弥漫于其社会生活的各个方面。当然，云南各少数民族的原始宗教对该民族的影响程度并不完全一致，有的影响深一些，其原始宗教的形态表现得较为典型和明显，祭祀活动也较频繁；有的影响少一些，祭祀活动也较少。但尽管如此，云南少数民族的原始宗教至今仍对该民族的生产生活起着不同程度的影响，这是共同现象，而且还不可能在短期内根本消亡。云南原始宗教形态的多样性可以弥补人类宗教史、思想史、文化史的某些环节，所以说云南原始宗教遗存形态是人类思想文化弥足珍贵的活化石，也是尚待开发利用的云南民族传统文化的重要资源。此外，云南原始宗教文化的民族品格鲜明、原始气息浓郁、历史氛围浓厚，具有淳朴自然的生活气息，这是云南宗教文化中最具特色的。

云南的宗教和宗教文化的形态内容丰富多样，并具有鲜明的民族特色和区域特色。而凡具有民族性的文化同时也是世界性的文化，云南宗教文化中不少属于世界人类珍贵的文化遗产，是人类文明罕见的优秀成果。但是，我们在正确认识、开发利用云南宗教文化资源的同时，也要严格区别宗教文化中的精华与糟粕，明确宗教信仰与宗教文化的区别和不同，明确宗教文化与民族风俗习惯的区别和联系。

（二）云南宗教及其文化特点

云南各宗教是云南民族传统文化的载体，云南各宗教中蕴藏着的丰富的宗教文化构成了云南民族文化的重要组成部分，是可供开发利用的重要文化资源。历史上，云南境内的各种宗教与云南各民族的传统文化和风俗习惯相融合，形成了具有云南多民族、分区域展现丰富文化特质的宗教文化。具体表现为各种宗教与云南多民族、多元文化相融合，形成了宗教形态多样而并存，宗教文化多元而共生；民族种类多，民族文化和宗教文化互相交织；跨境民族多，与境外宗教文化交流和宗教活动交往频繁等云南宗教文化丰富而多样的特点。

1. 宗教形态多样并存，宗教文化多元共生

云南宗教形态的多样和宗教文化的多元在全国是绝无仅有的。从宗教种类来说，云南境内现有佛教、道教、伊斯兰教、天主教、基督教（新教）以及原始宗教和民间宗教。从宗教类型来说，云南宗教文化系统分为佛教文化系统、道教文化系统、基督教文化系统、伊斯兰教文化系统和原始宗教文化系统，其中佛教、道教、原始宗教文化系统尤为丰富和突出。在佛教文化系统中，又分为南传上座部佛教文化、汉传佛教文化和藏传佛教文化。云南

宗教和宗教文化具有东方宗教与西方宗教并存、东方宗教文化与西方宗教文化以及云南民族文化三者相互交融、互为消长的特点。其他省区虽然也有以上几种宗教，但其中只以一种宗教或两种宗教为主，其他宗教的信众较少，影响不大。但云南五大传统宗教及原始宗教的信众和影响是相对平衡的，即各宗教都有其较长的历史传统和固定的信仰民族，对信仰民众的精神生活和社会生活都有深刻的影响。其中，佛教、伊斯兰教、基督教和原始宗教的影响相对深刻和广泛。

云南宗教形态的多样性，不仅是指云南宗教种类多，更主要是指宗教的内部派系众多，而且具有鲜明的民族特色和区域特色。如云南佛教，除了有汉传佛教或藏传佛教外，还有南传上座部佛教和阿吒力密教，这也是云南独有的佛教派别。各宗教在不同的地区或民族中传播，并与不同的民族文化相融合，因此形成和表现出不同的区域特色和民族特色。如前面列举过的生活在云南西双版纳勐海县的曼峦村和曼赛寨的"帕西傣"，就是云南多种宗教形态并存、多元宗教文化共生以及宗教文化生态平衡保持得较好的典型。在那里，身着傣族衣服和服饰、讲着傣语，但却信仰伊斯兰教和严格遵守回族生活习俗的"帕西傣"与周围的傣族、汉族和其他民族友好相处、世代往来、亲如一家。在曼赛寨，相邻就有一个傣族的寨子，傣寨里的佛寺与曼赛的清真寺相隔不足百米，清真寺的"帮格"声（召唤穆斯林礼拜的声音）与佛寺的念经声此起彼伏，互相交织，信仰伊斯兰教的"帕西傣"与信仰小乘佛教的傣族就是听着这两种完全不同的声音从容而安然地进行着他们的生产和生活，两种截然不同的宗教文化在同一天空下如此完美地融合在一起，向世人展示了宗教多元文化的水乳交融以及宗教文化生态平衡的独特魅力。

再如，在我们调研的西双版纳景洪嘎洒曼允寨，是一个传统的傣族村寨，全村有280多人，但全部都信仰基督教，寨里有一个新建的基督教堂，经常来教堂活动的人占全村人口的1/4，最多的时候来教堂的人有1500多人（包括其他寨子和城区的信徒），其中有傣族、汉族、拉祜族、布朗族、瑶族。当我们去采访的时候，有八九个傣族中老年妇女在院子里悠闲而愉快地用傣语唱着赞圣诗，另有十多个中老年妇女在教堂用汉语唱，她们手里都拿着歌谱，有傣文的，也有汉文的，还有一个妇女在弹着风琴，接着她们就集中在教堂里配音合唱。她们的表情既悠闲而肃穆，又轻松而认真，让人有一种身处世俗而神圣和谐氛围之中的感觉。在教堂的隔壁，是一个二层楼的办公室和青年人的活动室，活动室里摆放着吉他和电子鼓，墙上贴着一些大小不等的星星和图案，很有现代感，如果不说明，根本看不出这是基督教活动的场所。会长岩温不在，他夫人和一个管财务的信徒接受了我们的采访。岩温会长夫人（称师母）告诉我们，曼允村过去没有人居住，后来基督教传教士收留了一些被赶出寨子的所谓"琵琶鬼"和病人后才慢慢形成了寨子，至今已有100多年的历史。1987年基督教开始恢复活动，1992年盖教堂的时候只有50多个信徒。岩会长和师母都是傣族，他们是在26岁左右时开始信基督教的，家人都信佛教，但并不反对他们信仰基督教。他们生有一男一女，都信基督教，儿子已结婚，儿媳是景东的汉族，嫁过来后信基督教。过傣历年的时候他们会在教堂里举行活动，但内容是唱诗礼拜，他们过圣诞节、复活节。师母说过去她信佛教有一种压力，佛教清规戒律太多，现在信基督教没有压力。会计（女，50岁左右）也是基督徒，是从湖南来云南的，现在儿子跟她信基督教，丈夫不信教，但他们的关系很融合，生活中没有矛盾。教堂有重大活动的时候也会邀请省、市基督教的领导来参加；教徒之间没有太大的矛盾，家庭如果出现问题（如夫妻不和）教会会出面调解，信徒有事也会来找牧师。她们自豪地告诉我们，社会上多一个基督徒就会少一个坏人，基督教对社会安定和谐是有作用的……

在一个南传佛教盛行、几乎全民信仰佛教的傣族地区，竟然有两个全村人信仰伊斯兰和一个信仰基督教的村寨，并建有清真寺和基督教堂，且经常开展宗教活动，这几乎是不可思议的，但这却是一个现实，而且类似曼峦村、曼赛寨和曼允寨这样的情况在云南还有许多的例子。放下民族迁徙、融合，宗教传播、渗透等历史和现实因素不说，仅从宗教多样并存和宗教文化多样共生这样一个角度和层面就足以说明云南宗教文化的独特性。

云南除了五大宗教具有多样性，各民族传统的原始宗教形态也同样具有多样性、独特性和典型性，这在全国乃至当今世界各地各民族中都是绝无仅有的。如上所述，云南原始宗教包括自然崇拜；动植物崇拜；灵魂崇拜（鬼魂、精灵等）；图腾崇拜；祖先崇拜；生殖崇拜等形态。与此相连的祭祀仪式活动主要有狩猎祭祀、农业祭祀、畜牧业祭祀、生育祭祀，以及修屋盖房、婚丧、出行、战争、械斗、贸易等生产生活各个方面的祭祀及仪式。云南各民族原始宗教信仰形态的多样性还体现在同一民族其信仰和崇拜对象的不同以及不同民族其信仰和崇拜对象的相同这一特征。

此外，云南原始宗教形态不仅丰富、多样、独特，且完整而典型，同时还具有其形态发展演变方面的层次性。一是虽然云南各民族原始宗教中保留着各自不同的形态活动和宗教崇拜，但从总体形态来看，其形态的多样性、典型性、完整性的特点是十分明显和突出的。二是云南各民族原始宗教的演变表现出鲜明的层次性，既有一般意义的原始宗教，如各种形态的原始崇拜，又有跨入人为宗教，具有完型宗教特点的原始宗教，如纳西族的东巴教、白族的本主崇拜、彝族的毕摩教等。这种形态方面的层次性，不仅在全国，甚至在世界范围内也具有极为重要的学术意义。

2. 民族种类多，民族文化和宗教文化互为交织，密不可分

民族性是宗教客观存在的特性，宗教文化是各民族文化的重要组成部分。民族与宗教虽然是两个范畴，但无论是外来的世界性宗教还是土生土长的原始宗教，都与一个民族的历史、经济、文化等有着密切的联系。在许多时候，宗教是形成民族文化和民族心理素质的重要因素，宗教往往与民族的历史传统和风俗习惯融为一体，有着保留和传播本民族文化的重要作用，即使是在现代社会，宗教仍然对一部分民族的思想观念、经济、文化、教育及生活理念有着不同程度的影响。甚至可以说，有的民族地区人们的心理特征、行为规范等，离开了宗教就很难得到正确的解释。在历史发展中，云南的各种宗教与各民族的传统文化和风俗习惯相结合，形成了具有云南多民族、分区域展示丰富文化特质的宗教文化。

如前所述，云南是我国民族成分最多、宗教种类和宗教形态最完备的省区，包括汉族在内的 26 个世居民族都有自己的宗教信仰和宗教生活，在长期的历史社会发展中，都创造和形成了自己包括宗教文化在内的历史悠久、内容丰富、特色鲜明的民族文化。

在云南，信仰佛教、道教、伊斯兰教、基督教和天主教等世界性宗教的有 19 种民族，共 450 多万人，占全省人口总数的 9%—10%，其中少数民族占 90% 以上。有 7 种少数民族基本只信仰一种宗教，如回族信仰伊斯兰教；傣族、布朗族、阿昌族、德昂族信仰南传上座部佛教；藏族、普米族信仰藏传佛教。除伊斯兰教为回族普遍信仰外，每一种宗教又都为若干个民族所信仰，如汉族、纳西族、白族、彝族和拉祜族的部分群众信仰汉传佛教；藏族、普米族、纳西族等信仰藏传佛教；傣族、布朗族、德昂族、阿昌族、佤族等信仰南传上座部佛教；汉族、纳西族、彝族、瑶族的部分群众信仰道教；近代以来，在傈僳族、景颇族、拉祜族、独龙族、佤族、汉族、苗族等民族中还有部分群众信仰基督教和天主教。此外，除回族以外的各民族，都不同程度地信仰历史上遗留下来的原始宗教。各民族、各宗教在政治、经济、文化交往和社会生活中，民族文化与宗教文化互为交织，密不可分，创造了云南丰富多彩、特色各异的民族文化和宗教文化。

3. 跨境民族多，境内外宗教文化互为交流、互为影响、互动融合

云南地处我国西南边疆，国境线长 4061 公里，全省共有 8 个边境地州市、25 个边境县市分别与老挝、缅甸、越南接壤。由于特殊的地理环境，云南境内的 25 种世居少数民族中有 16 种民族跨国境线而居（他们分别是彝族、壮族、瑶族、苗族、哈尼族、拉祜族、佤族、傣族、阿昌族、景颇族、布依族、布朗族、傈僳族、德昂族、怒族、独龙族），是中国跨境民族最多的省份。在 16 个跨境民族中，与缅甸相连的有傣族、景颇族、德昂族、布朗族、拉祜族、佤族、傈僳族、怒族、独龙族，其中傣族主要分布于西双版纳傣族自治州和德宏景颇族傣族自治州，阿昌族、景颇族和德昂族主要分布于德宏景颇族傣族自治州，傈僳族、怒族、独龙族分布于怒江傈僳族自治州，佤族、拉祜族主要分布于临沧市和思茅市。与越南相连的有壮族、彝族、哈尼族、苗族、瑶族、布依族，主要分布于文山壮族苗族自治州和红河哈尼族彝族自治州。

云南境内外跨境民族的来源和迁移大致有两种：其一，有的民族及其先民自古以来（最远可追溯到新石器时代）就居住在现今的分布地，迄今并无明显的改变，其迁移活动也基本上仅限于在分布地域内的局部移动或少量人口远徙，属于此类情况者有佤、布朗、德昂、壮、傣、布依、水等民族。其二，除了若干土著民族以外，还有一些民族的人口为秦汉以后不同时期从中国内地迁入云南境内外地区的，这类迁徙多数带有自发的性质，迁徙活动普遍具有渐进性、扩散式移动和迁入时间较早等特征，属这一类型的跨境民族有苗、瑶、彝、哈尼、拉祜、景颇、傈僳、怒、独龙等民族。①

云南特殊的地理位置，使之成为本土文化、中原文化、东南亚与南亚文化的交会点，形成了不同"文化圈"与"文化丛"多元并存的格局。同时，历史沿革的特殊性也赋予了云南跨境民族的文化以特殊的意义和价值，积累了大量与其他文化相互交流与和睦相处的经验。

云南跨境民族这种与东南亚国家相邻、山脉相连、江河同源的地缘关系，使得跨境民族的族源同宗、文化同源、宗教同流。各跨境民族虽然分属不同的国家，有不同的国家观念和国家认同，但由于他们都有着共同的祖先，有着共同的语言、共同的风俗习惯、共同的民族意识、共同的宗教信仰，自古就形成一种天然的关系，并保持着密切的交往。这种长期友好的联系与交往，通过境内外边民联姻、节庆活动、宗教活动、边民互市和其他经济交往而得以体现。同时，作为民族传统文化核心之一的宗教文化也一直处于相互渗透和融合之中，并对边民的生产生活产生着较大的影响。

云南跨境民族的宗教信仰亦呈现出多元化的形态，既有祖先崇拜、自然

①　方铁：《云南跨境民族的分布、来源及其特点》，《广西民族大学学报》（哲学社会科学版）2007 年第 9 期。

崇拜、神灵崇拜等原始宗教崇拜的民间信仰，也有对佛教、道教、伊斯兰教、基督教、天主教等世界性的宗教信仰。随着近年来边境地区的不断开放，尤其是当前"桥头堡"建设战略的实施，以及中国—东盟自由贸易区建设的不断推进，境内外边民的交往越来越密切，跨境民族内部交流日趋频繁，宗教文化的交流日渐增多，这些都将对境内外民族和宗教多元文化的繁荣发展产生广泛而深远的影响。在互动增多的同时，云南民族宗教问题的国际性和复杂性也日益凸显，境外各种势力利用宗教对我国的渗透日趋严重。

三 宗教文化的价值、功能与现代适应

（一）宗教文化的历史价值与社会功能——宗教文化在云南社会历史进程和经济社会发展中的作用和影响

宗教和宗教文化的历史价值与社会功能，或者说宗教与社会的意义，从宗教的社会功能来看，根本上来说不是别的，正在于它们能够以世界观或宇宙论的形式为社会共同体提供一个普遍的宗教性的解释体系或意义系统。从宗教与社会的维系来说，对宗教维系社会的功能可以作多方面的分析。首先，整合社会是宗教一项极其重要的维系社会的功能。其次，宗教信仰及其神学是一种综合的世界观，是世俗社会的"包罗万象的纲领"，至于它之推动宗教组织及其成员（宗教徒）对社会共同体之具有一种高度的认同感和归属感，激发各宗教组织及其成员超越普通世俗群众的狭隘眼界，着眼于人类社会整体的维系和发展，献身于人类共同事业，就是一件既可望又可即的事情了。再者，从宗教信仰及其神学的社会本质看，宗教意识既然首先表现为"个人中心"的消除，表现为一种"集体意识"或"社会意识"，则宗教就有可能在不同范围内和不同层次上发挥其凝聚社会的积极作用。此外，宗教维系社会的功能还表现在它之有助于社会控制方面。社会控制从消极方面来说，表现为对社会行为的约束；从积极方面来说，表现为对社会各要素或部分之间的关系的协调，这两个方面无疑都有可能发挥其积极的作用。最后，宗教维系社会的功能还表现在它之有助于社会调适这方面。宗教不仅有整合功能和控制功能，而且还有调适功能。宗教的调适功能虽然同宗教的整合功能和控制功能有内在的关联，却也有它自己的特殊性。如果说宗教的整合功能和控制功能着眼的是宗教意识的思想层面或理论层面，那么，宗教的调适功能着眼的则主要是宗教意识的心理层面。

同时，宗教社会功能不仅表现为社会的维系，而且还表现为社会的创建。这是因为各种宗教神学所提供的宗教性的社会意义系统不仅有适应社会共同体或现实社会的一面，而且还有高于社会共同体或现实社会的一面①。考察人类的社会历史，不难发现，世界诸宗教在人类社会的历史发展中都曾发挥过积极的作用。例如，在文明社会初期，各种民族—国家宗教的出现对于奴隶制取代原始社会氏族—部落制度无疑起了巨大的推动作用。再如，人类社会在从封建制向资本主义制度的过渡中，宗教或宗教改革运动也发挥了非常积极的作用。

在云南，由于民族众多、宗教多元、地处边疆，宗教和宗教文化的这种社会功能就显得特别的突出和重要，同时也更具有地域性和特殊性。

如上所述，在云南丰富灿烂的民族文化中，宗教和宗教文化极其重要并独具特色。云南 26 个世居民族都有自己的宗教信仰和宗教生活，长期以来，宗教和宗教文化与各民族的社会生活密不可分，特别在边疆民族地区，对少数民族的生产生活（物质生活和精神生活）有着深刻的影响，对边疆的社会和谐稳定、国防建设、民族团结、经济社会发展有着密切的联系并产生直接或间接的作用。加之云南地处祖国西南边陲，与缅甸、老挝、越南三国接壤，与泰国、柬埔寨、孟加拉国、印度等国相邻，自古就是中国连接东南亚、南亚各国的陆路通道和文化传播的重要渠道。16 个民族与境外相同民族跨境而居，同源同宗，有其共同的宗教信仰；有的宗教与东南亚、南亚有着渊源关系，历史上宗教文化交流就很密切，宗教和宗教文化在发展与邻国友好关系发挥着重要作用。云南各宗教——佛教（包括汉传佛教、藏传佛教和南传上座部佛教）、道教、伊斯兰教、基督教、天主教和原始宗教、民族民间宗教及其各宗教文化在云南社会历史进程中，对云南的经济、文化和社会生活产生过重大的影响，并发挥了积极的作用。具体表现为：

1. 爱国爱教的宗教文化主流对中华民族的形成、国家统一、民族团结和边疆巩固起了积极的促进作用

尽管云南的宗教多样、宗教文化多元，但爱国爱教的意识和观念始终是各宗教的主导意识和各宗教文化的主流。在云南历史进程和社会经济发展过程中，各宗教人士和宗教团体，以及有着不同信仰的各民族的广大信教群众始终保持着对中华民族、对祖国的认同，始终把中华民族和祖国的利益放在首位，在不同的历史时期为中华民族的形成、国家的统一、民族的团结和边疆的巩固发挥了积极的作用。

———————

① 　参见段德智《宗教学》，人民出版社 2010 年版，第 263—264 页。

　　新中国成立以后，通过开展反帝爱国教育，帮助基督教和天主教等清除教会内的外国势力和封建势力，完成宗教同政治、经济制度的分离，逐步摆脱了国外教会的控制和影响。1950 年，在云南活动的所有外国传教士被驱逐出境，在党和政府的领导下，积极开展"三自"爱国运动，彻底摆脱帝国主义的控制，走上一条与祖国和民族发展相一致的道路。1957 年，在云南边疆陇川县拱山召开的内地教会代表团和当地教会座谈会上，决定加强当地教会与上海浸礼会联会及昆明基督教"三自"爱国运动委员会的联系，逐步摆脱外国教会的控制和影响。此后，在 1957 年年底正式成立了"德宏五县基督教三自爱国总会"。1957 年 3 月，澜沧拉祜族自治县糯福召开基督教代表会议，澜沧、孟连两县的 148 名教会负责人和教徒代表出席，选举产生澜沧基督教"三自"爱国运动委员会筹委会①。基督教在其赞美歌中，歌颂了祖国山河的美好秀丽，抒发对祖国人民的无限热爱。

　　20 世纪五六十年代，在社会主义改造中，云南的佛教、道教、伊斯兰教开展了反封建运动，废除了宗教的封建特权和压迫剥削制度。道教界开展了宗教制度民族改革运动，宫观内凡与社会主义法令、政策相抵触的规诫、惩罚皆自行废除，换上了《爱国公约》及《宫观常住规约》等。由全体常住宫观道士民主选举的"民主管理委员会"（或小组）取代了以前的那种等级森严、封建宗法性很强的监院执事制度。1957 年 4 月，在北京召开第一届中国道教代表会议，成立了中国道教协会。中国道教协会的宗旨为："团结全国道教徒，继承和发扬道教的优秀传统文化；在人民政府领导下积极参加社会主义建设；协助政府贯彻宗教信仰自由政策；推动和开展道教研究工作；反对霸权主义，维护世界和平。"②

　　佛教"庄严国土、利乐有情"、"人间佛教"已成为僧俗信徒弘法利生之共识。云南藏族地区的喇嘛教，则在 1958 年民主改革、平叛时期，在揭露打击少数反革命分子的同时，彻底废除了藏族地区"政教合一"的封建制度，基本上摧毁了喇嘛教的封建农奴制，解放了广大农牧奴群众和贫苦僧侣。③

　　生活在云南西双版纳傣族自治州和德宏傣族景颇族自治州的傣族人民，虽然全民信仰南传上座部佛教，佛教对其生产生活有深刻影响，但自古以来，傣族人民并没有受境外宗教或宗教文化的影响，尤其是境外势力利用宗

　　①　云南省普洱市民族宗教事务局：《普洱市民族志》，云南民族出版社 2009 年版，第 15 页。
　　②　萧霁虹、董允：《云南道教史》，云南大学出版社 2007 年版，第 168 页。
　　③　王爱国：《多元文化中的云南宗教》，宗教文化出版社 2008 年版，第 133—134 页。

教或宗教文化对其渗透的影响，始终保持着对中华民族的认同，自觉地维护着祖国的利益，祖祖辈辈为开发边疆、巩固边疆作出了艰苦的努力和卓越的贡献。

1956—1958 年，昆明、上海等地基督教教会先后组织 7 批 17 人次，访问了瑞丽、陇川、盈江、澜沧、耿马、沧源等边境民族地区的基督教会，为当地教会按立了 6 位牧师和一批传道员，并多次举办教牧人员培训班，一定程度上解决了当地教会的自传问题，并结束了边疆地区教会和内地教会不相往来的历史，促进了边疆地区教徒由外向到内向的心理转变。在云南各级党委、政府的关心重视下，云南宗教界积极参与国家大事协商讨论，如在全国、省、州、市、县各级人大和政协中，都有临沧、西双版纳、怒江、普洱等宗教界人士代表或委员。同时，云南各级党委、政府积极组织宗教界人士上京参观学习，例如 1950—1953 年缅宁专区共组织上层代表人士 12 批 193人次外出参观①。据西双版纳自治区建立初期时的不完全统计，国家、省先后组织佛教界人士 10 余批 200 多人次到昆明、北京、上海、天津等各大城市参观学习②。1955 年 4 月，普洱市人民政府组织 16 名傣族寺祜巴、长老、佛爷参加云南省傣族佛教参观团到北京及东北、华北等地参观③。云南边疆民族地区宗教界人士通过到不同地区的参观学习，加深了对伟大祖国的了解和认识，加强了与祖国内地宗教组织和人士的联系，进一步了解党的民族平等、宗教信仰自由政策，激发了各族宗教界人士的爱国主义热情，促进了民族团结发展，维护了祖国的统一。

云南各大宗教均成立了省、州市、县级的组织和协会，积极与政府沟通协调，与广大宗教界人士一起投入社会主义建设中。西双版纳州 1963 年召开了第一次佛教代表会议，成立了州佛教协会，1994 年又成立了基督教协会、伊斯兰教协会。之后勐海县、勐腊县和景洪市也分别成立了佛教协会。1981 年 6 月在昆明召开了云南省基督教第二次代表大会。会议认为，通过开展"三自"爱国运动，云南基督教各民族信徒的爱国觉悟和民族自尊心有了很大的提高，云南教会依附外国差会的面貌已经改变，成为与新中国相称的自治、自养、自传的教会。会议决定，要继续高举爱国主义的旗帜，坚持四项基本原则，拥护中国共产党的领导，拥护社会主义制度。带领广大信

---

① 金建、杨兆昌主编：《临沧地区民族志》，云南民族出版社 2003 年版，第 144 页。
② 西双版纳傣族自治州民族宗教事务局编：《西双版纳傣族自治州民族宗教志》，云南民族出版社 2006 年版，第 232 页。
③ 云南省普洱市民族宗教事务局编：《普洱市民族志》，云南民族出版社 2009 年版，第 14 页。

徒与全省各族人民一道，为维护安定团结、完成祖国统一大业，为反对霸权
主义、维护世界和平作出更多的贡献。会议号召全省基督教徒做一个爱国守
法的基督徒，不允许任何人借基督教的名义进行违法活动，并提醒与会代
表，要警惕和防止某些外国人以"传福音"为名，对基督教进行分裂、反
华和渗透活动。这次会议成立了"云南省基督教协会"。此后，云南省基督
教"三自"爱国运动委员会和云南省基督教协会分工协作，充分发挥党和
政府联系信教群众的桥梁和纽带作用，带领全省信徒走爱国爱教、独立自主
自办教会的道路，引导基督教与社会主义社会相适应①。1985 年 10 月，在
昆明召开了云南省天主教第一次代表会议，成立了"云南省天主教爱国
会"、"云南省天主教教务委员会"。其章程规定："爱国会是云南省天主教
神长教友，在中国共产党和人民政府领导下，开展与国际天主教友好人士的
往来，协助政府贯彻宗教信仰自由政策的组织。"之后，各宗教爱国团体带
领广大的信教群众不断增强爱国守法的社会主义公民意识，与社会各界人士
一起参政议政，积极开展抗灾救灾、乐捐助人等社会公益活动，在维护法律
尊严、维护人民利益方面做出了积极的努力，对中华民族的形成和国家的统
一发挥了积极的作用。改革开放以后，云南宗教界人士高举爱国爱家旗帜，
坚持独立自主自办的原则，以爱国、担当、务实的精神，走与社会主义社会
相适应的道路，形成了宝贵的云南宗教经验。

在研究历史上宗教和宗教文化的历史价值与社会功能或者宗教和宗教
文化在云南历史进程和社会经济发展中的作用和影响时，必须从各民族和
各宗教具体的历史际遇中寻找历史文本与群体的历史记忆。因此，我们在
考察云南各民族和各宗教的历史状况和社会生活时就必须根据不同历史时
期的政治、经济、文化背景，重点从历史、现实、文化、民族关系等层面
和维度来进行。下面，我们以信仰伊斯兰教的回族穆斯林为例，对其在云
南社会历史进程和经济社会发展中的作用来进行个案研究，具体对回族穆
斯林在云南社会历史进程中有重大影响的历史代表人物和历史事件，以及
辛亥革命以来回族穆斯林在云南和谐社会进程中的实践和行为来作动态的
梳理及考察研究。

回族是云南主要的少数民族之一。同时，回族也是云南信仰伊斯兰教
的主体民族，其全民信仰伊斯兰教，是伊斯兰文化的主要传承者。伊斯兰
教的宗教信仰、教义思想、伦理道德、戒律禁忌、节日庆典等都已深入到
回族穆斯林的思想、观念、意识和行为规范之中，并与回族文化及其风俗

---

① 肖耀辉、刘鼎寅：《云南基督教史》，云南大学出版社 2007 年版，第 225—226 页。

习惯相融合；回族文化的许多内容及因子都来自伊斯兰教，伊斯兰教与回族密不可分，这与其他民族或宗教形成和发展的情况不尽相同。在云南社会历史进程与和谐社会构建中，信仰伊斯兰教的广大回族穆斯林恪守伊斯兰教义，秉承民族精神，在开发边疆、建设云南中，对云南的经济、文化和社会发展，以及边疆社会稳定、国防建设、民族团结等方面都作出了积极的努力和卓越的贡献，用自己的行为践行和诠释了伊斯兰教义思想中的爱教爱国理念。

从历史人物和历史事件来看——

云南回族穆斯林在与各民族共同开发边疆、构建云南和谐社会过程中，涌现出了不少杰出的政治家、文学家、艺术家、航海家、诗人和伊斯兰教著名经师，他们为中华文明的形成和积累，以及云南政治、经济、文化和社会的全面发展作出了重大的历史贡献，推动和促进了云南乃至中国和谐社会发展的进程。由于篇幅所限，我们只能择其一二作个案研究。

（1）赛典赤·赡思丁

元代回回人赛典赤·赡思丁任云南平章政事，是云南最高行政长官，在其主政云南六年期间，积极贯彻中央行省制度，使云南正式成为祖国行省一级的政区，并努力发展社会生产，兴修水利，协调民族关系，化解民族矛盾，巩固了祖国的统一，其在政治改革，经济、文化、教育发展方面，以及处理和对待民族关系、民族矛盾及宗教问题等方面所采取的措施和办法即使在今天都仍有其积极的意义，堪称民族平等、社会和谐的倡导者和先行者。其丰功伟绩，彪炳史册，至今仍为云南各族人民所缅怀。

①赛典赤·赡思丁在处理政治、民族、宗教问题上的智慧和风范

首先在政治方面。赛典赤认为，必须进行政治体制和行政体制的改革；军政不分，军事管制的局面必须改变；要加强行政机关的权力，做到以行政统领军事，使政令得到统一。

在明确了统治机构的职权后，赛典赤便接着进行行政区划的建制。他把原来的万户、千户、百户等军事管制性质的组织，改设为路、府、州、县等行政机构。路设总管，府设知府，州设知州，县设县令或县尹。规定了王府和行省之间的权限，王府只是对省府进行监督的机构。云南行省的治所从大理迁到了鄯阐府（昆明）。至此，云南的行政体制得到了更新，开始成为我国的一个直属省级行政区划。这是中国及云南历史上没有先例的重大政治事件，也是赛典赤在云南政治史上的重大贡献。

然而，像云南这样一个多民族的边疆省来说，长期游离于中央集权之外，少数民族地区的土官、头人、酋长分割统治，各民族的政治、经

济、文化与风俗习惯、宗教信仰各不相同。加之历史的原因，各民族人民与统治者之间，各民族之间，各民族内部之间，都存在着程度不同的隔阂或矛盾。如果仅仅只是政治体制和行政机构有所改变，没有全省各民族的团结支持，没有民族地区经济、文化、教育的发展，就不可能有云南社会的长期稳定，也就不可能有全国政治的统一。对此，赛典赤从政治、经济、文化、教育以及宗教信仰、风俗习惯等方面全面推行一条民族平等政策。

在改设路、府、州、县的过程中，他充分认识到民族上层的作用，委任土著民族中的上层分子充当各路、州、府、县的土官。当时不仅长官司如此，宣慰司、宣抚司、安抚司及、府、州、县都委用了不少的少数民族中的上层来担任土官。除中庆路（昆明）设流官外，其余各地大多用的是本民族的土官。如唐兀人（既党项羌）爱鲁先后被任命为宣抚使、宣慰使、副都元帅等职，汉族张立道任中庆路总管，白族段实任大理路总管，纳西族阿烈任丽江路总管，彝族阿牟任乌蒙路总管，哈尼族阿禾任元江万户等。不分民族和宗教信仰重用少数民族干部，是赛典赤在云南推行的民族平等政策的具体体现。用少数民族中的上层分子任地方的行政长官，可以保留各民族中原有的政治经济结构不变。因为当时云南各民族生产力的水平还不可能突破原有的生产方式，再加上民族的关系，如不依靠本民族的贵族来进行统治，要实现民族地区经济、文化的发展和社会的长治久安是很困难的。

赛典赤对云南的土著民族采取的是有理、有节、有利和平等、宽容、礼让的态度。赛典赤初到云南时，镇守云南的宗王脱忽鲁认为是来夺他的权，于是征兵备战，严密防戒，企图阻止赛典赤的到来。赛典赤就派他的长子纳速剌丁去对脱忽鲁说："天子以云南守者非人，致诸国背叛，故命臣来安集之，且戒以至境即加抚循，今未敢专，愿王遣一吏来共议。"[①] 宗王派了两名亲信去见赛典赤，赛典赤热情地接见他们，并和他们交谈得很投机，还授给了他们官衔。宗王听后消除了敌意，心悦诚服地欢迎赛典赤来滇主持政务，"由是政令一听赛典赤所为"[②]。

在建立云南行省时，有几个土吏没有得到重用，于是怀恨在心，跑到大都（今北京）去向元世祖控告赛典赤专权。元世祖不相信他们的话，对侍

---

① （明）宋廉：《元史》卷十二《赛典赤传》，卷一百二十五、列传第十二《赛典赤赡思丁》，中华书局 1976 年版。

② 同上。

臣说："赛典赤忧国爱民，朕洞知之，此辈何敢诬告！"① 于是命令把他们枷械起来押回云南，交由赛典赤惩处。赛典赤不但没有因此而报复他们，反而把他们的刑具脱了，对他们说："若曹不知上以便宜命我，故诉我专僭，我今不汝罪，且命汝以官，能竭忠自赎吗？"② 这些上告的土吏喜出望外，叩头拜谢道："某有死罪，平章既生之而又官之，誓以死报。"③ 这充分体现了赛典赤政治家的气度。

　　在对待少数民族上层、民族关系和民族问题上，赛典赤已不是一般意义上的平等、宽容，而是从关乎民族团结、边疆稳定的政治高度来认识和处理。赛典赤在任时，元江一带的一些民族上层不接受路、府、州、县的设置而叛乱，赛典赤率师前往征讨，但不是去镇压，而是以招降为主进行安抚。一次，萝磐甸（今红河元江）的土司抗命叛乱，他欲带兵出征，又面带愁容。随从人员问他为什么？ 他说："我并不怕打仗，只是担心你们在战斗中死去。再就是担心你们欺负老百姓，使他们得不到安宁，一旦他们被逼得造反，你们又以此去征服他们。"可见赛典赤心里关心的是广大人民群众的安危。军队到了萝磐城，围了三天，萝磐主还没有降顺的意思，部将请求攻城，赛典赤不同意，派人去劝说，萝磐主表示同意，但三天过去了仍然不降。部下诸将纷纷请战，赛典赤还是不答应。后来将士中有人擅自攻城，赛典赤大怒，命鸣金收兵，斥责带头的说："天子是命我来安抚云南的，不是来杀人的，没有主帅的命令擅自出兵，军法当诛！" 他当即下令严惩违令的军官。萝磐甸主听到这件事后，十分感动，说："平章宽仁如此，吾拒命不祥。"④ 于是出城请降。这次出征平叛，没有杀一人而降服了萝磐主，取得了胜利。赛典赤这种对少数民族宽容大度、以仁义为本的政治风范，在云南各少数民族中传颂开来，各地首领纷纷前来，表示愿意归顺，服从中央和行省的领导。这些首领来进见赛典赤，按惯例都有所献纳，赛典赤把这些礼品都分赐给随从或平民，自己一点都没有留下，并设宴慰劳这些首领，送衣服鞋袜给他们。赛典赤采取的是"心战为上"的策略，他对民族地区的土司、头人等上层和广大的少数民族人民，是恩威并施，礼接贤士，安抚重用，重在感化。在对待民族关系和民族问题上，与历史上有的当权者那样横征暴敛，动辄就动用武力形成巨大的反差。

---

① （明）宋廉：《元史》卷十二《赛典赤传》，卷一百二十五、列传第十二《赛典赤赡思丁》，中华书局 1976 年版。

② 同上。

③ 同上。

④ 同上。

　　在对待各民族的宗教信仰和风俗习惯方面：赛典赤充分尊重各民族的宗教信仰自由和不同的风俗习惯，主张各民族和宗教一律平等，互不干预、歧视。众所周知，赛典赤是一个回族穆斯林，在当时，回族属色目人，其社会地位是很高的，仅次于蒙古族。但赛典赤并不因为自己是贵族就排斥其他民族和宗教。相反，不论是在政治、经济、文化或是风俗习惯、宗教信仰上他都推行一律平等的政策，互不干预和歧视。如前所叙，在选用人才为官上，他不分民族和宗教信仰，"凡有功于王事者，遣使闻奏朝廷"①。只要是人才且做出成绩，对国家有贡献，他都能公平任用。

　　在赛典赤任云南平章政事期间，由于历史和主客观方面的原因，云南的伊斯兰教和回族文化得到了较大的发展，据说仅昆明一地就建盖了 12 所清真寺，伊斯兰教得以迅速传播。但赛典赤并不排斥或歧视其他民族或宗教，在竭力地倡导儒教，兴儒办学，传播儒家思想文化的同时，他充分尊重民族地区各民族的历史传统文化和宗教信仰，保留和维护各民族的风俗习惯、心理特点和民族差别，允许多种宗教并存。各地除有清真寺外，也有佛寺、缅寺、喇嘛寺和基督教堂。所以，马可波罗看到当时的鄯阐（昆明）城内有回教徒、偶像教徒及若干聂思脱利派之基督教徒。②再如《元史》记载：云南许多地方在经济交往中以贝代替钱，元政府推行钞法后，各族群众不习惯，为了尊重他们的习惯和意愿，赛典赤专门上奏朝廷，请求保留旧俗，朝廷同意后一直沿用。

　　这种各民族平等相处，多种宗教并存，多元文化融合的局面，为多民族的云南经济、文化的全面发展，社会的稳定，边疆的巩固创造了条件。

　　②在发展文化、教育方面的卓越贡献

　　在发展文化、教育方面：云南建立行省之前，各土著少数民族的文化教育是比较落后的。即所谓："云南俗无礼义，男女往往自相配偶，亲死则火之，不为丧祭。无稻桑麻，子弟不知读书。"③赛典赤主滇之后，"教之跪拜之礼，婚姻行媒，死者为之棺椁奠祭，教民播种，为陂池以备水旱，创建孔子庙，明伦堂、购经书、授学田，由是文化稍兴"④。可见，赛典赤到云南后，充分认识到在云南这样一个经济落后、民族众多的省区

---

　　①　赵子元：《赛平章德政》，见纳为信《元咸阳王赛典赤·瞻思丁世家》，今日中国出版社1992 年版。

　　②　《马可波罗游记》卷二，上海商务印书馆 2011 年版。

　　③　（明）宋濂：《元史》卷十二《赛典赤传》，卷一百二十五、列传第十二《赛典赤赡思丁》，中华书局 1976 年版。

　　④　同上。

发展文化教育的重要性，于是便在建立行省的同时，"以兴学育才为先"①，进行一系列发展文化教育事业的建设。在他的倡导和支持下创建了云南历史上的第一座孔庙（文庙），在民族地区兴儒办学，发展教育，传播文化，培养各民族的官员和人才。在此影响下，大理、永昌、丽江、鹤庆、临安、邓川、乌蒙等各路、府、州、县均建立了孔庙，置学舍，兴儒办学，各类庙学如雨后春笋般相继建立。各地庙学使用的教材和教授的内容基本统一，大多是以儒家经典为主，传播儒家思想和中国传统文化。这种以儒家思想和中国传统文化为主要内容的教学，对云南这样一个才从南诏、大理政权分封统治下脱胎出来，"分庭"、"游离"多年的边疆多民族行省来说，其作用和意义不仅仅只局限在文化教育本身，且具有丰富的政治内涵。"在当时形势下，缺乏文治，具体来说就是缺乏具有传统凝聚力的中国儒家思想文化，而赛典赤建孔庙，兴儒办学，就主要是以这一精神物质作为粘合剂，紧紧地'粘接'好边疆与内地、行省与中央、民族与民族之间因蒙元铁骑践踏后遗留的裂纹，使破碎的金瓯重归完整，使原割据地区最终成为当时乃至今日中国版图上一个密不可分的省份。"② 儒家思想在云南民族地区的传播，巩固了中国的统一。

赛典赤通过建孔庙、置学田、办学校，培养了一大批各民族的官员。这样，这些民族首领接受了儒家思想文化，受到中原文明的熏陶，提高了素质，成为朝廷命官，逐步改变了一些落后的习俗，既有利于各民族文化的相互交流融合，又有利于民族地区的发展和稳定。

（2）杜文秀起义

清代咸丰、同治年间杜文秀领导的以回民为主体，联合白族、彝族等民族建立的大理政权，坚持斗争18年（1856—1874年）谱写了云南各族人民团结一致反民族压迫、反封建压迫的光辉篇章。大理政权实行的一系列有关土地、民族、经济的利民政策，使滇西地区生产发展、民族关系协调、社会稳定和谐、人民生活改善，现仍为云南人民所称赞，其爱国思想值得我们学习和传承。

杜文秀起义虽在清统治阶级残酷镇压下失败了，为此给云南伊斯兰教和回族地区的社会、经济、生命财产造成了严重的损失，全省回族穆斯林也因此付出了巨大的牺牲。但杜文秀起义的社会影响和历史意义却是巨大的。首

---

① 《康熙云南府·咸阳王庙铭》。纳为信：《元咸阳王赛典赤·赡思丁世家》，今日中国出版社1992年版。

② 李清升：《赛典赤·赡思丁评传》，云南民族出版社1998年版。

先，杜文秀起义沉重地打击了清封建官僚势力，动摇了封建王朝的统治，与洪秀全领导的金田起义和太平天国遥相呼应，客观上推动和促进了云南社会历史的进程和发展，为近代中国革命史册书写了光辉的一页。其次，大理政权时期杜文秀所采取和实施的一系列政策今天来看仍有其积极的现实意义。如大理政权所实行的耕者有其田的土地政策和一系列的富民政策、商业政策和外交政策极大地促进了大理地区的经济社会发展，维护了祖国的团结，加速了云南和谐社会进程的步伐。最后，以前备受争议的杜文秀起义建立的大理政权，事实上也体现出回族穆斯林强烈的国家观念。回族穆斯林的爱国理念就是"从国是天命"，即把爱国和维护国家利益与信仰联系起来，视爱国为每个穆斯林应尽的义务。为了表明这一点，杜文秀起义成功，建立大理政权后只称帅，不称王、不立君，更没有自封皇帝，与历史上有的农民起义领袖一旦起义成功后就称王称霸、割据一方截然不同，杜文秀反抗的是清统治阶级及其幕僚鹰爪、贪官污吏，而不是国家意义上的祖国。杜文秀最后为了不让大理的各族人民免受涂炭同意降和而死于非命。这一方面说明农民起义的阶级局限性和历史局限性，同时也表明了杜文秀始终心向中华、承认中原王朝、与祖国不离不弃的政治态度。

历史上，云南回族穆斯林的爱国主义传统曾经历了长期的、痛苦的考验，特别是在清朝中后期以后，由于统治阶级采取了民族歧视、民族压迫的政策，致使广大穆斯林遭受了前所未有的欺辱和压迫。清咸同年间杜文秀起义失败后清统治阶级对云南回族穆斯林进行的残酷镇压和疯狂杀戮，使滇西、滇南许多回族地区遭到血洗，有的回族村寨无一人活命，仅省城昆明惨遭杀戮的回族就达两万余人。清统治阶级对云南回族穆斯林的镇压和屠杀是空前的，对云南伊斯兰教和回族地区的社会、经济、生命财产造成了严重的损失，全省回族穆斯林为此付出了巨大的牺牲。但即便在这种情况下，云南回族穆斯林爱国主义的传统精神仍保留在心底深处。在反抗民族压迫的残酷斗争中，他们不惜忍辱负重，把国家利益与中华民族的整体利益置于首位，自觉地维护着祖国的统一、边疆的稳定和各民族的团结。对回族穆斯林来说，爱族爱教与爱国是相互一致的，这种藏在心底的情结是无数穆斯林用心血凝结起来代代血脉相承的，是伊斯兰文化的内核和中华文化的精髓相融合的产物，也是伊斯兰文化和伊斯兰教能在中国以汉文化为主流文化的土壤上生存、发展的重要因素。信仰的坚守和对中华民族的认同，使回族穆斯林深刻地认识到，只有国家安宁、社会稳定、国富民强、民族团结，才有民族和宗教的发展。正是有了基于这样的认识，云南穆斯林才能将自己生存与发展的命运融于中华民族的生存发展中，与祖国同呼吸、共命运，从而积极投身于历代中国人民反封建压迫、反帝国主义侵略斗争的洪流中。

从历史进程来看——

（1）在国家危难时刻，云南回族穆斯林积极保家护国，体现出对国家的认同与效忠

云南回族素有反抗外来侵略、保卫祖国的传统。从辛亥革命、护国运动的旧民主主义革命到中国共产党领导的土地革命、抗日战争、解放战争的新民主主义革命的半个世纪，无数的云南回族穆斯林的先进分子相继投身到中华民族和中国人民解放的伟大事业中，为中华民族的独立和解放，为新中国的建立流血牺牲，作出了应有贡献……

在辛亥革命、护国运动中，孙中山领导的同盟会和蔡锷领导的护国军中就有许多回族将领和民族人士，如罗云五、赵钟奇等。1911 年 10 月 10 日武昌起义，10 月 30 日，昆明立即举行了"重九起义"，起义的滇军中就有许多回族将士。在第一次世界大战中，云南回族马毓宝就随中国军队到欧洲参战，最后在法国阵亡，至今骨灰仍葬在法国，孙中山亲书"黄胄光荣"的挽词以示悼念。

在土地革命、抗日战争和解放战争中，许多回族的有志青年，不分男女，纷纷弃学从军、投笔从戎，他们或报考军校，或救死扶伤，或奔赴抗日前线、驰骋疆场、英勇杀敌、为国立功，或辗转奔赴延安，投入抗日战争和解放战争的主战场，其中许多人献出了年轻的生命……如云南通海籍回族青年纳荣光，1934 年在长沙广雅中学读书时即投笔从戎，报考了南京军官学校（即黄埔军校），1937 年毕业时正值抗日战争爆发，便毅然决然地投入了上海"八·一三"淞沪会战，因在战斗中腿部中弹负伤，辗转武汉疗伤后回到云南，入滇军高射炮大队，驻守昆明巫家坝机场抗击日机，保卫昆明城，直至抗战胜利（新中国成立以后，纳荣光又由昆明回族联合会派到沙甸回族地区参加土改工作）。① 虽然后来在"文革"时老人被打成"历史反革命"，遭到严厉批斗，直至开除公职，下放回农村老家，1986 年才得以平反，但说起过去抗日的历史和不公平的待遇，他仍然感到很自豪，没有更多的抱怨和不满。1996 年，老人到沙特麦加朝觐，完成一个穆斯林的功课。至今老人已有 96 岁，仍然健在，每天还坚持礼拜、诵读《古兰经》。从这个老人身上，我们看到了一个回族穆斯林对宗教的虔诚和对祖国的热爱，同时，回族穆斯林爱教爱国的情结在这个老人身上得到了充分的体现。

在抗日战争中，许多滇籍回族健儿血洒台儿庄，汗滴滇缅公路，服务中

---

① 见《云南回族史》（云南民族出版社 1994 年版，第 295 页）及调研采访笔记。

国远征军。从回族较为集中的个旧沙甸来看，1942年日本侵占缅甸，威胁云南边疆，当时任云南思普企业局总办的沙甸回族穆斯林白亮诚在车里（景洪）成立了一个接待站，接待大批涌入国内的缅甸华侨，并赶造了木筏，供侨胞抢渡过江返回祖国。同时，还组织了一支以沙甸回民为主的回民抗日游击队，以协助中国远征军第六军93师阻止由景迈、景东来犯的日军，解救了被日军包围的278团。此外，白亮诚还在沙甸创办了两所中学——鱼峰中学和养正中学，聘请当时迁往昆明的西南联大的著名教授、学者和社会名流到沙甸讲课，宣传抗日。历史学家白寿彝教授就多次到沙甸讲学、调查。当时的沙甸，民主气氛浓烈，抗日救亡家喻户晓，抗战热情高昂，成为抗日宣传的阵地。村民们积极为抗战出力、出物，支持男儿报考军校奔赴抗日前线。抗战时期，当时在埃及开罗留学的沙甸回族学生马坚、张有为、林仲明、林兴华、林兴智5人，与其他留学生一道，为争取埃及人民和阿拉伯世界对中国抗日的理解、同情和支持，孤立日本侵略者，利用各种机会，采用多种形式，向来自世界各地的留学生和埃及人民介绍中国人民的英勇抗战事迹，揭露侵略者的罪行，在埃及和阿拉伯国家产生了重大的影响。在解放战争中，沙甸地下党为鸡街地区的解放作出了贡献……①体现出对国家的认同与效忠。

（2）在和平建设年代，云南回族穆斯林积极参与民主改革、社会主义改造和社会主义建设，体现出对国家的支持与热爱

新中国成立以后，中国历史和中华民族的命运发生了历史性的巨变，各族人民的政治、经济、文化和社会生活随之改变，云南各族人民政治上翻身做了主人。在中国共产党的领导下，云南广大的回族穆斯林同全国、全省各族人民一起，积极投身于民主改革、社会主义改造和社会主义建设，先后进行了人民政权的建立、巩固，以及征收公粮、剿匪肃特、安定社会秩序、改造基层政权、禁绝鸦片烟毒、"清匪反霸，减租退押"、土地改革和"三反"、"五反"等民主改革运动。在完成了民主改革运动后，全省回族穆斯林又投入到云南回族地区的农业合作化运动、手工业和私营工商业的社会主义改造之中。经历了反"右"运动、批判地方民族主义、"大跃进"和人民公社化运动，以及"八字方针"的贯彻执行和纠正"五风"的整风整社运动的曲折发展历程。十年"文化大革命"中，在极"左"路线的影响下，党和国家的民族宗教政策遭到践踏，云南回族地区的经济社会和回族穆斯林社会生活遭受了严重的灾难和摧残，最终导致了"沙甸事件"的发生。云

---

①　沙甸区政府：《沙甸的昨天和今天》，云南民族出版社1989年版。

南回族穆斯林同全国、全省各族人民一道经历了祖国政治的风风雨雨，与祖国和人们同呼吸、共命运。在粉碎了"四人帮"得到平反后，在党的民族平等、宗教信仰自由政策的感召下，回族穆斯林对党和国家并无怨言，仍以饱满的热情投身到社会主义建设之中，用实际行动回报社会，体现出广大回族穆斯林对国家的支持与热爱。

（3）在改革开放以后的新时期，云南回族穆斯林积极投入社会主义市场经济建设大潮和小康社会建设中，体现出对国家的共谋与发展

1978 年，随着党的十一届三中全会的召开，党的实事求是的思想路线和政治路线逐步得到恢复，云南省各族人民在改革开放的推动下，以邓小平理论为指导，坚持"一个中心、两个基本点"的基本路线和四项基本原则，积极投身于经济建设之中。云南回族地区通过拨乱反正，纠正"左"倾错误和平反冤假错案，落实党的民族宗教政策，各地的清真寺重新开放，回族地区穆斯林的宗教信仰自由和宗教生活得到保证。

在云南回族农村地区，改革开放以来，随着党的民族宗教政策的贯彻落实，以及经济结构的调整和农村经济体制的改革，社会生产力大解放，在党和政府一系列富民政策的感召下，回族穆斯林爱国爱教的优良传统得以最充分的释放和体现，同时激发了回族穆斯林开拓进取、敢于拼搏、善于经商做生意的传统意识和技能，广大回族穆斯林的社会主义生产积极性空前高涨，积极投身于经济建设的主战场，在市场经济的大潮中如鱼得水，如虎添翼，开拓进取。他们充分发挥本民族的优势和特长，因地制宜，经商办厂，多种经营，发展特色经济，勤劳致富，回族地区的经济得到了较快的发展，回族人民的生活水平得到了显著提高，回族地区发生了翻天覆地的历史性巨变，回族穆斯林在改革开放中得到了实惠。目前在云南，普遍来说，回族地区或回族村寨较之其他地区或周边其他民族村寨经济和文化发展都比较好。如回族比较集中的个旧沙甸、通海纳古镇等都是全省经济发展较快的地区和"云南 50 强乡镇"。

20 世纪 80 年代以后，云南省从省、州、市、县三级都先后成立了伊斯兰教协会，各级伊协广泛团结带领辖区内的广大回族宗教人士和穆斯林群众，协助各级党委政府宗教主管部门，依法管理各地回族穆斯林的宗教活动和宗教场所，宣传党的宗教政策，成为党和政府联系广大回族穆斯林的桥梁和纽带。

党的十六大会议提出了全面建设小康社会的宏伟目标，我国社会主义现代化建设翻开了崭新的一页。在农村，全面建设小康社会是从"生产发展，生活宽裕，乡风文明，村容整洁，管理民主"为目标的社会主义新农村建

设开始的。云南回族地区的干部、群众和广大的穆斯林热烈响应，积极参与到新农村建设的热潮中。在美化村容村貌和城镇化建设，扶贫与完善社会保障、加强法制和思想道德教育，建设和谐平安村寨，加强民主化管理，创建和谐清真寺中做出了不懈的努力。

党的十七大以后，云南回族地区以科学发展观为指导，转变经济发展方式，调整产业结构，以人为本，走可持续全面发展道路，回族地区的经济得到快速发展，广大的回族穆斯林正以新的精神风貌继续在小康社会建设和社会主义和谐社会建设，以及"桥头堡"建设中，与全省各族人民一道，续写云南回族地区改革开放和社会主义现代化建设的新篇章。如个旧沙甸在新建大清真寺的同时，积极打造回族文化特色社区，新建了穆斯林大道、新月小区和文化设施；开远市大庄回族村、建水县培德（回龙）村在新农村建设中加强基础设施建设，如村中的道路和环境卫生建设，绿化和美化了村内外环境，开办了农村医疗卫生所和幼儿园⋯⋯

此外，云南回族地区和广大的回族穆斯林在各级党委、政府的支持下，在各地伊协的领导和倡议下，积极开展社会公益活动，为两个文明建设作贡献。云南回族地区各清真寺的阿訇在每周聚礼和三大节日讲"卧尔兹"时，都要结合《古兰经》《圣训》及教规教义和本地实际情况，鼓励回族穆斯林积极参加两个文明建设；要求回族穆斯林继承和发扬穆斯林爱国爱教、遵纪守法、尊老爱幼、宽容大度、诚实守信、与人为善、扶贫济困的传统美德，积极参与社会公益活动，珍惜生态环境，促进社会和谐发展。

同时，在党和国家有关政策的支持和激励下，云南回族的文化事业有了很大的发展，在学术研究活动的开展、学术社团的建立、回族干部和人才队伍的培养，以及回族地区的文学艺术、科技、卫生和计划生育工作等领域都取得了显著的成就⋯⋯

云南回族穆斯林从自己走过的历史进程和今天的现实生活中深深体会到：没有社会的和谐安定、民族的团结和祖国的繁荣富强，就没有回族穆斯林的今天。他们比任何时候都更加热爱新中国、热爱社会主义。在经济社会建设和社会生活中自觉地遵守党的方针政策和国家的法律法规，注重中华民族的传统道德，发扬伊斯兰教的教义思想，自觉地用伊斯兰教的教律、教规及伦理道德规范约束自己的行为，维护祖国的安定和团结，为云南的经济社会发展和社会和谐稳定作出了不懈的努力和积极的贡献。

从文化维度看——云南伊斯兰文化和回族文化与汉文化的互动与融合。

从伊斯兰教和伊斯兰文化在中国和云南形成和传播的历程来看，唐宋时期，随着伊斯兰教传入中国，伊斯兰文化也随之得到传播。元代，随着蒙古族的西征，大批西亚、中亚回回的军士、工匠、商人进入中国，他们与原来居住在中国的穆斯林结合，势力逐渐壮大。随着穆斯林民族与当地民族进一步融合，以伊斯兰教为其信仰，以伊斯兰文化为其核心的民族共同体——回族形成了。在自身发展的同时，伊斯兰教和伊斯兰文化在中国得以进一步传播和发展。作为中国伊斯兰文化的组成部分，云南的伊斯兰文化也随着同步发展。

元明时期，由于回族穆斯林在为元王朝统一中国和巩固政权中立下汗马功劳，起了重要的作用，因此，从全国来看，回族穆斯林有着较高的政治地位和社会地位，许多回回人在军队中任高官，这在客观上为伊斯兰教和伊斯兰文化的进一步传播提供了条件。另外，元朝廷对伊斯兰教持较宽容的态度，使得伊斯兰教和伊斯兰文化得到了前所未有的兴旺和发展。在云南，赛典赤·赡思丁任首任云南平章政事，对云南伊斯兰教和伊斯兰文化的发展起到了极大的促进作用，云南回族穆斯林的经济、文化和宗教繁荣昌盛，出现了所谓的"黄金时期"。

在经历了元代和明代前期，进入明中期后，中国的伊斯兰教逐渐步入低谷。这一方面是因为进入明代后，在政治上回回人的地位远不及元代。明统治阶级大力推行汉化政策，明令禁止"胡衣，胡语，胡姓"，以及"蒙古色目人氏，即居中国，许与中国人为婚，不许与本类自相嫁娶，违者杖八十，男女入宫为奴"①。这在客观上加速了各民族汉化的速度，回族穆斯林知识分子中许多人都接受了儒家的伦理纲常思想和社会道德规范；另一方面，回族一经形成，就具有了"大分散，小聚居"的地域特征，这种特点决定了回族穆斯林长期处于汉民族为主体的文化氛围中，受汉文化长期的无孔不入的渗透和熏陶，回族穆斯林已经普遍使用汉语汉文，其母语阿拉伯语、波斯语仅仅只用于宗教活动或在日常生活中保留少量词汇，回族穆斯林的姓氏也逐渐改成了汉姓。再加上回汉通婚，加速了回族先民使用汉语汉文的速度。随着回族母语、服饰、姓氏等的日趋汉化，伊斯兰教的宗教意识亦日益淡化。云南回族穆斯林也不例外，与全国的情况大体相同。但由于经济、文化、交通、信息等相对落后和闭塞，伊斯兰文化传统特色和地域特色相对较浓厚。

有清一代，与元明两朝不同，在清王朝开国的功臣中几乎没有回族人，清统治者对回族及其伊斯兰教接触了解甚少。回族穆斯林一开始就处于政治上被歧视、受压迫的困境。到了清中后期，清王朝为了维护和巩固其统治地

---

① 《明律》卷六"蒙古色目人婚姻"条。

位，对外妥协投降，对内加紧实行民族分化和歧视政策，对伊斯兰教和勇于反抗的回族穆斯林采取了更加严厉的歧视和压迫政策。对回族穆斯林的宗教信仰、生活习俗、服饰礼仪、节日庆典横加指责，诽谤诋毁。到了清后期，这种歧视和压迫发展为更加严重的打击、迫害，甚至屠杀。在云南，由于回族穆斯林的激烈反抗，清统治阶级对伊斯兰教和回族穆斯林的压迫和歧视尤为严厉，从而引发了杜文秀起义。杜文秀起义失败后清政府在云南对回族穆斯林的镇压和屠杀更加残忍，伊斯兰教和伊斯兰文化遭到毁灭性的打击。这一时期，一方面伊斯兰教和伊斯兰文化不可能有更大的发展；另一方面，随着回族穆斯林在动乱中的转移和迁徙，客观上却使伊斯兰教和伊斯兰文化得以保存和更广泛地传播。

特别值得一提的是，这一时期，回族文化的一个显著特征就是以吸收中国传统文化为主的用汉文阐述伊斯兰教经籍和伊斯兰文化的"以儒诠经"或"以汉译经"学术活动在全国的蓬勃开展。这为伊斯兰文化的进一步发展奠定了理论基础，丰富了伊斯兰文化内容，造就了良好的文化环境，涌现出了大批致力于伊斯兰文化研究和传播的有识之士，从而使伊斯兰文化更加充实和完善。其代表人物是金陵的王岱舆、刘智和云南的马注、马复初等。自明清以来，随着云南学派的形成，云南就成为中国伊斯兰经堂教育和伊斯兰文化研究的四大中心之一。①

伊斯兰教的汉文译著标志着中国伊斯兰教从礼俗层面到哲理性的学说化的形成。"以儒诠经"或"以汉译经"不只是简单地把伊斯兰教经籍译为汉文让国人看懂，更重要的是它是一种理念的转换，是为了在中国的社会条件下更好地保持和发展伊斯兰教，把伊斯兰文化和汉文化有机地融合在一起，以汉文化的表现形式来反映伊斯兰文化的内核，既吸收中国传统主流文化和宋明理学的思想，也融合儒家的学说和运用儒家的概念、术语、范畴及表达方式来阐释伊斯兰教的原理、教义、教律等内容，并回答伊斯兰教在中国传播过程中的理论问题和实践问题。这是回族穆斯林先人们的明智之举。正如纳麒教授所说："经学大师们大胆地、积极地引入了中国传统文化，在译经、释经中以中国传统思想阐明伊斯兰学理，以当时中国占主导地位的宋明理学的架构来创建伊斯兰教义学的体系，使其基本的价值取向与中国大环境的整体文化相适应，使伊斯兰具有了明显的中国作风、中国气派，从而也使得伊斯兰教在中国的存在与发展获得了理论的

---

① 另外三个伊斯兰学派是陕西学派、山东学派和金陵学派。

根基，从低谷走上勃兴之道。"①

辛亥革命以后，随着清王朝的灭亡和"中华民国"的建立，在新文化运动和民主主义革命的推动下，回族文化得以复兴，并走上了新的发展历程。回族穆斯林中的知识分子，致力于民族解放，民主革命，走向社会，改良宗教和普及新文化运动，造就了回族文化的新气象和新的发展形式。在这一时期，回族穆斯林中的知识分子和有识之士认识到，要振兴民族，弘扬回族伊斯兰文化，就必须唤醒民众，兴办教育。于是在他们的积极倡导下，一些回族的宗教团体会社相继成立，积极创办发行中文报刊，兴办新式学校教育以及向海外派遣留学生，极大地推动和促进了伊斯兰文化和回族文化教育事业的发展。

新中国成立后，回族穆斯林的文化教育事业受到党和政府的重视、帮助和扶持，回族文化得到了全面发展。其间虽经十年"文化大革命"的破坏，有过曲折，走过弯路，但各民族之间的团结、交流、融合、发展、进步始终是主流。特别是党的十一届三中全会以后，随着党的民族宗教政策的贯彻落实和改革开放，在中国特色的社会主义建设中，各民族、各宗教之间的交往和交流更加频繁，各民族文化之间的互动影响和交融日趋明显，不论是伊斯兰文化还是回族文化都得到了长足的发展，并在社会主义现代化建设中发挥着重要的作用。所以，在伊斯兰文化的基础上吸收和融合了汉文化和当地民族文化而形成的云南本土的伊斯兰文化，经历了元、明、清、民国到新中国的历史演变和发展，在与汉文化的互动过程中，已成为中华民族文化和云南民族文化的重要组成部分，并在云南社会历史进程和和谐社会构建中发挥了积极的作用。

从民族关系维度看——

（1）民族关系的历史传承和现代维系

在民族关系的历史传承和现代维系方面，长期以来，云南回族穆斯林与当地汉、彝、白、藏、傣等各族人民在共同开发边疆、建设云南的历史进程中，团结合作、和睦相处、友好往来、互相学习、互通有无，甚至相互通婚联姻，繁衍后代，建立了深厚的友谊，形成了休戚与共、生死相依的血肉关系，这种关系世代相传，并内化为中华民族的凝聚力和向心力。在现实的经济活动和社会生活中，各民族以国家利益和中华民族的整体利益为前提，民族关系得到进一步的巩固和发展，建立了各民族谁也离不开谁和平等、团

---

① 纳麒：《文明对话三部曲：差异、碰撞与整合》，见"本土知识的全球意义——文明对话国际学术研讨会论文集"，昆明，2006年6月。

结、友好、互助、进步的社会主义新型民族关系。民族团结成为云南回族穆斯林与其他民族的历史传统和当代民族关系的重要维系。

云南不少回族社区虽然以回族为主体，信仰伊斯兰教，但周边还分布有汉族和其他民族的村寨，此外还有共同生活着白族、傣族、彝族、壮族和回族的社区，但自古到今，这些回汉、回傣、回白、回彝或回族与其他民族杂居的社区或村寨从未发生过大的民族纠纷和民族冲突，民族关系和谐，社区社会稳定。

以云南通海县纳古镇和个旧市沙甸区这两个较大的回族乡镇为例：通海县纳古镇（纳家营、古城、三家村组成）有七个村民小组，其中有两个组（二、六组）是汉族组，2005 年年末全镇常住人口 8000 余人，其中回族人口 6500 余人，占总人口的 81.5%；汉族人口约 1500 人，占总人口的 18%；外来流动人口 12000 余人，其中有不少汉、彝、壮、哈尼、傣等其他少数民族的务工人员。[①] 个旧市沙甸区辖 4 个乡（沙甸回族乡、新沙甸回族乡、金川回族乡和冲坡哨彝族乡），11 个自然村（其中，9 个回族村，2 个彝族村），30 个村民小组。2008 年年末全区总人口 14813 人，千人以上世居民族有回族和彝族，其中回族 12324 人，占总人口的 85%；彝族 1272 人，占总人口的 8.7%。此外，还有近 4000 人的流动人口。[②] 从历史上的"回汉互保"，到新时期的经济建设，纳家营和古城的回族与当地汉族、彝族一直保持着良性的族际互动关系。在长期的经济、文化和民族交往中，沙甸的回族与汉族、彝族，纳古的回族与汉族、彝族及其他民族形成了世代团结友好的关系；在沙甸、纳古这样回族经济文化都处于强势的回族聚居区，从来都没有发生过强迫其他民族信仰伊斯兰教的情况。平时，清真寺注意引导和培养和谐的社群关系，在日常讲经、宣教中，依据《古兰经》《圣训》的精神，倡导各民族一律平等，要求信众克服狭隘的民族观，并带头积极参与和帮助其他民族的公益事业。回族盖房、结婚、过圣纪节都要请周边的汉族和其他民族的群众以及当地政府的汉族干部来参加，汉族遇到困难，回族也会主动去帮助。沙甸还开展了为冲坡哨乡彝族高龄老人献爱心、帮助彝族建新房的系列活动。正如个旧沙甸冲坡哨一姓李的彝族老人所说："我们和沙甸回族隔得不远，但生活习惯不同，平常在生活上交往不是很多，这几年回族的经济发展很快，生意做得很好，他们很聪明，在我们这里盖了很多厂，我们彝族很多人都去给他们打工，有了工资，生活比过去好过多啦。有的人还入了

---

① 通海县纳古镇党委、政府：《云南省纳古镇》（宣传册）。
② 红河州回族学会：《红河回族概览》，云南民族出版社 2012 年版。

股，参加分红。他们还给我们修桥修路，帮我们盖房子。还送东西给我们的老人和困难的人家。回族还是好处呢，我们的关系很好，就是吃的不一样。我们从来没闹过矛盾，有事大家都会帮忙，以前我们给他们帮工做农活，现在种地的人少啦，都去打工了。"

（2）云南回族穆斯林与国内外穆斯林的传统友谊和友好关系

云南回族与全国回族同源同流，云南回族穆斯林是中国回族穆斯林的重要组成部分，由于共同的宗教信仰和生活习俗，云南回族穆斯林与全国的回族穆斯林关系密切、友好往来、互通婚姻，自古就有天下回族穆斯林一家亲的说法。明末清初以来，云南就有不少回族穆斯林负笈千里到西北求学，学成归来后在云南设帐讲学，培养了许多经书两通的宗教人才，为云南伊斯兰教和伊斯兰文化的发展作出了贡献。清乾隆四十三年（1781），在西北苏四十三领导的反清起义失败后，哲赫林耶的创始人马明心的长子马顺清充军落难云南，被通海回族马云兆收留，后为其买地置房，娶妻生子、繁衍子孙，至此哲赫林耶才在云南传播开来。在清咸、同年间（1856—1874 年）云南杜文秀领导以回民为主体的农民大起义中，省内外回族穆斯林与白族、彝族及其他民族互相支持、帮助和鼓励，给清王朝以沉重的打击。

新中国成立以后，特别是改革开放以来，在市场经济大潮和商业贸易中，云南回族穆斯林与省外穆斯林更是交往频繁、互通有无，为我国回族地区的经济社会发展和社会主义市场经济建设作出了积极的贡献。

同时，长期以来，作为一个世界性的宗教，云南回族穆斯林与国际伊斯兰教界和国外穆斯林一直保持着友好的关系和传统友谊。特别是东南亚、南亚的穆斯林，由于历史的原因，与云南的回族穆斯林有着天然的联系和深厚的情谊，至今生活在泰国北部的回族穆斯林（当地称"潘塞"）有的就是清末杜文秀起义时失败后从云南迁徙出去避难的回族穆斯林的后裔，有的则是历史上赶马帮贸易出去的。因此，这些生活在海外的穆斯林与云南回族穆斯林有着天然的联系和割不断的胞衣情怀。但从 20 世纪 50 年代后期开始，由于受"左"的思想和政策束缚，这种传统友谊和友好关系受到影响和限制，直至在"文化大革命"中被完全中断。

党的十一届三中全会以后，随着党的宗教政策的落实和改革开放的不断深入，云南伊斯兰教界和回族穆斯林与国内外伊斯兰教界及穆斯林逐渐恢复了传统联系和友好往来，促进了各国人民之间的相互理解和经济文化的交流。同时，通过云南回族穆斯林的牵线搭桥、招商引资、引进国外先进的科学技术，促进了云南经济建设的发展。

1980年，昆明市伊斯兰教协会刚刚恢复，就先后配合省市外事部门，分别接待了科威特、马来西亚、新加坡、美国、德国、日本、加拿大、澳大利亚等国家穆斯林的友好人士。通过访问交谈，增进了彼此间的了解和友谊，消除了彼此的疑虑和隔阂，使国外来宾对我们的国家和国内伊斯兰教有了一定的了解。之后，昆明市伊斯兰教协会又先后接待了摩洛哥王国议会副议长穆罕默德·赛尔德率领的访问团，巴基斯坦、卡塔尔等国家的穆斯林贵宾，孟加拉国军事代表团，以及前来参加郑和研究国际会议的各国大使，接待了泰国南部穆斯林议员团；紧密配合和支持国家在昆明举办的世界园艺博览会、全国民族运动会、全国少数民族服装服饰博览会，并成功地接待了巴基斯坦、马来西亚、泰国、孟加拉国等国家的客人和世界伊斯兰发展银行等国际组织的要员。

此外，各地伊斯兰教协会和回族穆斯林以统一祖国、振兴中华为己任，无论是伊协组织接待我国香港特区、澳门特区、台湾地区穆斯林以及国外穆斯林来宾，还是在家中接待港、澳、台亲戚朋友，总是不失时机地向他们介绍祖国的大好形势，展示改革开放的成果及广大穆斯林欣欣向荣的生活状况，尤其重点介绍党和政府对回族穆斯林的支持与帮助，以及党的民族宗教政策对伊斯兰教和伊斯兰文化发展的促进作用，增进了国内外来宾对云南伊斯兰教和回族穆斯林的了解和相互间的友谊。

2. 宗教形态的多样和宗教文化的多元，丰富和发展了云南民族文化和中华民族文化宝库

如前所述，云南是全国民族成分最多和宗教形态最完备的省区，全省26个世居民族都有自己的宗教信仰和宗教生活，佛教、道教、伊斯兰教、基督教和天主教五大宗教以及原始宗教和民族民间宗教等多种宗教形态和宗教文化并存，宗教形态多样而各异，宗教文化多元而丰富。云南各宗教的教义思想、哲学理论、观念意识、伦理道德、服饰礼仪、经书典籍、寺观庙宇、雕刻建筑、文学艺术、书法绘画和音乐舞蹈等，既是构成云南民族文化的重要元素，也是云南民族文化的重要组成部分，它们为中华民族文化宝库增添了光彩。如纳西族的传统宗教东巴教和东巴文化，对纳西族的精神文化生活就产生了深刻的影响，其东巴文、东巴经、东巴画和洞经音乐等是云南民族文化的珍品，其中，东巴文字被称为象形文字的活化石，是云南民族文化乃至中华民族文化的瑰宝。此外，傣族的贝叶经、彝族的毕摩经、白族的大本曲、瑶族的师公瑶书等经书典籍，以及各民族源于宗教的音乐歌舞、神话故事、雕刻壁画、建筑艺术（包括佛教的寺庙、经幢佛塔，道教的宫观，基督教和天主教的教堂，伊斯兰教的清真寺等宗教场所和宗教建筑）、节日庆典等，都是不可多得的宗教文化载体和民族民间艺术珍品。它们共同筑成了云南民族文化长廊的基石，构成了云南民族文化宝库的大厦。

下面我们以云南特有的南传上座部佛教为例，来考察一下它对南传上座部佛教文化圈内少数民族尤其是傣族所产生的深刻影响。

南传上座部佛教主要分布在云南西双版纳、德宏、普洱、临沧、保山等地区，其中，西双版纳、德宏两个州最为盛行。南传上座部佛教文化主要由南传上座部佛教与傣族传统文化交融而成，属东南亚上座部佛教文化圈。南传上座部佛教文化对傣族、阿昌族、布朗族、德昂族等少数民族的思想文化、伦理道德、价值取向、社会经济等都产生了深远的影响，其中傣族的传统文化在相当程度上已经呈现上座部佛教化，如南传上座部佛教中的宗教节日礼仪与傣族的节日礼仪习俗相融合，形成了傣族具有宗教元素又有民族特色的节日文化，对傣族的社会生活产生了重大影响。

同时，南传上座部佛教对傣族文化、教育、科学及文学艺术的发展曾经起了积极的推动作用。其主要表现在：

第一，促进了傣文的创制。随着上座部佛教和巴利文经典在傣族地区的传播，傣族高僧为了学习和进一步传播经典的需要，即采用巴利文字母创造出地区通用的傣文。云南的傣文为拼音文字，分傣泐、傣那、傣崩和新平、金平五种，其中使用最广的是西双版纳的傣泐文和德宏的傣那文。据江应梁先生考证，在元代已有一种和八百媳妇国共同使用的"白夷字"，① 其所指的据说是傣文。傣族地区流传的古老的佛教经典就是用巴利文写成的。文字的创造和使用是傣族进入文明时期的重要里程碑，傣文创制成功后，不仅以此翻译了大量巴利文的佛教经典，而且把傣族人民世代积累的医药、历算、历史、地理等知识及口头文学都记录和传承下来。此外，在傣族聚集区周围的布朗族、阿昌族和德昂族等民族由于信奉佛教也学会了傣文并用于社会生活，这对当地民族文化、教育和科学的发展和各民族文化的交流都起了积极的作用。

第二，发展了寺院教育。中华人民共和国成立前，在傣族、布朗族、阿昌族、德昂族地区，除了在少数城镇有几所小学、中学和简易师范学校外，其余广大地区基本上没有学校，城镇和农村广大群众的教育问题实际上是由寺院来担任的。寺院一方面是讲经拜佛的宗教场所，另一方面也是人们学习文化知识、接受教育的学校。寺院的佛爷既是传教师，也是文化教育的启蒙者；佛教的经书既是传教的工具，也是教科书；寺院教育既是宗教教育，也

---

① 见《傣族史》，四川民族出版社 1983 年版，第 348—349 页。

是民间教育。历史上，傣族的男孩到了八九岁一般都要进寺庙当一段时间的和尚，在佛爷的指导下学习佛经，同时也学习傣文、算术以及傣族的历史和文学等。升到二佛爷还俗后，就成为傣族中有文化和知识的人，民间称其为"康朗"。他们都有一定的佛学知识，通晓傣文和傣族的历史文化，而且还懂得一些天文历法，对傣族群众进行农业生产起着指导和帮助作用。有些"康朗"还是傣族民间著名的诗人或歌手，起着传播傣族文化艺术和满足群众精神文化生活需要的作用。有些佛爷和祜巴还掌握一定的医药知识，能为群众看病治疗，传授医药知识。他们在傣族群众和傣族社会中有较大的影响，深受傣族群众的喜爱和欢迎。所以，在崇奉小乘佛教的傣族地区和傣族社会，佛寺既是宗教活动场所，也是一所学校，它培养了众多的一代又一代的傣族宗教人才和知识分子，为傣族文化的传播和社会的发展发挥了积极的作用。这也是小乘佛教拥有广泛群众基础的一个重要原因。

第三，继承和发展了傣族民间医药和科技知识。在没有傣文之前，傣族社会的医药知识只能靠民间非专业的"摩雅"（民间医生）口传身教，佛教传入和傣文创制以后，许多有文化的僧侣就用傣文把这些医药知识记录下来，流传于世。例如著名的《宛纳巴唯特》《旦兰约雅当当》就是傣族珍贵的医经和药典；在傣族地区流传的佛教三藏经之一的《阿毗达马》中，就有不少是关于人的生理和病理等方面的内容。据说，用傣文记载医药已有1000多年的历史，记载的药用植物达1000余种，目前已收集到的有600多种。此外，还有不少是用傣文写成的有关医药和医学方面的理论书籍。

此外，傣族人民很早以来就积累了丰富的天文历法知识，同时，吸收了汉族和其他民族的相关知识，从而创造出自己民族的历法。随着佛教的传入，印度、缅甸等国的历法知识也相继传入，对傣历产生了重要影响。历史上，傣族僧侣知识分子吸收了外来天文历法知识的精华，结合本地实际情况创造出自己民族的历法，并写出了像《胡腊》《历法星卜要略》这样的天文历法专著。现在的傣历纪年元年就直接来源于缅甸历，而且与上座部佛教的传入直接相关。

第四，对傣族文学艺术的影响和贡献。随着上座部佛教的传入和傣文的创制，对傣、布朗、德昂、阿昌等民族的文学艺术产生了极为深刻的影响。

其一，由于有了巴利语系的傣文，就使原来傣、布朗、德昂、阿昌等民族丰富的民间口头文学能用文字记录下来，并得以保存，这对继承和发展民族文化具有深远的意义。如果没有傣文的创制就不会有优秀的文学作品《娥并与桑洛》《召树屯与南婼娜》等的广泛流传，也不会有《巴塔麻戛捧尚罗》《捧麻罗》等创世纪经书的问世。

其二，伴随着佛教而来的是大量印度佛经文学的输入，傣族僧侣和还俗后的知识分子翻译了其中不少的作品，如《罗摩衍那》等。同时也吸收了这些佛经文学的主要情节内容，并加以再创造，形成了有自己民族特色的佛经文学故事和叙事长诗，如傣族地区普遍流行的佛本生故事《召西塔奥播》与印度流传的释迦牟尼佛出家成佛的故事相仿；另一个在西双版纳傣族中家喻户晓的故事《叭惟先塔纳》就取材于与印度佛经文学故事《太子须大拏》。根据贝叶经中的文学故事改写的叙事长诗有《占巴西顿》（四棵缅桂树）、《兰戛西贺》等。

其三，自佛经传入后，傣、布朗、德昂、阿昌等民族在自己原有文学的基础上增加了一些新的内容。这类作品主要是宣传正直、善良、诚信，反对邪恶、伪善和压迫，如傣族的《滇密牙公满》。

其四，利用经书记述人间故事，主张某种美学观点。傣族保存的经书中，有不少是教人如何公正行事、平等待人、明辨是非的故事，集中反映了傣族人民的美学观点和价值取向。如盛传于西双版纳的故事《甘得来》所讲的就是为人处世的道理，它代表了普通老百姓的一种美学观点。

在艺术方面，南传上座部佛教对傣、布朗、德昂、阿昌等民族音乐歌舞、雕刻绘画、寺塔建筑等也产生了极为深刻的影响，促进和推动了上述艺术的发展，形成了无数内容丰富、形式多样、特色鲜明的民族民间艺术瑰宝。

随着云南社会的发展和各民族在政治、经济、文化交往和社会生活中的不断交流融合，以及不同宗教和宗教文化与各民族传统文化及生活习俗相互交融，又不断催生和繁荣了云南宗教文化，丰富和发展了云南民族文化以及中华民族文化宝库。

3. 各宗教教义及其伦理道德观念中的合理因素对维护社会传统伦理道德、保持社会稳定和谐、调节人们心理平衡具有一定的积极作用

宗教伦理是宗教文化中对社会文明的演进最有影响力的部分。各种传统宗教都具有完备的伦理观，深刻完备的宗教伦理，强化了某些道德规范的功能。如宣扬善恶报应的伦理法则，重视清规戒律的约束作用，追求寡欲无为的人生境界，强调超凡脱俗的机会均等。宗教伦理借神圣意志的名义，将某些世俗道德的内容纳入其神圣的领域，使普遍的伦理规范成了神的诫命和宗教戒律，平凡的道德准则变成了超凡的道德律令，这种伦理道德的神圣性对于信徒就具有了很强的约束自律作用，对其他社会成员也产生了一定影响。

宗教所提倡的生死观、价值观、善恶观和伦理道德观等观念是各宗教教规教义的重要组成部分。在云南各宗教的教义思想中，都涉及有关各生死观、价值观、善恶观和伦理道德观等观念等方面的内容和要求，这些观念中的合理因素有利于抚慰心灵、引人向善；有利于社会主义核心价值观的建设；有利于把宗教文化纳入社会主义文化体系，丰富和发展中国特色的社会主义文化；有利于积极发挥宗教文化在建设面向西南开放桥头堡战略中的积极作用。

佛教有关伦理道德方面的内容比较多，其中有许多是有利于社会良性发展的，具有很强的当代价值。如佛教修善能破恶，念善则罪消，积善致福，积恶遭祸，祸福有根，善恶有报等善恶观有利于引导人们弃恶扬善，减少社会犯罪，伸张社会正义，维护社会稳定；佛教宣传平等、慈悲的观念，要求人们平等对待万物，慈悲众生，拨众生苦，予众生乐等，有利于唤起人们的同情心，树立生命的意识，有利于促进社会公益慈善事业的发展，更有利于维护世界和平。特别是其规定的"五戒"（不杀生、不偷盗、不淫邪、不妄语、不饮酒）和"四摄"（布施摄、爱语摄、利行摄、同事摄），对促进人们遵纪守法，遵守公共道德，促进社会开展公益慈善事业，促进社会和谐发展均有积极的作用。同时，对反对暴力恐怖、杀戮、战争，维护世界和平，保护人们的生命财产安全也大有裨益。"五戒"中不杀生等也反映出佛教对生命的尊重和珍惜，尊重自然，使人与自然和谐相处，实现社会可持续发展的道德实践①。"四摄"中，"利行摄"在社会生活中就表现为爱岗敬业，勇敢进取，辛勤劳动；"同事摄"就体现在人与人、人与社会之间的和谐相处，形成团结互助、诚实守信的和谐人际关系。

南传上座部佛教的伦理文化强调与人为善、持戒修行，主张通过个人修行以达到解脱的精神境界并有一套维护道德尊严的信条和修行方法，有效整合了傣族社会的伦理道德价值取向，对傣族信教群众有着强有力的道德指导作用和心理自律作用。再如，南传上座部佛教的生态伦理观与傣族纯朴的自然生态观是协调统一的，都共同关照人与自然的和谐发展。在南传上座部佛教经典和傣族的创世史诗中都反复强调这样的生态观："有林才有水，有水才有田，有田才有粮，有粮才有人。"② 傣族认为人们应该爱护自然，保护自然。不论是德宏州的傣族还是西双版纳州的傣族，各傣族村寨均有寨神林。居住在德宏州潞西三台山的德昂族信仰南传上座部佛教中的"多列"教派，其戒律"五戒"中首戒便是要求信教群众"不杀生"。在这种宗教生态道德戒律的长期规范与引导下，形成了德昂族"人与鸟、虫、鱼、兽都

---

① 程超：《论佛教伦理道德思想及其现实启示》，《改革与开发》2011 年 1 月刊。
② 赵世林、伍琼华：《傣族文化志》，云南民族出版社 1997 年版，第 18 页。

是平等的生命体,不论伤害任何生灵都是一种罪过"的宗教生态伦理。南传上座部佛教都有佛化自然的传统,因此,三台山德昂族村寨的佛寺一般多建于村头寨门外林木苍翠、环境幽雅的地方;佛寺周围常栽培具有宗教意义和实用价值的植物,如佛祖"成道树"、菩提树、榕树、缅桂、樟树、贝叶树以及其他水果、香料、花卉植物等,佛寺庭园成了名副其实的植物园。这种"佛教植物园"既为南传上座部佛教徒从事赕佛活动提供了必要的赕品,又美化了村寨及佛寺环境,并作为植物的种质基因库保存了很多珍贵的植物种类,可以说是当地佛教信徒保护生态环境的一种宗教与道德实践①,也是构成我国生态环境保护意识和生态文化的重要思想来源。

道教的生命观以善为基,以德为本,谦让行仁,认为"长生之本,惟善为基"(《塘城集仙录》卷一)、"若能行善无恶,功德备足者,可得白日升天,尸解成仙"(《太上妙始经》)。在"道法自然"的天道原则下,做到"不知悦生,不知恶死",以平和、安然的心态去认识死亡,接受死亡,这有利于人们的修身养性。道教的价值观强调个人的修养,希望通过修炼可以抑情养性、贵生养生、祈福消灾、驱除妖魔、行善去恶、成仙得道。道教的善恶观倡导"善报天地,忠报国家,孝报父母,义报师长"与"忠孝友悌"、"敬老怀幼"以及"积德累功,慈心于物"、"济世之急,救人之危"等思想,宣扬的是家庭关系和社会关系中应遵守的忠孝伦理道德和友爱亲情,倡导的是人人应具备仁慈关爱之心,尊老爱幼。道教的伦理道德观在最早的经典《太平经》中就有"忠君、敬师、事亲"的内容,认为"父母者,生之根也;君者,受荣尊之门也;师者,智之所出,不究之业也。此三者道德之门户也"。到宋代的净明道,更直接以"忠、孝、廉、谨、宽、裕、容、忍"的"八字垂训"作为其教义的主要内容,并突出强调忠孝。信教群众一方面坚守修持;另一方面从做人、处世的角度来严格规定人们的道德操守和人与人之间的道德原则,以此协调社会各种人际关系②。这些观念对加强人们的道德修养、进行社会主义精神文明建设具有一定的促进作用。道教伦理思想中的积极因素在现实生活中对中华民族精神文化建设具有一定的教化作用,是社会主义道德教育的珍贵资源。

基督教教义、教规中的平等、博爱、和平、和谐、宽容等生死观、价值观、善恶观和伦理道德等已形成系统性和规范性,对云南基督教地区和信教群众影响很大。爱国基督教要求信教群众要行仁爱、忍耐、喜乐、善良、信

---

① 郭家骥主编:《生态文化与可持续发展》,中国书籍出版社 2004 年版,第 90—91 页。

② 杨军:《道教伦理道德观及其现代文化价值》,载《贵州社会科学》2005 年第 5 期。

实、节制、端正、正直、圣洁、爱国与和平等信仰行为，杜绝虚假、偷盗、不义、背约、贪欲、奸淫等不符合信仰的羞耻之事。夫妻间要彼此忠诚，相互帮助，同甘共苦，同享福乐。父母要教育照顾子女，使他们好好做人，健康成长。子女要孝敬父母，尊重、关心、照顾父母。人与人互相平等、互相真诚，彼此相爱，互相帮助，和睦同居。基督教强调爱及由此派出的平等、公义、秩序理念，在建设社会主义现代化进程和云南"桥头堡"建设中，基督教立志于维护道德规范、维护社会基本伦理秩序，保障人民遵守社会公德的主张有其积极而重要的意义①。天主教的伦理道德观念与基督教相同甚多。

伊斯兰教的伦理道德观念是伊斯兰教教义思想的重要组成部分，它是调整社会人际关系的道德意识与行为准则，随着社会的发展而逐渐趋于完善。伊斯兰教的伦理道德观念既以基本信仰和教义为核心，在伊斯兰教传播中伴随着教义、教律的不断完善而发展，又在伊斯兰教向外传播的过程中，吸收了各地穆斯林伦理思想的有益部分，对巩固信仰，净化穆斯林的心灵，团结和凝聚各族穆斯林，稳定社会秩序都起了重要的作用，从而促进了伊斯兰教的发展和传播。伊斯兰教的伦理道德思想内容十分广泛，包括社会行为准则和品德修养两个方面，主要包括：顺从和平、两世吉庆、爱国爱教、趋善避恶、施贫济穷、尊老爱幼、坚忍与敬畏和公正与宽恕等。此外，伊斯兰教的道德规范行为还很多，如倡导穆斯林积极进取、中道和与人为善，鼓励学习、追求知识等。在《古兰经》和《圣训》中所倡导的伦理道德和行为规范几乎涵盖了社会生活的方方面面。下面我们再进一步以伊斯兰教为例来看一看其教义思想和伦理道德观念中的积极因素：

（1）倡导顺从、和平、安宁是伊斯兰教义中首位的思想

伊斯兰（Isln）系阿拉伯语的音译，意思是"顺从"、"和平"和"安宁"。穆斯林即"顺从者"、"和平者"；伊斯兰教是一个倡导和平、顺应社会发展、两世兼顾、务实的宗教。顺从，即顺从真主和真主的意志，顺从先知的教导，顺从现实生活中的领导者。"顺从"思想是伊斯兰教伦理道德观念中第一位的。《古兰经》说："信道的人们啊！你们当全体入在和平教中，不要跟随恶魔的步伐，他确是你们的明敌。"（2：208）这段古兰经告诉我们，伊斯兰教是倡导和平的宗教，伊斯兰教要求每个穆斯林热爱和平，追求和平，维护和平，并且为了和平而坚持中道。"我派遣你，只为怜悯全世界

---

① 中共中央文献研究室综合研究组、国务院宗教事务局政策法规司编：《新时期宗教工作文献选编》，宗教文化出版社1995年版，第159—160页。

的人"（21：107）。真主派遣穆圣，就是要通过他来实现对全世界的慈爱，实行全世界范围内的和平相处。有人曾问穆罕默德，伊斯兰最宝贵的是什么？穆圣回答："就是用自己的语言和行为使穆斯林得到安宁；穆民就是使人们的生命和财产得到安全的人。"① 穆圣还说："和平辞要先于任何语言。"② 伊斯兰教崇尚和平，这是伊斯兰文化价值与人生观的核心。伊斯兰教提倡的正道是全体穆斯林应遵循的社会准则和行为规范。

当今世界以伊斯兰教为国教和穆斯林人口占全国总人口多数或伊斯兰教在国家政治、经济、文化和社会生活中具有重大影响的国家有 57 个，信仰伊斯兰教的穆斯林达 13 亿之多，几乎遍布世界各地。其势力和影响广泛而深入，在世界格局和全球战略力量中举足轻重，其地位和作用日趋凸显。但尽管这样，伊斯兰教仍提倡各地的穆斯林要在敬主独一的前提下顺从当事者和主政者。《古兰经》说道："信道的人们啊，你们当服从真主，当服从使者和你们中的主事人。"（4：59）。伊斯兰教认为，人是安拉派遣在世的代治者，是为安拉治理世界的。作为一个穆斯林，不论你身处何方，在何国度，是何民族，都要服从主事者和当政者的管理，除非他们不让你敬拜安拉，不准你信奉正教。我国《宪法》明确规定，中华人民共和国公民有宗教信仰自由，政府依法保护公民正常的宗教活动。党的宗教政策也把宗教信仰自由作为首条。因而服从党和政府的领导，遵守国家的法律，做一个守法的合格公民是我国每个穆斯林应尽的义务和责任。

（2）"两世吉庆"观是伊斯兰教义思想的重要组成部分

伊斯兰教是一个两世兼顾的宗教，其追求的"两世吉庆"既重视今世的生活，又重视后世的幸福。伊斯兰教主张今世和后世兼顾，倡导每个穆斯林为获得两世幸福、吉庆而努力奋斗。《古兰经》说："谁想获得今世的报酬，我给谁今世的报酬；谁想获得后世的报酬，我给谁后世的报酬。"（3：145）可见，回族穆斯林两世吉庆幸福的观点来自伊斯兰教两世并重的学说。穆罕默德也说："你当为今世而奋斗，犹如你将长生不老；你当为后世而行善，犹如你明日即将谢世。"这段圣训充分说明了伊斯兰教对今世与后世的基本态度，认为今世和后世并重，既要敬主，履行功修，以求后世的幸福；又要在现实生活中努力进取，发挥积极作用，谋取今世幸福，这样才符合伊斯兰教的精神。伊斯兰教为实现两世吉庆幸福的理想，提出了一整套

① 五大《圣训集》辑录，见中国伊斯兰教协会编《新编卧尔兹演讲集》，宗教文化出版社 2011 年版，第 204 页。

② 中国伊斯兰教协会：《新编卧尔兹演讲集》，宗教文化出版社 2011 年版，第 205 页。

去恶从善的理论学说和伦理道德的行为准则，形成了自己的伦理道德观的思想体系。这种思想即回族穆斯林两世并重的信仰与务实交融的人生观和生活态度。

伊斯兰教这种"两世吉庆"的观点，既履行了宗教功课，又致力培养了公正宽恕、坚忍敬畏、趋善避恶、施舍救济、爱教爱国、尊老爱幼等美德，把宗教伦理和社会伦理结合在一起。体现在政治生活和社会生活中，在对待国家、社会、民族以及工作、事业、婚姻、家庭、财产等问题时都保持积极、认真、严肃的态度，既符合国家法律的要求，又合乎宗教教义与社会伦理的规范；既热爱自己的民族传统，又能遵守社会公德和行为规范，服从国家的政策法令，并能与各兄弟民族团结互助、友好相处，对现实生活持积极的态度，通过辛勤劳动，创造和享受两世幸福。

（3）"爱教爱国"的"二元忠诚"思想是伊斯兰教伦理道德观念中的重要内容

"爱国爱教"是从"顺从"和"两世吉庆"观念中引申出来的思想。要"顺从"和得到两世吉庆，就必须做到爱教爱国。即一方面要保持信仰，热爱伊斯兰教；另一方面也要忠于君主，热爱自己的国家。穆斯林把爱国视为"伊玛尼"（信仰）的一部分，把爱国与爱教看得同等重要。如前所述，在《古兰经》中，除了强调穆斯林要顺从真主和穆罕默德的旨意外，同时还应当顺从现实生活中的主事者，要求生活在各地的穆斯林要热爱自己的祖国，热爱自己的故土，热爱自己的家园，服从执政者的管理。伊斯兰教把爱国爱教上升到信仰的高度，穆斯林把爱国视为天命，是信仰的一部分。穆罕默德不仅努力宣传伊斯兰教，而且教导穆斯林要爱国，并通过自己的言行为广大穆斯林作出表率。穆罕默德说："你们要礼五时拜，封斋月的斋，完纳你们的天课，服从你们的主事人，你们将进入你们主的天堂。"① 结合中国的实际，中国的穆斯林把"爱教爱国"的"二元忠诚"的思想内涵扩大到社会生活的诸多方面。比如父子、夫妻、朋友、君臣，以及人与人、个人与社会、民族与国家、宗教与法律等方面。在这种思想的支配和影响下，中国的穆斯林一方面保持着自己的信仰，热爱自己的宗教；另一方面，也忠于君主，热爱自己的国家。他们把爱国视为"伊玛尼"（信仰）的一部分，把爱教爱国同视为天命，在其形成和发展的过程中，在坚守信仰的同时，始终把热爱祖国的优良品质保留

---

① 据艾布·乌玛麦传述，艾哈迈德·铁力木辑录，见中国伊斯兰教协会编《新编卧尔兹演讲集》，宗教文化出版社 2011 年版，第 9 页。

在心底的民族情感之中，积极投身和参与祖国的经济社会建设，自觉维护祖国和民族的整体利益。这种既忠于真主，又忠于君主的二元忠诚思想是伊斯兰教在儒汉思想为主流的中国封建社会求生存图发展的变通，也是回族穆斯林的明智选择，成为其民族意识和政治道德的重要组成部分，因此，爱教爱国是穆斯林最突出、最集中、最具特色的表现。

（4）伊斯兰教义思想中趋善避恶、施贫济穷、尊老爱幼和坚忍敬畏、公正宽恕的伦理道德是构建和谐社会的积极因素

世界上大多数宗教都提倡和主张趋善避恶、施贫济穷、尊老爱幼和坚忍敬畏、公正宽恕等伦理道德和价值观念，但伊斯兰教的上述观念和思想则是以基本信仰为前提，把它提高到信仰的高度，纳入信仰的范畴，在《古兰经》和《圣训》中就有许多相关论述，这对穆斯林来说就更具有刚性的原则性和高度的约束性，并成为一种自觉的社会行为。

趋善避恶 即主动行善做善事、做好事；远离邪恶，不做坏事、恶事。伊斯兰教的善恶观是以基本信仰为前提，即以正信与迷信来确定善恶标准，当然，信仰真主是最大的善或善行的来源。在日常生活中，宗教功修与社会伦理结为一体，成为整个赏善罚恶体系的组成部分。善恶在后世都有回报。所以，"趋善避恶"是穆斯林的价值取向和价值观的具体体现。在《古兰经》里有很多关于要求穆斯林趋善避恶、弃恶扬善、劝善戒恶、伸张正义的条文，如："你们当中有一部分人，导人于至善，并劝善戒恶；这等人，确是成功的。"（3：104）"凡行善的男女信士，我势必要使他们过一种美满的生活，我势必要以他们所行的最大善功报酬他们。"（16：97）"作恶者只受同样的恶报；行善而且信道的男子和女子，将入乐园，受无量的供给。"（40：40）"谁赞助善事，谁得一份善报；谁赞助恶事，谁受一份恶报。"（4：85）"行一个小蚂蚁重的善事者，将见其善报；作一个小蚂蚁重的恶事者，将见其恶报。"（99：7—8）云南著名穆斯林学者马注在其名著《清真指南》中指出，伊斯兰教的慈善是："能慈骨肉者，谓之独善；能慈同教者，谓之兼善；能慈外教者，谓之公善；能慈禽兽、昆虫、草木者，谓之普善。"①

至于穆斯林对恶行坏事的回避、反对和痛绝，除了原则的规范外，还有具体的行为要求。如："真主确命人公平、行善、施济亲戚，并禁人淫乱、做恶事、霸道；他劝诫你们，以便你们记取教诲"（16：90），"信道的人们啊！饮酒、赌博、拜像、求签，只是一种秽行，只是恶魔的行为，故当与远

____
① 马恩信、马汝云等：《清真指南译注》，云南民族出版社1989年版。

离，以便你们成功"。（28：77）可见，严禁赌博、淫乱和占卜；严禁剥削、贪污、贿赂与偷盗；不许怀恨、嫉妒、猜疑、狂妄、自大和阳奉阴违；反对说谎、不忠诚、诬陷、搬弄是非、幸灾乐祸和迫害他人；等等，都是伊斯兰教所要求的。所以，趋善避恶的伦理观念有其理论和实践的、宗教和社会的双重意义，是伊斯兰文化中较有特征的形态之一。

在社会生活中，除了受国家的、宗教的、法律的、合法与非法的界定约束外，其他一切行为，从社会生活中的人伦、婚姻、家庭、财产关系，到社会上的待人接物、工作、经商等行为，穆斯林都以趋善避恶为原则，并以此来规范和指导自己的行为。只要是善的、好的，就提倡去践行，去追求，去实现；只要是恶的、坏的，就回避和退让，或者斗争，伸张正义。只要符合这个原则，人的行为就顺应了宗教的或社会的伦理道德，·反之，则违背了这一原则。穆斯林认为，一切对国家、对社会、对人民、对民族、对家庭有益的行为，都是善行，要提倡去做；反之，一切对国家、对社会、对人民、对民族、对家庭有害的行为，都是恶行，要坚决反对。

施贫济穷　在穆斯林的诸多善功中，施贫济穷无疑是较有特色的。"天课"是伊斯兰教的五功之一。缴纳"天课"是每个穆斯林应尽的义务，以此来遏制贪欲，救济贫穷者。在穆斯林眼中，天课还是一种纯洁信仰和道德修养的有效方式，通过缴纳天课，克服过度的私欲和对物质享受的贪念，建立对贫困者的同情心；而对受施者和社会来说，不但在一定程度上可以避免或减轻对富裕者的嫉妒和仇视，而且对缩小贫富悬殊、平息社会上因财富不均而可能产生的不稳定因素、增加民族的凝聚力有积极的作用。天课也是一种施舍，在今天看来，它还是一种类似缴纳个人所得税的经济行为和慈善行为。穆斯林的乐善好施，还体现在穆斯林的婚礼、丧葬、节庆、交往、待客等社会生活的诸多方面。推而广之，人们所有的精神财富，如知识、学问、技术专长、科技成果等，应传授他人，无私奉献给社会，这也算是缴纳天课的一种形式。

尊老爱幼　即对父母双亲的孝敬、赡养和对长者的尊敬；对妇女儿童的关爱、怜悯和帮助。尊老爱幼、孝敬父母是穆斯林所奉行的一种传统美德，也是穆斯林伦理道德观念的一个重要内容，它来源于伊斯兰教和儒家的孝道思想。《古兰经》中有关尊老爱幼、孝敬父母的教诲很多，并对此作了具体的规定，如："你们当崇拜真主，不要以任何物配他，当孝敬父母，当优待亲戚，当怜恤孤儿，当救济贫民，当亲爱近邻、远邻和伴侣，当款待旅客，当宽待奴仆。真主的确不喜爱傲慢的、矜夸的人。"（4：36）"你的主曾下令说：你们应当只崇拜他，应当孝敬父母。如果他俩中的一人或者两人在你的堂上达到老迈，那么，你不要对他俩说：'呸！'不要呵斥他俩，你应当对他俩说有礼貌的话。"（17：23）"我曾命人孝敬父母——他母亲弱上加弱地怀着他，他的断乳是在两年之中——我说：'你应当感谢我和你的父母；唯我是最后的归宿。'"（31：14）"我曾命人孝敬父母；他的母亲，辛苦地怀他，辛苦地生他，他受胎和断乳的时期，共计三十个月。当他达到壮年，再达到四十岁的时候，他说：'我的主啊！求你启示我，使我感谢你所施于我和我的父母的恩惠，并行你所喜悦的善事。求你为我改善我的后裔。我确已向你悔罪，我确是一个顺服者。'"（46：15）《圣训》中也有许多关于尊老爱幼、孝敬父母的训诫，在此就不一一赘述了。

　　至于伊斯兰教所提倡的坚忍敬畏、公正宽恕等伦理道德在《古兰经》和《圣训》中也有具体的规定和要求，如《古兰经》说："你们当服从真主及其使者，你们不要纷争，否则，你们必定胆怯，你们的实力必定消失；你们应当坚忍，真主确是同坚忍者同在的。"（8：47）"未曾为你们的宗教而对你们作战，也未曾把你们从故乡驱逐出境者，真主并不禁止你们怜悯他们，公平待遇他们。真主确是喜爱公平者的。"（60：8）"信道的人们啊，你们当尽忠报主，当秉公作证，你们绝不能怨恨一伙人而不公道，你们当公道，公道是最近于敬畏的。"（5：8）

　　由于篇幅所限，有关坚忍敬畏、公正宽恕等伦理道德在此就不展开阐述了。

　　总之，伊斯兰教义思想中蕴含着的丰富和谐理念为伊斯兰教在中国的传播和发展，为伊斯兰文化在汉文化语境中的适应和存活，为广大穆斯林在中国的生存和繁衍，以及伊斯兰教适应不同社会发展阶段、不同地域、不同文化和不同民族的要求，构建和谐社会奠定了深厚的教义基础。它不仅是中国广大穆斯林的理论指导和行为规范，而且是当前我国构建和谐社会的重要思想资源。

　　当然，在云南这样一个多民族、多宗教，原始宗教信仰普遍、积淀深厚的边疆省份，相对其他宗教来说，各民族传统的原始宗教和民族民间宗教对当地民族及其社会的影响，就更具有典型意义。云南各民族的传统宗教类别之多，涉及人数之众，对各民族群众生产生活影响之深之大，在全国少有。除回族外，云南25个世居民族几乎都有自己的传统宗教。首先，云南民族民间宗教的仪式、宗教教义和禁忌构成了其信仰群体生活中的各种社会制度、行为规范。其次，每个民族都有自己的至上神和灵魂观，为人们提供了精神的慰藉。这种对自然、对神灵、对祖先的崇拜，在信仰者的心理层面，缓解或调解了人与自然、人与神灵的关系，缓解了人们面对自然神灵的恐惧情结和紧张状态。如长期在山区进行狩猎生活的民族，很自然会认为这些猎物为山神所有，因此，他们猎到猎物要敬山神，猎不到猎物也要敬山神。风调雨顺的时候要感谢龙神、水神，遭受洪涝灾害时也要祈求龙神、水神等。① 再如各民族在自然崇拜观念下尊重自然、敬畏自然、保护自然，以及与自然和谐相处的生态观、和谐理念，都有其积极的人文价值和现实意义。此外，在各民族传统宗教的伦理道德观念中，都蕴含有许多积极的因素。② 这些积极因素在历史上对云南社会历史进程以及各民族的生产生活曾产生过积极的作用和影响。历史上有原始宗教信仰和民族民间宗教信仰及遗存的各民族群众是一个潜在而巨大的社会群体和社会力量。其观念意识、道德伦理、行为规范都会在一定的程度和范围或隐或现、或明或暗地对社会产生积极或消极的作用和影响，这种作用和影响不仅会反映在该民族的社会中，也会反映在周边民族或公共社会领域。当下，在云南桥头堡建设中，如何进一步调动和发挥这种力量，挖掘和弘扬原始宗教和民族民间宗教的积极因素，积极引导原始宗教民族民间宗教与社会主义社会相适应，为云南经济社会发展服务是我们必须关注的问题。

（二）宗教文化的当代价值与现代适应——宗教文化建设与"桥头堡"和"一带一路"建设的关系及其价值和意义

宗教是崇拜超自然力量和境界的意识形态，宗教文化是宗教信仰的文化表现形式，因此与社会主义先进文化相区别。但同时，宗教文化中包含着许多健康、积极和有益的内容，与社会主义先进文化所倡导的价值和理念相契合。宗教的社会文化作用与社会主义文化建设有着密切的联系，宗教文化在促进和谐与文明社会的进程中，有其不可代替的作用，它为我们提供了信仰支撑，传递了和谐理念。

那么，在"桥头堡"建设和"一带一路"建设战略中，宗教和宗教文化处于一个什么样的位置，对该建设战略有什么样的作用和影响？加强宗教文化建设对该建设战略有什么样的价值和意义？这些都是本课题研究的内容

---

① 熊国才：《云南民族民间宗教综述》，见云南蓝皮书《2004—2005 云南宗教情势报告》，云南大学出版社 2005 年版，第 210—211 页。

② 有关原始宗教和民族民间宗教及其文化内涵、特点、价值和功能在本研究第二及第三部分已有较多的阐述，在此不再赘述。

和必须回答的问题。

1. 宗教文化建设与"桥头堡"建设和"一带一路"建设战略的关系

（1）宗教文化是民族文化和社会主义文化事业的重要组成部分

我们知道，在社会文化大系统中，宗教和宗教文化是子系统。宗教和宗教文化不仅是一种特殊的社会意识形态和客观的社会存在，也是人类社会发展进程中特殊的社会文化现象，是人类传统文化的重要组成部分。如前所述，宗教在适应人类社会长期发展过程中形成了特有宗教信仰、宗教感情和与信仰相适应的宗教理论、教义教规，并形成了严格的宗教仪式，固定的宗教活动场所，严密的宗教组织和宗教制度等，所以，宗教本身既是一种以信仰为核心的文化。千百年来，宗教文化通过对哲学思想、伦理道德、法律、教育、生活习俗、文学艺术、音乐、建筑、绘画、雕塑、诗歌、旅游等方面的渗透和作用，对一个国家、一个民族和一个地区的经济社会发展、民族关系、社会和谐稳定以及人们的物质生活和社会的精神文化生活产生着深刻而重大的影响。宗教文化的内容十分广泛，涉及政治、经济、文化、教育、文学艺术、音乐舞蹈等社会生活的诸多方面。

在我国，宗教文化是中国传统文化中不可分割的一部分，离开宗教文化，中国的传统文化是不完整的。在新的历史时期，保护和建设宗教文化，是弘扬传统优秀文化，增强社会软实力的途径之一。儒教、道教、佛教以及各民族传统的原始宗教和民族民间宗教都是我国的传统文化，但又各有其特点。儒家讲人伦、道德，中心思想为仁爱，主要经典为《四书》《五经》《十三经》，其思想的代表人物是孔子；道家讲清静无为，少欲知足，淡泊名利，超脱于世间，其代表著作为老子的《道德经》；而佛教在传入我国后，成功地融入中华文明并成为其中不可或缺的重要内容，形成了风格独特、影响久远的中国佛教，与儒道一起构成中华传统文化的三大主干，并以博大精深的理论体系和慈悲济世的宗教情怀，为我国文化中和谐理念、价值观提供了信仰支撑和心灵关怀，使中国文化的"和谐"特征更加凸显。而其后相继传入我国的伊斯兰教和基督教，又进一步丰富了这种宗教文化。在各宗教教义和经典文化中，大部分都是精华。伊斯兰教的《古兰经》《圣训》，基督宗教的《圣经》等，这些经典对于穆斯林或是基督徒都具有行为规范和约束力。作为一个宗教信徒，不仅要遵守普通公民应该遵守的道德准则、法律规范，而且在思想上还接受了更多的教理教义和受教规戒律的约束。而佛乐、道乐等，其影响和内涵则远远超过了宗教文化本身，成为中华民族传统文化不可分割的部分。

如前所述，在云南丰富灿烂的民族文化中，宗教和宗教文化极其重要并独具特色，是民族文化的重要组成部分。云南民族众多，包括汉族在内的 26 个世居民族都有自己的宗教信仰和宗教生活，佛教（包括汉传佛教、藏传佛教和南传上座部佛教）、道教、伊斯兰教、基督教和天主教以及民族民间宗教在云南均有传播，多种宗教形态和宗教文化并存，宗教形态多样而各异，宗教文化多元而丰富。全省有信教群众 450 多万，占全省总人口的 1/10 左右；有的民族几乎全民信教（如回族、藏族和傣族）；有宗教意识和宗教情结的人就更多。宗教与各民族的社会生活密不可分，特别是在边疆民族地区，宗教对少数民族的生产生活（物质生活和精神生活）有着重要的影响；对边疆的社会稳定、国防建设、民族团结、经济发展有着密切的联系并产生直接或间接的作用。加之云南地处祖国西南边陲，有 25 个边境县（市）与缅甸、老挝、越南三国接壤，边境线长（为 4060 公里）；与泰国、柬埔寨、孟加拉国、印度等国地缘相邻，文化相通，自古就是中国连接东南亚、南亚各国的陆路通道和文化传播的重要渠道。16 个民族与境外相同民族跨境而居，同源同宗，有其共同的宗教信仰；有的宗教与东南亚、南亚有着渊源关系，历史上宗教文化交流就很密切，对维系边疆社会稳定，发展与邻国友好关系发挥着重要作用。如云南西双版纳和德宏的傣族全民信仰的南传上座部佛教（俗称小乘佛教），历史上就是从印度向南传入斯里兰卡、缅甸、老挝、泰国、柬埔寨，再由缅甸传入云南西部地区的，为傣族、布朗族、阿昌族、德昂族等跨境民族所共同信仰。这些民族和地区由于宗教信仰相同、文化相通，长期以来经济和文化交往频繁、互为影响。

因此，云南各宗教是云南民族传统文化的载体，云南各种宗教中蕴藏着丰富的宗教文化是云南民族文化的重要组成部分，也是可开发利用的重要文化资源。在社会主义时期，宗教文化是民族文化和社会主义文化事业的重要组成部分，也是民族文化建设不可或缺的重要内容。

（2）民族文化建设是桥头堡建设的重要内容和必要保证

如前所述，云南民族众多，每个民族在长期的历史发展和社会发展中创造了自己的物质文化和精神文化，这些文化共同构成了云南丰富灿烂、绚丽多姿的民族文化，使云南成为我国民族文化资源最富集的地区之一。云南省委、省政府正是从云南的实际出发，根据云南民族文化资源丰富多样的特点，确立和实施了民族文化大省向民族文化强省建设的发展战略。经过多年的实施和努力，云南民族文化强省建设发展迅速，全省各文化领域均取得了显著成效。实践证明，民族文化资源是支撑云南发展的重要资源，民族文化产业是云南经济社会发展的支柱产业，民族文化强省建设完全符合云南的实际。而把云南建设成为中国面向西南开放的重要桥头堡和民族团结进步示范区、生态文明建设的排头兵和面向南亚、东南亚开放的辐射中心，是中央从国家层面和国家高度对促进和推动云南经济文化社会全面发展作出的重大战略决策，它使云南从我国对外开放的后方变成了对外开放的前沿，使云南在全国的战略地位得到空前提升，为云南的经济社会发展提供了前所未有的广阔空间和重大的历史机遇，其意义是深远而重大的。

我们知道，"桥头堡"是陆桥经济研究中的一个具有特定内涵的重要概念，它包含了经济、政治、社会、文化等内容，具有控制力、发展力和影响力三个方面的特征。"桥头堡"建设和"一带一路"建设战略是一个庞大的系统工程，是社会、经济、制度、文化等综合性的建设，是以物质建设为特征的经济建设和以精神建设为核心的文化建设等在内的有机统一体。其中，经济建设是文化建设的载体和基础，而文化建设是经济建设的灵魂和保障。云南面向东南亚、南亚乃至世界开放，是全方位、立体型、宽领域、高层次、高效益的开放，是经济、贸易、科技、文化、教育、交通、信息等领域的全面合作与接轨，其中文化的对外开放和交流是必然的也是必需的，而且是极其重要的方面，"桥头堡"建设和"一带一路"建设战略需要文化软实力的支撑和保障。因此，在"桥头堡"建设和"一带一路"建设战略中，既要注重经济层面的基础性建设，也要注重文化层面的保障性建设；既要注重物质的硬件建设，也要注重文化的软件建设。要把经济建设和文化建设有机地结合起来，以经济建设带动文化建设，以文化建设促进经济建设，充分发挥文化在推动经济建设和社会发展中的软实力作用。

随着"桥头堡"建设和"一带一路"建设战略的实施和连接东南亚、南亚大通道的不断推进，云南作为中国面向西南开放的桥头堡战略地位日益凸显，云南民族文化与境外文化的交流更加频繁，其中宗教和宗教文化与境外宗教和宗教文化的接触交融更为直接，宗教界的对外联系和友好往来也会日渐增多。在对外拓展文化交流的渠道上，作为相对独立和特殊的文化体系的宗教文化具有重要作用。南传上座部佛教（小乘佛教）是东南亚、南亚各国的主要宗教，也是我国的主要宗教之一，中国的小乘佛教信徒与东南亚、南亚的信徒有着天然的联系。此外，中国传统宗教和世界性宗教在东南亚、南亚和"三胞"中也都有较多的信众，宗教文化是联系中国与东南亚、南亚及海内外炎黄子孙的主要精神纽带，在促进祖国统一，实现"一国两制"的战略构想，在促进和带动地方经济和文化发展，在宗教文化旅游资源开发和文化产业发展，在招商引资、投资、捐资等方面，宗教和宗教文化能发挥其特殊的正面文化效应，起到其特殊的作用。

此外，在经济全球化、政治多极化、文化多元化的时代背景下，以美国为首的西方强势文化对世界的影响和辐射越来越大，对各国民族文化的冲击也越来越强，甚至控制和左右着主权意识不强和附庸国的文化，使其逐渐变为弱势文化和边缘文化，失去自己的特色和话语权，最后湮灭在强势文化之中。因此，在新的历史条件下，文化软实力已成为一个国家、地区和民族核心竞争力的重要组成部分，对人类社会发展、国家安全、民族复兴的意义和作用更加突出，许多发展中国家已把文化提升到国家主权的高度，并采取积极措施宣传和保护自己的民族文化，以抵御西方强势文化的冲击和侵蚀。在这种背景和趋势下，包括宗教文化在内的云南的民族文化同样面临着机遇和挑战。云南的民族文化和宗教文化既要生存和发展，又要与国际接轨，与全球化同步。否则就会沦为弱势文化或边缘文化，最终招致淘汰出局的命运。如果这样，云南"桥头堡"建设就会失去文化软实力的支持和智力保障而受到重创。

综上所述，既然宗教文化是民族文化的重要组成部分，而民族文化建设又是桥头堡建设的重要内容和必要保证，那么宗教文化建设也就理应成为"桥头堡"建设和"一带一路"建设战略不可或缺的重要内容和组成部分。因此，加强宗教文化建设既是"桥头堡"建设和"一带一路"建设战略的重要内容和题中之义，也是桥头堡建设和"一带一路"建设战略的重要保证和必要条件，同时还是促进云南对外开放和云南经济社会发展的重要内容和必要条件。所以，在桥头堡建设和"一带一路"建设战略中就必然要重视和加强宗教文化各方面、各领域、各层次的建设，充分发挥宗教和宗教文化在桥头堡建设和"一带一路"建设战略中的积极作用，让宗教文化为桥头堡建设和"一带一路"建设战略服务。这样才能在一个新的高度上把云南建成中国面向西南开放的桥头堡，发挥云南桥头堡在国家对外开放战略中前沿性、重要性、带动性和辐射中心的作用，进一步推动云南对外开放和经济社会的全面发展。

2. 宗教文化建设在"桥头堡"建设和"一带一路"建设战略中的价值和意义

（1）宗教文化和谐是宗教和谐的重要前提

宗教和谐是社会和谐的重要内容，而宗教和谐的关键之一是宗教文化和谐，没有宗教文化的和谐就没有宗教的和谐。当今世界范围内的许多矛盾和冲突就是由宗教问题引发的，其根源之一是宗教文化的冲突。美国著名的国际与地区问题研究专家，哈佛大学教授塞缪尔·亨廷顿甚至把文化的冲突视为当今社会的主要冲突，把当今社会的主要矛盾和所有灾难都视为文化冲突和文化不和谐所导致的。按照亨廷顿的说法，我们现在已经进入了一个"世界政治"的"新时代"，亦即一个以"文化范式"解释世界政治的时代。随着冷战时代的结束，在国际关系中，意识形态的差异已经不再重要，文化和文明的差异或冲突作用越来越强。……①虽然亨廷顿的观点和理论不一定完全正确，其国际政治关系学说也确实存在一些重大的甚至是致命的缺陷，但其重视文化在政治、经济、军事、民族，乃至战争中的作用却是有一定道理的。所以，包括宗教和宗教文化和谐在内的宗教文化建设就至关重要，它对桥头堡建设和"一带一路"建设战略有着重大影响。

随着我国市场经济建设的快速发展，社会思想道德的建设并未及时全面跟上，以致出现了经济的增长和社会主体信仰缺失、人文精神失落，以及社会道德判断标准混乱、道德水准下降的巨大反差。以金钱为导向的价值取向充斥着社会的每个角落，世俗性、功利性、低俗化的浮躁因素弥漫在整个社会思想文化领域，而具有神圣性、非功利性的包含有终极价值指向的积极因素又太缺乏，和谐社会的构建遭遇了不和谐的时代难题。对于这一难题的化解，仅仅靠法律是远远不够的，诉诸道德也许是一条出路，但"外在"的思想道德已不能全部解决社会上层出不穷的问题，也不能适应社会思潮多元化的发展趋势，而以"内在"的信仰化道德弥补这一不足，则是可以探索的方向。用因信仰而生的敬畏之心则可以使人无限膨胀的私欲得到收敛，又能修正金钱的社会价值导向。同时，宗教文化本身大都具有促进社会稳定、和睦社会发展的舆论力量。让宗教文化充实于"和谐文化"的建设，以提升中国现代文化的包容性和渗透性，进而增强中华民族的"软实力"，促进和谐社会的构建，无疑具有很强的现实意义。

我们要建设的和谐文化，其中就包括弘扬民族优秀文化传统，发扬民族和谐的文化资源，借鉴人类有益文明成果，构建和谐文化支撑的和谐社会，在这方面，宗教可以，也应该有所作为和贡献。胡锦涛同志在纪念联合国成立 60 周年大会上呼吁"努力建设持久和平、共同繁荣的和谐世界"。而在中华"和"文化的海洋中浸润了两千年，深受中华"和"文化影响的中国佛教就认为，"心净则国土净、心安则众生安、心平则天下平"，于是提出"和谐世界，从心开始"的口号，成为首届世界佛教论坛

---

①　参见亨廷顿《文明的冲突与世界秩序的重建》，第28—32页。塞缪尔·亨廷顿1993年在美国《外交》杂志上发表题目为《文明的冲突》的文章，引起广泛的争论。三年后，亨廷顿又出版了《文明的冲突与世界秩序的重建》一书，同样引起了广泛而激烈的争论。

的响亮主题。世界佛教论坛结束以后，佛教界又在积极探索"和谐世界"究竟如何"从心开始"；有的提出"从心开始"要从佛教团体加强自身建设、"以戒为师"、内强素质、外塑形象开始；有的从佛教的教义、教理，强调要以提倡"信仰、因果、良心、道德"，以及"感恩、包容、分享、结缘"，来为构建和谐社会作贡献，这些都是很有智慧的见解。无论是佛教、道教，还是伊斯兰教、天主教和基督教，都蕴含着丰富的和谐思想资源，可以也应该为和谐文化建设作出积极贡献。我们常说，"文化的力量，深深熔铸在民族的生命力、凝聚力、创造力之中"，宗教在促进社会和谐，应该也能够与社会各种力量一起努力，使人们的精神世界得到极大丰富，各民族的创造力得以充分发挥，使中华民族以"天行健，君子以自强不息；地势坤，君子以厚德载物"的蓬勃不息的生命力、凝聚力和创造力，屹立于世界先进民族之林。①

（2）宗教和谐是社会安定和谐的重要基础和桥头堡建设和"一带一路"建设战略的必要保证

宗教是一种群体社会行为，它包括指导思想（宗教信仰）、组织结构（宗教组织）、行为规范（宗教组织内的活动）、文化内容（如宗教建筑、宗教绘画、宗教音乐）等方面的内容。它是人类在具有社会组织结构后有意识地发展的一种社会行为，其根本的目的是培养和维护人的社会性，从而维护人类社会组织的正常运行。在人类历史上，宗教的产生和发展与很多因素有关，如社会因素、心理因素、精神因素等。但是宗教作为一种在历史上影响时间如此长、影响范围如此广泛、影响人数如此众多的社会行为的产生和发展，最基本的、最主要的因素在于：自从人类成为一种群体活动的生物，成为具有社会性的群体以来，宗教就是作为具有培养和加强人的社会性作用的一种重要的社会行为而成为社会的必需。虽然，世界上不同的历史时期、不同的地区、不同的民族可能有不同的宗教，但是具有培养和加强人的社会性作用是所有宗教都具有的属性。

信教群众对极乐世界的执着信仰和追求能够增强他们抵抗风险、挫折等险途逆境的心理承受能力，有助于人们保持心理平衡和情绪安定，有利于和谐社会的构建。关于这一点，马克思、恩格斯在分析宗教社会作用的两重性时曾强调指出，宗教压迫者对社会稳定确实起到了反动的、落后的作用，但另一方面，宗教作为被压迫生灵的叹息，作为对不公平事情的精神慰藉，作为安慰的手段，在其起作用的特征上为被压迫者的意识形态，

---

① 参见《建设和谐文化　坚决抵御渗透》，来源：新华网。

也发挥了进步的或积极的社会作用。宗教所特有的伦理道德方面的内容，能够陶冶人们的道德情操，减少社会的暴力、色情等犯罪行为，有利于社会的和谐与稳定。宗教作为一种文化媒介，能够沟通不同民族成员之间的情感交流，增强不同民族之间的友谊，化解不同民族利益集团之间的冲突和矛盾。由于一些宗教为世界不同国家的不同民族共同信仰，因而在国际交往中，宗教能成为连接不同民族之间友谊的桥梁，特别是由于一些国家政府的领导人、著名政治活动家和科学家也信仰不同的宗教，因而，他们虽然政见不同、学派不一，但却可以在信教这点上找到共同语言，求同存异，达到互相了解和合作的目的。

基于宗教在社会中的基础性作用，宗教和谐是社会安定和谐的重要基础，没有宗教的和谐就没有社会的安定和谐；离开了宗教的和谐也不可能实现社会的和谐。社会和谐是建立在诸多基础之上的，而其中，宗教无疑是重要因素之一。江泽民同志在1993年全国统战工作会议上也明确指出："宗教是一种历史现象，在社会主义社会中将长期存在，如果宗教与社会主义社会不相适应，就会发生冲突。"可见，宗教对构建和谐社会具有重要而特殊的意义。

在云南这样一个多民族、多宗教的边疆省区，社会安定和谐对经济社会发展更是至关重要，而社会的安定和谐离不开宗教的和谐。如前所述，"桥头堡"建设和"一带一路"建设战略，是一个庞大的系统工程，是社会、经济、制度、文化等综合性的建设，是以物质建设为特征的经济建设和以精神建设为核心的文化建设等在内的有机统一体。在"桥头堡"建设和"一带一路"建设战略实施中，云南面向东南亚、南亚乃至世界开放，是全方位、立体型、宽领域、高层次、高效益的开放，是经济、贸易、科技、文化、教育、交通、信息等领域的全面合作与接轨。因此，进一步扩大对外开放，加强与东南亚、南亚各国的经济与文化交流，加强 GMS 合作，建成与东盟各国联系的国际大通道，并通过印度洋与西亚、中东、阿拉伯国家乃至世界的联系，是"桥头堡"建设的重要内容和必要步骤。此外在"桥头堡"建设的五大战略目标定位中，把云南建成我国民族团结进步、边疆繁荣稳定的示范区是其中之一（2011年9月，党中央、国务院又下发了《关于把云南建设成为民族团结进步、边疆繁荣稳定示范区的决定》），而要完成上述任务和实现这一目标，就需要一个安定和谐的社会环境，如果离开了社会的安定和谐，桥头堡建设和"一带一路"建设战略是不可能实现的，甚至是难以想象的。所以，社会的安定和谐是桥头堡建设和"一带一路"建设战略的重要保证和必要前提。

（3）宗教界人士和广大信教群众是桥头堡建设和"一带一路"建设战略的重要力量

党的十六届六中全会上通过的《中共中央关于构建社会主义和谐社会若干重大问题的决定》中明确提出："积极引导宗教与社会主义社会相适应，加强信教群众同不信教群众、信仰不同宗教群众的团结，发挥宗教在促进社会和谐方面的积极作用。"十七大提出要"发挥宗教界人士和信教群众在促进经济社会发展中的积极作用"，十七届六中全会通过的《中共中央关于深化文化体制改革推动社会主义文化大发展大繁荣若干重大问题的决定》又明确提出，要"全面贯彻党的宗教工作基本方针，发挥宗教界人士和信教群众在促进文化繁荣发展中的积极作用。"中央关于"引导宗教与社会主义相适应，发挥宗教和宗教界人士在促进经济社会发展中的积极作用"的科学论断，就是根据构建社会主义和谐社会的时代任务和社会主义条件下宗教存在及发展的新特点，以及我国宗教与社会主义相适应的新情况下提出的，这是我们党坚持马克思主义基本立场、观点和方法，履行"为人民服务"和"代表最广大人民群众的根本利益"的必然要求，是我们党与时俱进，坚持和发展马克思主义宗教观的具体体现，也是新时期我国宗教工作的主要任务。尤其在今天，构建社会主义和谐社会要遵循的一条重要原则，就是"必须坚持以人为本，始终把最广大人民的根本利益作为党和国家一切工作的出发点和落脚点，实现好、维护好、发展好最广大人民群众的根本利益"。我们党代表人民群众的根本利益，当然也包括广大信教群众的利益；我们党依靠最广大人民的力量，当然也包括依靠广大信教群众的力量。信教群众是我们党执政的群众基础和建设中国特色社会主义、构建社会主义和谐社会和促进经济社会发展的重要力量，也是"桥头堡"建设和"一带一路"建设战略的重要力量。所以，做好信教群众工作，引导宗教与社会主义社会相适应，发挥宗教和宗教界人士及信教群众在促进经济社会发展中的积极作用是宗教工作的重要任务和根本任务，是党的群众路线在宗教工作中的必然贯彻，也是马克思主义宗教观与马克思主义群众观的一致性的一贯体现。

历史上，不管是佛教、道教、伊斯兰教、基督教、天主教还是各民族的原始宗教和民族民间宗教，以及各宗教的教职人员和广大的信众，在云南社会历史的不同发展阶段及进程中，都在不同的方面或不同程度，为云南经济社会的发展起过一定的作用和做出过一定的努力。特别是近现代以来，在反帝、反封建的辛亥革命、护国运动和中国共产党领导的土地革命、抗日战争、解放战争等新民主主义革命斗争中，为中华民族的独立和解放及新中国的成立作出过积极的努力和贡献。新中国成立后，在中国共产党宗教信仰自由政策的感召下，各宗教和宗教信众积极投身社会主义建设，为建设繁荣富强的社会主义祖国作出了新的贡献。历史和现实表明，云南广大的各族人民和各宗教界人士及信教群众是云南经济社会发展与社会主义建设的重要力量，同样也是民族文化强省建设和桥头堡建设的重要力量。正如江泽民同志指出的那样："广大宗教信徒是拥护社会主义制度的，同全国人民在根本利益上是一致的，这是宗教能够与社会主义社会相适应的政治基础。"① "桥头堡"建设和"辐射中心"建设是云南省社会经济发展中的一件大事，它需要全社会各民族、各阶层、各界人士、各领域及各种社会力量的积极配合、共同参与和努力。所以，我们要调动各族人民和宗教界人士及广大信教群众的积极性，充分发挥他们在"桥头堡"建设和"辐射中心"建设中的积极作用。只有把"桥头堡"建设和"辐射中心"建设的战略决策变为全省各民族各宗教各阶层的共同意识和自觉行为，并通过全省各族人民和全社会各种力量的共同努力，加强包括宗教文化建设在内的民族文化建设，才能把云南建设成为重要的"桥头堡"，中国面向西南开放的桥头堡建设和"辐射中心"建设的战略目标才能顺利实现。

3. 宗教文化的消极因素及存在的问题

以上我们从宗教和宗教文化的历史价值与社会功能中的积极因素来考察和阐述了其积极的作用，下面我们再来分析宗教的消极因素和负面作用。从宗教的本质来讲，宗教属于意识形态的范畴，是以信仰神灵为本质特征的，是与客观唯物主义相对立的，因此，必然有着意识形态的属性。任何一种宗教其社会显隐功能都有正负两重性，既有积极的一面，也有消极的一面；在宗教的社会功能中，既有正面的功能，也有负面的功能；既有显性的功能，也有隐性的功能；既有对经济建设社会发展有利的因素，也有对经济建设和社会发展不利的因素，而这些消极和不利的因素一旦缺少科学、理智和法制制衡，就可能走向极端，失控膨胀，形成巨大的破坏力，与主流文化相冲突，对社会产生负面作用。在特定因素的激发下，甚至会带来严重的政治问题。正如美国哲学家、史学家威尔·杜兰在他的《世界文明史》一书中所说："宗教是一种很难定性、不易评判的社会现象：一方面，它与人类文明有着不可分割的渊源联系，并造就出众多思想家、科学家、艺术家、政治家和具有崇高道德力量的伟人；另一方面，在人性的偏执、社会的罪恶、种族的仇视中，也经常能看到宗教的阴影，宗教又常常成为社会动荡、冲突，甚

---

① 江泽民：《高度重视民族工作和宗教工作》（1993 年 11 月 7 日），《十四大以来重要文献选编》上册，第 518 页。

至战争的助力。"① 江泽民同志也指出："我国宗教的社会作用仍然具有两重性,既有积极的一面,也有消极的一面,还会受到一定范围内存在的阶级斗争和国际上一些复杂因素的影响。对这个基本的现实,我们必须始终保持清醒的认识。"② 按照马克思的观点,"宗教是人民的鸦片",是统治阶级用于麻醉人民的鸦片。③ 该观点虽然是在特定的历史条件下产生的,因而有一定的局限性,但其中的合理因素却是肯定的。判断宗教和宗教文化对社会发展是起积极作用还是起消极影响,应以宗教对社会生产力的发展和对社会和谐进步的作用及影响作为衡量的标准。如果它有利于生产力的发展,有利于社会和谐,有利于社会进步,就起到了积极的作用;反之,如果它阻碍了生产力的发展,影响了社会和谐,阻碍了社会进步,就是消极的负面影响。十一届三中全会以来,随着党的民族宗教政策不断落实,各宗教得以恢复,宗教文化活动日趋增多,宗教文化有所发展,特别是近几年来,宗教文化内外交流愈加频繁,在发挥宗教社会功能中积极作用的同时,其中的消极因素和负面作用也凸显出来,并在新的形势下出现了一些新情况和新问题,在一定程度和一定范围内对社会造成不良影响。

据我们调查,目前,宗教和宗教文化的消极因素及存在的问题影响主要表现在以下几方面:

(1) 宗教文化的消极因素及其影响

一是非正常宗教活动在一些地方仍然存在,极少数宗教信徒违反党和国家有关政策、法律的行为对民族关系造成不良影响。例如,前些年在云南苗族地区出现的基督教"小众教",以及在傈僳族地区搞"恒尼"(忌食、忌讳)、"斯尼匹"(寂静)的问题至今尚未完全解决。个别藏传佛教地区宗教干涉行政、司法、教育、婚姻和群众生产生活,甚至妄图恢复早已废除的宗教封建特权和压迫剥削制度的现象时有发生;滥建小寺小庙,盲目扩建原有寺院,乱收徒剃度和皈依弟子,强迫少数民族儿童当和尚、学经文的问题屡禁不止,宗教活动的规模也有逐年扩大之势,且存在不规范的现象;有的藏

---

① [美] 威尔·杜兰:《世界文明史》,东方出版社 1998 年版。

② 江泽民:《在全国宗教工作会议上的讲话》(2001 年 12 月 10 日),见江泽民《论宗教问题》,《江泽民文选》第 3 卷,人民出版社 2006 年版。

③ 马克思在《〈黑格尔法哲学批判〉导言》中写道:"宗教是还没有获得自身或已经丧失自身的人的自我意识和自我感觉。宗教是人的本质在幻想中的实现,因为人的本质不具有真正的现实性。""宗教里的苦难既是现实的苦难的表现,又是对这种现实的苦难的抗议。宗教是被压迫生灵的叹息,是无情世界的情感,正像它是无精神活力的制度的精神一样。宗教是人民的鸦片。"马克思:《〈黑格尔法哲学批判〉导言》,《马克思恩格斯文集》第 1 卷,人民出版社 2009 年版,第 3—4 页。

传佛教地区出现了年轻僧人到印度学经归来任当地寺管会"负责人"，以及从在外藏胞中认定活佛"转世灵童"，争夺宗教领导权的问题。一些天主教神职人员和教徒对社会主义信念及独立自主自办教会、自选自圣产生动摇，有的甚至积极寻求国外教会势力的支持①。在信仰伊斯兰教的部分回族中出现的"瓦哈比"（当地称"新教"或"三抬"）问题，在一定程度上影响当地的生产生活和社会安定。此外，在一些信教群众占多数的民族中和全民信教的民族地区，对本民族和其他民族不信教的群众存在某种程度的排斥现象，不信教的群众有事没有人帮忙，死后也不能按民族风俗习惯举行葬礼。②

二是云南宗教问题与边疆、民族、贫困等问题交织在一起，显得更为复杂，不利于民族团结和社会发展。云南边境线长，跨境民族多，境内外一些民族同宗同源，宗教信仰相同，宗教文化交流频繁，互为影响。加之少数民族地区大多经济文化落后，为各种宗教滋生和传播提供了温床，许多少数民族地区的群众之所以信教，其中一个根本的原因就是因为贫困而向往宗教的所谓"天国"或"天堂"。在云南少数民族地区，越是经济落后、贫困、闭塞的地方，越容易受到宗教的影响。民族、宗教、贫困问题往往交织在一起，互为影响和作用，呈现出你中有我、我中有你的状况，为正确解决或处理其中某一问题带来困难，甚至引发其他矛盾，影响民族团结和社会发展。

三是宗教社会功能中也有不利于经济发展的方面。例如，佛教、道教看淡现世的名利和各种物质欲念的出世精神远远大于入世精神。佛教主张信徒摆脱物质欲念，来去无牵挂。道教主张清心寡欲，不利货财，不贪世名。基督教赞美"幸运的穷人，你们将拥有大地"，"富人进天国是多么难啊"！有的宗教把贫困视为美德，总是设法使信徒不受物质利益和欲望的诱惑。对大部分宗教而言，"灵魂的救赎，而且仅仅是灵魂的救赎才是他们生活和工作的中心"。不提倡把发展经济满足人的物质文化生活需要作为目标去追求，这种漠视人的物欲的道德观念必然限制宗教对于发展经济的作用。同时，宗教讲的"命定"、"前世"、"上帝的安排"等，都让人相信命运，从而产生宿命思想，不愿意与现实生活中的丑恶现象作斗争，而是默默地忍受、消极地依赖或听凭命运的安排；或者是"跳出三界外，不在五行中"，采取超然置外的态度；或是把希望寄托于来世或天国。所有这些，都不利于信徒命运

① 王连芳主编：《云南民族工作的时间和理论探索》，云南人民出版社 1995 年版，第 514 页。
② 郭家骥主编：《云南的民族团结与边疆稳定》，民族出版社 1997 年版，第 434—435 页。

的改变，不利于社会的发展。①

此外，在现实社会生活和我们的实际工作中，如果不能正确对待宗教和宗教文化，处理不好宗教和宗教文化问题，也会产生和引发甚至加大宗教消极因素的负面影响。如党的宗教信仰自由政策在具体的贯彻执行中不到位，侵犯公民宗教信仰自由权利和宗教团体合法权益的事仍时有发生；有的宗教场所和房产被拆迁占用或挪作他用；有的宗教场所产权不明确，由此引起的矛盾和纠纷不断；有的宗教场所年久失修也属危房，但由于各种原因一直得不到修缮；有的宗教场所由于太小已经满足不了日益增多的信教群众的需要；有的地方派宗教管理人员和民兵去"劝阻"家庭聚会的信教群众，并当众烧毁宗教经书，如此等等，都会在不同程度上引起信教群众的不满，造成有关宗教界人士和信教群众与政府的紧张关系，由此产生和引发甚至加大宗教消极因素的负面影响。

（2）宗教文化的异化与滥用②

随着改革开放和市场经济的不断发展，宗教文化作为民族文化的重要组成部分，其文化资源优势越来越凸显，尤其是佛教寺庙、道教宫观在现代旅游业中的地位日益显现。寺观庙宇既是宗教活动场所，有的又成为重要的旅游景点，在市场经济条件下，受经济利益的驱使，一些地方对寺庙进行承包，致使寺庙管理机制混乱；一些地方政府以开发旅游资源、促进经济发展为由，介入寺庙的管理，出现政府部门过多介入宗教事务的现象；一些假僧假道占据寺庙，以宗教名誉设置功德箱，收取布施，借机敛财等。这些问题既与党的宗教政策不符，又败坏了宗教团体的声誉，严重影响了宗教活动的正常开展，同时也为那些利用宗教从事违法犯罪活动的人提供了空间，给宗教事务的管理工作造成了一定的困难，在社会上造成了不良影响，出现了宗教文化被异化和滥用的情况。在我们对云南各地寺庙承包经营情况的调研中就发现了不少问题，如大理州的观音塘、圣源寺和感通寺为了解决自办自养、以寺养寺的经费问题及改善寺庙基础设施建设，经寺庙申请，由政府宗教主管部门和其他职能部门同意后，三个寺庙和部分房屋（包括大雄宝殿）对外出租，开展商贸经营活动。在承包经营过程中，寺内僧人的生活和寺庙（主要是大雄宝殿）的宗教正常活动受到一定程度的影响，功德箱收入也归

---

① 王文胜：《我国现阶段宗教的功能》，载《华北水利水电学院学报》（社会科学版）2007 年第 4 期。

② 萧霁虹：《2004 年云南宗教动态分析》，载熊胜祥、杨学政主编《云南宗教情势报告》（2004—2005），云南大学出版社 2005 年版，第 8—16 页。

寺庙和承包方共有。虽然经寺管会及信教群众反映后作了一些整改，大雄宝殿不再作为承包范围，而且明确了功德收入归寺庙所有，佛像法物的开光等佛事活动由寺庙方的僧人主持，但承包方仍具有组织团队、游客参观、游览的权利。鉴于寺庙承包中出现的借宗教牟利、难以管理等问题，圣源寺的部分房产出租在经营了近两个月后终止了合同。观音塘和感通寺也由市旅游局、市工商局、市公安局、市民族宗教局等部门联合整治承包经营行为，并制定了特殊宗教用品最高限价，目前两寺承包方的经营活动已经停止，但在其他地方，寺庙承包现象仍然存在。

（3）宗教文化传承断代

宗教文化主要是靠宗教人士和信徒通过宗教典籍、宗教教义、宗教建筑、宗教文学艺术等载体传承下来的，随着社会的发展，尤其是在市场经济的冲击下，宗教文化出现了传承断代、青黄不接、难以为继的现象。例如，历史上云南西双版纳、思茅、临沧、德宏的每个傣族村寨几乎都有一所佛寺。但由于经济利益的驱使和外来文化的冲击等各种因素的影响，目前南传上座部佛教地区的佛寺僧人人数严重不足，很多年轻人宗教信仰意识淡漠，已不再热衷于宗教活动；家庭经济条件好的不愿意送孩子去当和尚，而家庭困难、身体有残疾的人当和尚的比较多。据调查，西双版纳州的傣族青年由于不愿意当和尚，村寨里的寺庙没有住持，傣族群众只好到布朗山请布朗族人来当和尚。德宏州共有正式登记的南传上座部佛教寺院592所，但只有18%的寺院有僧人，82%的寺院无僧人担任主持，平时只好由贺路（还俗后的比丘，他们是该民族的中级知识分子。由于熟悉佛教典籍和仪轨，一般都被群众选作宗教管理人士，西双版纳称为"波占"，德宏州称为"贺路"）管理，实际上是平时处于关闭状态，只有在重大佛教节日时才开门让群众进去拜佛。其他地区的情况也基本相似。普洱市景谷县78座南传上座部佛教寺院就有18座是没有僧人的空寺。临沧市双江县31座佛寺中有13座是空寺，占总数的42%，有寺无僧的现象十分普遍。其原因主要有两个方面：一方面是随着义务教育法的宣传普及，多数信教群众选择把子女送到学校接受教育而不再是送进寺庙念经；另一方面是由于该地区经济欠发达，寺院自养困难，僧人收入低，从事宗教职业没有积极性，所以人去寺空。

由于云南省南传上座部佛教僧人普遍缺乏，加之僧人素质偏低，所以很难满足信教群众宗教生活的需要。与此形成反差的是，与我国接壤的缅甸、老挝则是佛教人才济济，长老素质很高，信教群众往往愿意到境外聘请僧侣到境内住持寺院教务。据统计，2000年西双版纳州全州有境外僧侣98人住持寺院，2001 年经过清理还有 59 人，2004 年有 23 人。而德宏州的情况更加突出，在全州 242 名僧人中，缅甸籍的僧人就有 88 人，占全州僧人总数的 32%。瑞丽市 34 名比丘中，中国籍的只有 11 人，缅甸籍的僧人就有 23 人，16 名沙弥尼中有 15 人为缅甸人。畹町 2 名比丘都是缅甸人，潞西市的 12 名沙弥尼也全部是缅甸人。全州有僧尼住持的寺院总共 90 所，而缅甸籍僧尼住持的寺院就有 40 所，占总数的 44.4%。其中瑞丽 11 所寺院中就有 10 所是由缅甸人担任住持。目前，不仅境外僧侣到我国境内住持寺院，而且，缅甸人到我国境内住持寺院的贺路也不少。瑞丽市 114 名贺路中，70 人为缅甸人，少数为短期聘用，多数为长期聘任，有的已在我国境内落户，分有田地，并在当地结婚成家。① 随着外来僧人的不断增多，加之其素质、身份、背景和动机不一，出现了不利于宗教正常发展的情况，甚至带来一些社会问题。例如陇川县章凤镇佛寺曾请了一位缅甸佛爷，后因该佛爷吸毒被村民赶走了。还有一位佛爷因为经常挑剔村民送来的饭菜，也被村民赶走了。

同时，由于宗教文化的传承断代，境外宗教院校向我境内非法招生的现象日趋严重，出现了非法出境学经的情况。据调查，早在 2002 年，德宏州已有 121 人由缅北教会学校毕业回国，现在仍有 112 人非法在缅学经。近几年来，缅甸北部基督教的 10 多所神学院校瞄准德宏、怒江两州，以包食宿、学费和每月发零用钱及给来回路费等手段，诱导我一些少数民族青年非法出境学经。据有关部门透露，仅台湾资助缅甸的宗教文化经费每年就达 200 万美元②。因此，在建设面向西南开放重要桥头堡的形势下，宗教文化的传承断代问题是宗教文化建设中不可忽视的重要问题。

（4）宗教文化对外交流缺失

云南由于地处边疆，与缅甸、老挝、越南接壤，国境线长达 4000 多公里，与境外宗教文化交流历史悠久，特别是与东南亚、南亚的宗教文化交流十分密切，互为影响，宗教文化的交流对促进中国与东南亚、南亚的经济社会发展曾起过积极的作用。但由于长期以来受"左"倾路线的影响，我们对宗教和宗教文化的认识和定位是不清晰的，甚至是偏激的，对境外宗教和宗教文化也一味地采取漠视和抵制的态度，缺乏积极、主动、自觉的文化意

---

① 萧霁虹：《2004 年云南宗教动态分析》，载熊胜祥、杨学政主编《云南宗教情势报告》（2004—2005），云南大学出版社 2005 年版，第 17—18 页。

② 熊胜祥：《以"三个代表"重要思想为指导努力做好新时期云南宗教工作》，载云南省宗教事务局《云南基督教与基督教工作》（内部资料），第 10 页。

识，也很少积极、主动地开展对外的文化交流活动，特别是宗教文化的对外交流就更加缺失，以致说到宗教文化就"谈虎色变"，不敢问津，宗教文化对外交流缺乏政策支撑和社会环境。除此之外，云南现有宗教界职业人士宗教知识和素养较低，对现代科学文化知识不够重视也是制约宗教文化对外交流的因素。具体表现在以下几方面：

第一，合格的宗教教职人员数量不足、素质偏低、年龄偏大，是制约宗教文化交流的因素之一。云南是集边疆、山区、民族、贫困为一体的省份，在这种特殊的复杂背景下，云南宗教界人士普遍受教育程度和宗教素养不高。随着云南对外开放的进一步深化和拓展，云南宗教界缺乏精通东南亚地区语言的人才，缺乏必要的宗教素养和科学知识的状况更加突出。与此相反的是，缅甸、泰国、越南、印度等东南亚、南亚国家宗教人才济济，他们不仅有较高的宗教素养，而且基本都有大学或硕士、博士学历，有良好的外语交流能力。目前云南正规的宗教院校只有佛学院、伊斯兰教经学院、基督教神学院三所，招生数量少，加之这些院校办学经费不足，远远不能满足日益增长的宗教对外交流的人才需要。

第二，宗教团体自养能力不足，影响了正常宗教文化交流活动的开展。由于受云南边境民族地区贫困状况的制约，当地信教群众经济收入少，生活水平低，宗教团体在开展社会公益活动中，往往不是从服务社会的宗教传统考虑，而是把自己定位在政府工作部门或政府协助者的角色。例如，据耿马县佛协秘书长所言：他们曾在 1998 年和 2006 年先后开办了"傣族天文历法学习培训班"和"民族文化学习班"，县政赞助了 1000 元，信教群众反响很好，要求继续举办，但是因为经费问题无法继续举办。他本人原想做一些有关民族文化和佛教发展的事情，但也是由于经费原因力不从心而放弃。由于没有经费，本来应该下到乡镇村寨了解佛寺情况也得不到保证，也无力解决村寨佛寺修缮的经费，长此以往信众对佛协失去了信心，认为佛协解决不了实际困难，慢慢地变成有问题也不再找佛协，造成佛协与信众的脱节，影响了佛协开展正常的宗教文化交流活动。

第三，宗教思想理论不适应时代发展的要求。在边境民族地区，保守的宗教神学思想，以及境外宗教思想对人们的影响很大。特别在基督教中，由于历史及教派的原因，保守的基要主义思想传统较为浓厚，强调现实世界和人的罪恶，对社会进步持冷漠态度；夸大"信与不信的对立"，强调"信仰至上"，追求信徒个人的"真属灵"、"得救"等，这些都深刻影响了众多信徒的思想和行为方式，并容易导致宗教狂热，阻碍正常的宗教经济文化交往。①

（5）境外宗教文化对云南的渗透与影响日趋严重②

改革开放以后，境外各种势力和宗教组织机构对我边境民族地区的渗透活动不断加剧。特别是随着云南桥头堡建设战略的实施和连接东南亚、南亚大通道的不断推进，云南作为中国面向西南开放的桥头堡战略地位日益凸显，云南民族文化与境外文化的交流更加频繁，其中宗教和宗教文化与境外宗教和宗教文化的接触交融更为直接，宗教界的对外联系和友好往来也日渐增多。在对外拓展文化交流的渠道上，作为相对特殊的文化体系的宗教文化具有重要作用。而在宗教文化对外开放、交流、互动的过程中，中外民族文化和宗教文化会互为影响，其中有沟通、有融合，也有摩擦、有碰撞，甚至冲突；加之云南民族地区宗教文化的多样性，宗教文化良莠不齐，精华和糟粕共存，宗教和宗教文化与社会的摩擦、碰撞和冲突在所难免。特别是云南这种多民族、多宗教、地理位置特殊的边疆省，境外敌对势力利用宗教向我渗透日趋严重，直接影响了边疆民族地区的经济发展、社会稳定和边疆各民族的生产生活，思想文化阵地的争夺十分激烈。边疆民族地区既是云南省民族文化的富集地区，也是文化建设的薄弱地区，更是维护国家文化安全的重点地区。

那么，在中国面向西南开放的"桥头堡"建设和"辐射中心"建设中，怎样从理论和实践的层面以及从政府和宗教的角度来理解和认识宗教和宗教文化建设的作用和意义；怎样加强宗教文化建设，为云南省的宗教和谐及社会和谐提供政策性、制度性和法制性的保障；怎样引导宗教与社会主义相适应，发挥宗教和宗教界人士在桥头堡建设中的积极性，促进云南经济社会全面发展；怎样既坚守中国传统的优秀文化和中国特色的社会主义文化，又能吸收利用东南亚、南亚以至西方强势文化中有价值的因素，为云南省社会经济发展提供较强的软实力和智力支持，为云南全面的对外开放营造一个良好的文化氛围；怎样在全球化的背景下应对西方强势文化的影响和冲击，保持自己的文化个性和文化特色，让云南包括宗教文化在内的民族文化得到国内国际的尊重和认同，在中华文化和世界文化中占有一席之地；怎样做大做强云南的民族文化和本土文化，以此来促进和带动云南经济社会全面协调可持续发展，这是我们不得不认真思考和解决的问题，也是本课题研究的主要内容和目的之一。

---

① 韩军学等：2006 年国家社科基金项目《扩大开放与抵制境外宗教渗透——云南边境民族地区宗教团体独立自主自办能力研究》。

② 同上。

四　云南对外开放中宗教文化建设的内容、路径和方法

（一）坚持以马克思列宁主义、毛泽东思想、邓小平理论、"三个代表"重要思想、科学发展观为指导，深入贯彻习近平总书记系列重要讲话精神，坚持和发展马克思主义宗教观和宗教理论，进一步全面、正确地认识和理解宗教及其文化是宗教文化建设的首要前提

在中国面向西南开放的桥头堡战略实施背景下，以及云南对外开放和宗教文化建设中，我们一方面要以马克思列宁主义为指导，坚持马克思列宁主义的宗教观和宗教理论；另一方面要根据时代的变化和需要，结合中国的实际，特别是中国特色的社会主义革命和建设的实际，将马克思列宁主义的宗教观和宗教理论同中国革命的实际相结合，坚持和发展马克思列宁主义，以邓小平理论、"三个代表"重要思想和科学发展观为指导，深入贯彻习近平总书记系列重要讲话精神，转变发展观念，以人为本，统筹兼顾，走全面协调可持续发展的中国特色的社会主义道路。进一步全面、正确地认识和理解宗教与宗教文化，积极引导宗教与社会主义相适应，发挥宗教界人士和信教群众在促进经济社会发展中的积极作用，促进经济、社会全面发展。

首先，对宗教和宗教文化的本质属性及其社会功能需要重新认识。马克思在《〈黑格尔法哲学批判〉导言》中写道："宗教是还没有获得自身或已经丧失自身的人的自我意识和自我感觉。宗教是人的本质在幻想中的实现，因为人的本质不具有真正的现实性。""宗教里的苦难既是现实的苦难的表现，又是对这种现实的苦难的抗议。宗教是被压迫生灵的叹息，是无情世界的情感，正像它是无精神活力的制度的精神一样。宗教是人民的鸦片。"[1]

---

① 马克思：《〈黑格尔法哲学批判〉导言》，《马克思恩格斯文集》第1卷，人民出版社2009年版，第3—4页。

我们过去对马克思的这种论述的理解较片面，甚至是断章取义，为我所用。其实马克思的这种观点是在特定的历史条件下，即资本主义制度和资本主义高度垄断的时代背景下提出的，在资本主义发展到高度垄断的时代和背景下，宗教，尤其是基督宗教，在皇权和教皇的操控和影响下，主要是为资产阶级和资本主义制度服务的，也就是为当时的政治和统治阶级服务的。马克思在否定资本主义制度的同时也就把为其服务的宗教否定了，换句话说，马克思否定的不仅是宗教，而是包括宗教在内的在资本主义生产力和生产关系上形成的所有为资本主义制度服务的意识形态。所以马克思同时也指出："国家、社会产生了宗教即颠倒了的世界观，因为它们本身就是颠倒了的世界。宗教是这个世界的总的理论，是它的包罗万象的纲领，它的通俗逻辑，它的唯灵论的荣誉问题，它的热情，它的道德上的核准，它的庄严补充，它借以安慰和辩护的普遍根据。"马克思认为，宗教作为颠倒了的世界观，它的社会功能就是为颠倒了的世界提供理论上的辩护，感情上的安慰和道德上的核准，这就是宗教作为颠倒了的世界观的社会基础和社会功能。马克思立意的着重点并非是"麻醉人民的鸦片"，而是特定时代条件下"受鸦片麻醉的人民"，是哀其不幸——"宗教是被压迫生灵的叹息，是无情世界的感情"，促其奋斗——"反宗教的斗争间接地也就是反对以宗教为精神慰藉的那个世界的斗争"，所以"应该向德国制度开火！"

恩格斯在《反杜林论》中也对宗教的本质进行了论述："一切宗教都不过是支配着人们日常生活的外部力量在人们头脑中的幻想的反映，在这种反映中，人间的力量采取了超人间的力量的形式。"列宁在《社会主义和宗教》中强调指出："宗教对人类的压迫只不过是社会内部经济压迫的产物和反映。"

马克思主义经典作家对宗教与社会主义社会的关系问题没有作过全面论述，其他社会主义国家也缺乏成功的经验。马克思、恩格斯和列宁等革命导师主要着眼于从意识形态、社会政治的角度，以阶级、阶级斗争的观点和阶级分析的方法研究当时的宗教及宗教问题，而对于工人阶级掌握国家政权以后，特别是进入社会主义社会以后的宗教问题，虽然提供了一些认识和处理的基本原则并进行了一定的科学预测，但毕竟没有充分的实践依据。

在我国，早在1945年，毛泽东就在《论联合政府》中把宗教信仰自由规定为"最重要的自由"，而且还强调指出："根据信教自由的原则，中国解放区内容许各派宗教存在。不论是基督教、天主教、回教、佛教及其他宗教，只要教徒们遵守人民政府法律，人民政府就给予保护。信教的和不信教的各有他们的自由，不许加以强迫和歧视。"① 在中华人民共和国成立前夕，中国人民政治协商会议通过的具有临时宪法性质的《共同纲领》的总纲部分中就明确规定"中华人民共和国人民有思想、言论、集会、结社、通信、人生、居住、迁徙、宗教信仰及示威游行的自由权"。中华人民共和国成立后，中国共产党和中国政府在社会发展的不同时期不仅反复重申了宗教信仰自由的原则和政策，而且还不断地批评和纠正宗教工作中出现的违反宗教信仰自由政策的错误倾向，严肃地批评了不少地方的同志不了解"少数民族宗教的长期性、民族性、国际性"，"发生了急躁冒进的错误"，"使当地少数民族感觉宗教情感受到压抑"。② 1952 年，毛泽东在接见西藏致敬团时也明确指出："共产党对宗教采取保护政策，信教的和不信教的，信这种教或别种教的，一律加以保护，尊重其宗教信仰。今天对宗教采取保护政策，将来也仍然采取保护政策。"③ 后来，毛泽东的这一思想被以宪法的形式确定下来。

　　但在后来的实际工作和社会生活中，我们却偏离了这一原则，对宗教和宗教文化基本上是持批判和否定的态度，即使有了相关的政策法规，但在实际的工作和运用中也得不到有效的执行。因此，宗教和宗教文化也没有得到应有的重视，更谈不到发展。到了史无前例的"文化大革命"时期，受极"左"路线的干扰，党的宗教政策遭到了破坏和践踏，宗教和宗教文化受到彻底的否定和排斥……

　　十一届三中全会以后，我们对宗教才逐步有了新的认识。新中国成立至今，我国经济、政治和社会各个方面都发生了巨大变化。由于社会主义制度的建立、改革开放的深入和社会主义市场经济的发展，我国宗教存在的阶级根源已经基本消失，宗教存在的自然根源、社会根源和认识根源也发生了很大变化。政治上讲，我国宗教不再是帝国主义和封建势力利用的工具，而成为信教群众自办的事业。宗教界的爱国人士和广大信教群众拥护党的领导，拥护社会主义制度，成为爱国统一战线的重要组成部分。社会主义社会为发挥宗教的积极因素、抑制消极因素创造了有利条件。于是，我们党纠正了指导思想上的错误路线，恢复了实事求是的思想路线，党的宗教信仰自由政策得到逐步贯彻和落实。针对过去在工作中出现的严重"左"倾错误，中国

---

　　① 毛泽东：《论联合政府》，《毛泽东选集》第 3 卷，第 1070、1093 页。

　　② 参见《关于过去几年党在少数民族中进行工作的主要经验总结》（1954 年），见中共中央统战部编《历次全国统战工作会议概况和文献》，档案出版社 1988 年版，第 185—187 页。

　　③ 《人民日报》1952 年 11 月 22 日，转引自段德智《宗教学》，第 437 页。

共产党和中国政府郑重地制定和颁布了《关于我国社会主义时期宗教问题的基本观点和基本政策》这一具有历史意义的文件。该文件不仅重申了宗教信仰自由的原则和政策，而且还更为全面地阐述了这项原则和政策的具体内容，进一步强调了这项原则和政策的实质和基本性质。

党的十六届六中全会提出"发挥宗教在促进社会和谐方面的积极作用"和十七大提出的"积极引导宗教与社会主义相适应，发挥宗教界人士和信教群众在促进经济社会发展中的积极作用"的论断，是我们对宗教认识的一次飞跃。从"鸦片论"到"积极论"，是我们党根据中国的实际情况对马克思列宁主义宗教理论的继承和发展，是马克思列宁主义宗教理论与中国革命和社会主义建设的具体实践的产物，是中国特色的社会主义宗教理论。

我们对宗教及其社会作用的认识，也有一个在不同时代、不同的历史条件下，强调不同的侧重点、不断深化认识的过程：从马克思、恩格斯在他们那个时代不能不着重揭露剥削阶级利用宗教的麻痹作用、从精神上奴役劳动群众并用以维护剥削制度，到新中国成立时我们党明确"信教群众是可以团结的力量"，把"宗教信仰自由"明确写进宪法，再到改革开放初期肯定"宗教界也有很大的进步"，提出"政治上团结合作，信仰上互相尊重"，到2001年全国宗教工作会议进一步把党同信教群众的关系明确为"血肉联系"，这个对宗教问题认识不断深化和完善的过程，既隐含着一条始终不变的主线，又展现出一条清晰变化的轨迹。一条始终不变的主线，是马克思主义宗教观和马克思主义群众观的统一。人民群众（包括信教的群众）不仅是社会物质财富的创造者，其实践活动也是社会精神文明发展的源泉和动力。要千方百计把人民群众团结在无产阶级政党的周围，引导群众为自身的根本利益而奋斗。马克思主义群众观的这些基本要求，无不贯穿、渗透于马克思主义的宗教观之中。总的来说，中国政府虽然在一段时间里对宗教信仰的法律保护也犯过一些"左"倾的错误，走过一些弯路，但是，从整体和主流上讲，还是比较注重对宗教信仰自由实施法律保护的。

其次，对宗教的长期性、复杂性、民族性、群众性、国际性（"五性"）①要有足够的认识，特别是对宗教存在的长期性、宗教问题的群众性

---

① 1958年，李维汉在第五次全国宗教工作会议上正式提出宗教具有"五性"。1996年中央召开的纪念李维汉同志诞辰100周年座谈会指出："在宗教问题上，李维汉同志指出，我国的宗教具有五个特征，即群众性、长期性、国际性、复杂性，在一部分少数民族中还有民族性。"见《关于和谐社会构建中发挥宗教积极作用的思考》，《世界宗教文化》2011年第1期。

和宗教的特殊复杂性（"三性"）① 要有充分的认识。其中，根本是长期性。如前所述，宗教是一种社会意识形态，也是一种特殊的社会文化现象，作为一种社会意识形态和社会文化现象，它的发生、发展和演变过程从根本上受到社会发展状况的制约，是一个不断与现实生活相适应、相协调的过程。但是，作为一种相对独立的思想意识形态和社会文化系统中的子系统，宗教的发展演变又具有自身的特点和规律，是伴随着人类的社会活动和社会实践产生和发展的，有其产生、发展和消亡的规律性。根据马克思主义经典作家的观点，宗教在阶级、国家消亡之后都可能存在。马克思在《资本论》中写道，宗教的消亡是"需要有一定的社会物质基础或一系列物质生存条件"的，在缺乏这些条件的情况下，人为地"废除宗教"和"根除宗教"是不可能的。江泽民同志于 2000 年 12 月 4 日在全国统战工作会议上也讲道："宗教作为一种社会现象，具有漫长的历史，在社会主义社会也将长期存在。宗教走向最终消亡必然是一个漫长的历史过程，可能比阶级和国家的消亡还要久远。"② 只要人类一天不从根本上摆脱自然和社会的奴役状态，不从根本上消除掉自身的有限性，他就一天不可能从根本上消除掉自己身上的宗教情结，他就一天不可能彻底消除宗教世俗化和宗教神圣化之间的张力，宗教都会以这样或那样的形式持续存在下去。③ 所以要积极引导宗教与社会主义社会相适应；关键是群众性，所以要全面正确地贯彻执行宗教信仰自由政策；特殊的是复杂性，所以要依法管理宗教事务，坚持独立自主自办的原则。要全面认识宗教产生和存在的深刻历史根源、社会根源、认识根源、心理根源，全面认识宗教在社会主义社会将长期存在的客观现实，全面认识宗教问题同政治、经济、文化、民族等方面因素相交织的复杂状况，全面认识宗教对相当一部分群众有较大影响的社会现象。有了这"四个全面认识"，才能深刻地把握宗教存在的长期性、宗教问题的群众性和特殊复杂性，也才能正确对待宗教、宗教信徒、宗教活动和宗教问题。

　　宗教关系是社会主义五大社会政治关系之一，我们要从马克思列宁主义民族宗教观出发，正确认识文化和宗教的本质属性，充分认识文化与经济、文化与社会、文化与宗教的关系，以及宗教与经济、宗教与社会之间的关

---

① 2001 年，江泽民在全国宗教工作会议上，根据国内国际的变化和宗教问题同政治、经济、文化、民族等方面的复杂情况，在"五性"说的基础上提出了"三性"说，见江泽民《论宗教问题》，《江泽民文选》第 3 卷，人民出版社 2006 年版。

② 江泽民：《进一步开创统一战线工作的新局面》，2000 年 12 月 4 日在《全国统战工作会议上的讲话》，见《江泽民文选》第 3 卷第 150 页，人民出版社 2006 年版。

③ 见段德智《宗教学》，第 352 页。

系，既要充分认识宗教和宗教文化在人类社会发展中的积极作用和人文价值，又要清楚地认识宗教的意识形态属性和宗教正负显隐功能中积极、消极的两重性，要根据不同时代的要求和不断变化的社会环境来认识宗教和宗教文化。

（二）全面贯彻落实党和国家民族宗教方针政策，依法管理宗教事务，进一步制定和完善有关法律、法规，为宗教文化建设提供理论支撑、法律依据和制度保障是宗教文化建设的根本保证

1. 从政府层面说——

首先，各级党委和政府及职能部门要充分认识全面贯彻落实党和国家民族宗教政策对民族团结、宗教和顺、社会和谐稳定和经济社会发展以及在桥头堡建设战略中的重要性，吸取历史正反两方面的经验教训，在任何时候都要不折不扣地坚决贯彻落实党的民族宗教政策和宗教工作的基本方针，为宗教文化建设提供理论支撑、法律依据和制度保证。江泽民同志指出："正确对待和处理宗教问题，是建设有中国特色的社会主义的一个重要内容。……从我们党和政府来说，要坚定不移地贯彻执行尊重和保护公民宗教信仰自由的权利、保护正常的宗教活动、保护宗教界的合法权益这样一些长期不变的基本政策；……我们处理同宗教界朋友之间的关系的原则是政治上团结合作，思想信仰上互相尊重。这一点是永远不会变的。"[1] "在宗教问题上我也想强调三句话：一是全面、正确地贯彻执行党的宗教政策，二是依法加强对宗教事务的管理，三是积极引导宗教与社会主义社会相适应。"[2]

所以，全面贯彻和落实党和国家的宗教方针政策，是新时期做好宗教工作和宗教文化建设的首要任务。关于新时期党和国家的宗教工作的基本方针政策，十六届六中全会决定中有一段完整的阐述："全面贯彻党的宗教信仰自由政策，依法管理宗教事务，坚持独立自主自办的原则，积极引导宗教与社会主义社会相适应，加强信教群众同不信教群众、信仰不同宗教群众的团

---

① 江泽民：《保持党的宗教政策的稳定性和连续性》（1991 年 1 月 30 日），《新时期宗教工作文献选编》，第 210 页。

② 江泽民：《高度重视民族工作和宗教工作》（1993 年 11 月 7 日），《十四大以来重要文献选编》上册，第 516 页。

结，发挥宗教在促进社会和谐方面的积极作用。"之后进一步明确了新时期党和国家的宗教工作的基本方针政策是："全面贯彻党的宗教信仰自由政策，依法管理宗教事务，坚持独立自主自办原则，积极引导宗教与社会主义社会相适应。"宗教工作的基本方针政策是改革开放 30 年来我国宗教工作经验的总结、凝聚与升华，是多年来宗教工作实践的检验，体现了党在宗教工作方面的理论创新与政策创新，反映了全党的共识，并写入了党章总纲。基本方针的"四句话"是彼此联系、相互贯通的。

其中"全面贯彻党的宗教信仰自由政策"，是党的宗教政策的出发点，是发挥宗教积极作用的首要前提，也是宪法有关条文的基本精神。① 我们既尊重群众信仰宗教的自由，又尊重群众不信仰宗教的自由。公民享有宗教信仰自由，这是宪法赋予公民的一项基本权利。尊重和保护公民宗教信仰自由，是我们党维护人民利益、尊重和保护人权的重要体现，是巩固和扩大党的群众基础的必然要求，是把广大信教群众凝聚到全面建设小康社会这个共同目标上来的必然要求，也是加强信教群众同不信教群众、信仰不同宗教群众的团结的基本前提。要坚持政治上团结合作、信仰上互相尊重，努力使广大信教群众在拥护中国共产党的领导和社会主义制度、热爱祖国、维护祖国统一、促进社会和谐等重大问题上取得共识，增强党在信教群众中的吸引力和凝聚力。要坚持权利和义务相统一，加强对信教群众的思想政治工作，深入进行爱国主义、集体主义、社会主义教育，开展法制教育和公民道德建设，普及科学文化知识特别是现代科学知识，使信教群众更好地为建设中国特色社会主义事业贡献力量。

"依法管理宗教事务"，是依法治国和依法行政在宗教领域的具体体现。在我国，依法管理宗教事务，既包括要依法保护公民的宗教信仰自由权利，也包括要依法规范宗教方面涉及社会公共利益的各种关系、行为或活动，二者是相辅相成的。我们保护宗教信仰自由，并不是要提倡信教，也不是要人为扩大宗教影响，更不是说宗教活动可以不受法律约束。宗教活动是在社会中进行的，必然会涉及社会公共利益和国家利益，必须依法予以管理。我们的工作原则是，保护合法，制止非法，打击犯罪，确保宗教活动规范有序进行。宗教必须在宪法和法律的范围内活动，宗教活动不得干预行政、司法、教育等国家职能的实施，不得妨碍正常的社会秩序、工作秩序、生活秩序。这些年来，我们在实施依法治国方略的大背景下，在制定、实施宗教方面的两个单项法规和若干地方性法规、政府规章的基础上，制定、颁布了《宗

① 见《中华人民共和国宪法》，第 36 条。

教事务条例》。胡锦涛总书记指出，"做好新形势下的宗教工作，关键是要全面理解和认真贯彻党的宗教工作基本方针，落实宗教事务条例"。把贯彻宗教工作基本方针与落实宗教事务条例相提并重，说明我们党对宗教问题既重视政策指导，又重视依法管理。中央十分重视并推动宗教事务条例的出台，把"坚持依法管理宗教事务"，作为"我们党依法执政和推进依法治国、建设社会主义法治国家的必然要求"认真加以贯彻落实，从而使我们在管理宗教事务方面，从以往较多以政策调整为主，全面过渡到以政策调整和依法管理并行并重。

"坚持独立自主自办原则"，是宪法所规定的中国的宗教团体和宗教事务不受外国势力的支配的原则，是基于中国曾经长期以来受帝国主义侵略和掠夺，而宗教又被用来作为工具的历史教训，是基于对中国人民珍视民族独立自由意愿的尊重，也是基于对境外敌对势力企图利用宗教"西化"、"分化"中国图谋的警示，同时这还是一个涉及国家安全和社会稳定的大问题，是宗教在中国长期存在和健康发展的必要条件，也是宗教能够发挥积极作用的必要条件。坚持独立自主自办的原则，既是我国信教群众的自主选择，也是我国宗教团体和宗教事务不受外国势力支配和控制的重要保障。要指导和支持我国各宗教团体自觉坚持这个原则，帮助和支持他们结合各自宗教的特点加强自身建设。

"积极引导宗教与社会主义社会相适应"，既是发挥宗教积极作用的前提，也是基本方针的落脚点。它包含着三层意思：第一是"积极引导"，而不是消极地对待或被动地等待；第二是"相适应"，而不是相排斥、相对立，宗教不再是被打击或消灭的对象，而是与党有着血肉联系的社会主义共同事业的重要建设者；第三是"与社会主义相适应"，这是政治上正确的定性与定位，即：宗教所要相适应的，不是别的什么社会，而是社会主义社会，这是根本的要求；宗教本身就是中国特色社会主义社会的一部分，宗教关系是社会主义五大社会政治关系之一。所以，"积极引导宗教与社会主义社会相适应"的直接逻辑发展与政策指向，就必然要求发挥宗教的积极作用，而发挥宗教的积极作用又是积极引导宗教与社会相适应的必然结论和归宿。

其次，对民族宗教问题要给予高度的重视，不能掉以轻心；要以史为鉴，防微杜渐，关注民生，体察民情，把各项工作落到实处，将不稳定因素消灭在萌芽状态。对民族或宗教问题如处理不当或不及时，就可能酿成社会问题，甚至引发动乱和战争，这在云南和中国历史上以及世界范围内都有前车之鉴。在对待和处理民族宗教问题时，一定要准确区分其性质，严格掌握政策界限，依法按程序处理；要加强宗教工作机构、宗教职能部门和宗教团体的建设；要创新宗教的社会管理制度、内容、目标和途径；充分发挥爱国宗教团体自我管理、服务社会的能力，最大限度地发挥宗教组织和宗教团体管理宗教事务的作用；加大对爱国宗教团体自我管理的指导，使爱国宗教团体能把科学管理、民主管理和依法管理三方面有机结合起来。对宗教工作重在强化管理、规范管理、创新管理。在管理理念上，要更加重视依法管理；在管理制度上，要更加重视建章立制；在管理主体上，要更加重视宗教团体的作用；在管理方式上，要更加重视以人为本；在管理环节上，要更加重视源头治理；在管理手段上，要更加重视引导功能。① 要处理好经济建设和文化建设的关系，在发展经济的同时，要加强包括宗教研究在内的哲学社会科学研究等文化事业的投入和建设，弘扬包括宗教文化在内的各民族优秀的传统文化，加强宗教文化建设；要充分挖掘和调动宗教的积极因素，化解其消极因素，规避不利因素；积极引导云南各种宗教、宗教文化和宗教力量与社会和谐，与社会主义相适应；充分发挥云南省宗教、宗教界人士和广大信教群众在和谐社会建设和经济社会发展中的积极作用。

再次，要进一步探索发挥宗教积极作用的多元途径，在发挥宗教在满足信教群众信仰需求方面，在调适社会心理方面，在提升社会道德方面，在促进慈善公益事业方面，在加强创新社会管理和培养社会公民方面，在强化民族认同、文化认同、国家认同方面，在弘扬中华优秀传统文化方面，在促进祖国统一与世界和平等方面的积极作用多作努力。宗教既然在我国社会将长期存在，我们就要正视它、引导它。要鼓励和支持宗教界发扬爱国爱教、团结进步、服务社会的优良传统，支持他们为民族团结、经济发展、社会进步、社会和谐、祖国统一多作贡献，支持他们对宗教教义作出符合社会进步要求的阐释，支持他们增进信教群众对党和政府的信任和理解，支持他们反对和抵制利用宗教进行危害社会主义祖国和人民利益的非法活动。

最后，在"桥头堡"建设和"一带一路"建设的对外开放及宗教文化交流中，特别是在经济全球化的背景下和西方强势文化为主流文化的语境中，我们一方面既坚守原则，坚定信念，保持自己的信仰和文化特色，增强和发扬文化自觉、文化自醒、文化自信、文化自强和不卑不亢的意识和精神，注意防范和坚决抵制境外敌对势力利用宗教对我国的渗透，维护国家安全和文化安全，又要处理好与邻国宗教和信教群众的关系，开展正常的宗教文化交流，为"桥头堡"建设营造一个和平、正常、有序的对外交往环境；

---

① 王作安：《努力做好"十二五"时期宗教工作》，载《中国宗教》2011 年第 1 期。

另一方面要有危机感和紧迫感，面对西方强势文化潮流的冲击和各种文化思潮的迅速崛起和发展，要想保持自己的文化，就必须有自己独到的文化内涵和鲜明的文化特色，做大做强自己的文化，走特色之路；在文化政策和文化取向上要采取更加宽容的态度，以宽广的胸怀去面对和接纳一切来自不同国家、不同民族、不同地域、不同宗教，乃至不同政治制度、不同意识形态的优秀文化，不断改良、提升、丰富和完善自己，夯实云南的文化基础，提高云南的文化竞争力，为云南"桥头堡"建设和经济社会发展提供软实力和智力支持。

2. 从宗教层面来说——

历史和现实告诉我们，任何一种宗教，只有与特定的时代和社会相结合、相适应、相和谐，才能生存和发展；国兴教兴，只有国家和民族的发展才有宗教的发展，只有国家和民族的兴旺才有宗教的兴旺。如何处理信教与不信教群众、宗教内部、宗教与宗教、宗教与民族、宗教与法律、宗教与社会、宗教与国家之间的人际关系和社会关系，是一个宗教能否与社会和时代和谐发展的关键。尤其是当国家和民族面临重大的社会变革、社会结构和社会公共利益调整，或宗教内部、宗教与宗教、宗教与社会、宗教与国家的利益发生矛盾或冲突时，如何应对和处理，是考验一个宗教与社会适应能力和社会功能价值的关键。现在我国党和政府实行的宗教政策是有史以来最宽容、最人性化，也是最好的；社会主义社会为各宗教的和谐发展提供了政策、法律、制度保证和广阔的空间，这是宗教能够参与经济社会发展和社会和谐建设的根本保障。

因此，从宗教界来说，应该从以下几方面来努力：

第一，"从宗教界来说，要坚定不移地拥护中国共产党的领导，拥护社会主义，坚持独立自主自办教会的原则，坚持在宪法、法律、法规和政策规定的范围内开展宗教活动"①。因此，各宗教团体、教职人员和广大信教群众，要继承和发扬各宗教教义思想中的和谐理念和爱国爱教的优良传统，以国家和中华民族的整体利益为重，强化国家意识、法律意识和中华民族意识，正确处理宗教与民族、宗教与法律、宗教与国家等之间的关系；主动与社会主义社会相适应，依法进行宗教活动，自觉维护和珍惜今天来之不易的社会环境；发挥宗教的积极作用，积极投入和谐社会建设、"桥头堡"和"一带一路"建设，为云南经济社会发展作出新的贡献。

---

① 江泽民：《保持党的宗教政策的稳定性和连续性》，《新时期宗教工作文献选编》，宗教文化出版社 1995 年版，第 210 页。

第二，要进一步加强宗教内部和各宗教之间的团结，弘扬各宗教宽容与和谐的精神，多元共存、和睦相处、美美与共、和谐发展；继续保持和加强与国内外各宗教团体之间的正常交往，开展和促进正常的宗教文化交流，实现宗教平等对话；注意防范和坚决抵制境外敌对势力利用宗教对我国的渗透和境内外各种异端邪说，共同维护国家安全和文化安全，发展包括各民族各宗教文化在内的中华民族文化。

第三，要进一步坚定和纯洁信仰，保护、传承和弘扬各宗教的优秀文化，发扬各宗教教义、教规、宗教道德伦理和宗教文化中与时代相适应，与社会和谐的积极因素，摒弃一切与时代和社会发展不相适应的东西；与时俱进，对宗教经典、教义作出适应时代发展、符合社会进步要求的阐释。

第四，各宗教和宗教团体要加强自身建设，提高管理水平和综合素养，积极参与社会活动和社会实践，特别是公益活动和慈善事业，为国家分忧、为民族解难、为社会服务；各宗教不仅要从云南经济社会发展的需要，也要从自身发展的需要来认识桥头堡建设的重要意义，充分发挥和利用各宗教的优势和特长，挖掘和发挥宗教文化在促进社会和谐和经济社会发展中的积极作用，调动教内一切积极因素，积极参与到社会主义和谐社会建设、民族文化强省建设、"桥头堡"建设和"一带一路"建设，以及中国特色社会主义建设之中，发挥宗教文化在桥头堡建设和"一带一路"战略中的助推作用，为云南经济社会发展和社会和谐作出新的贡献。

第五，重视和加强宗教文化建设，充分挖掘和发挥宗教文学、宗教艺术、宗教建筑及宗教寺观、庙宇、教堂等历史悠久、宗教文化内涵厚重、人文资源丰富，且大多分布在风光秀丽、青山绿水、自然条件较好的地方的资源优势和特点，进一步开发宗教文化旅游资源及相关资源，探索一条开发与保护、保护与发展、社会效益与经济效益并重、宗教文化与旅游文化相结合的可持续发展之路，拓展云南文化旅游市场，以此来推动和促进云南文化产业的发展。

（三）规避和防范宗教消极因素及负面影响，引导宗教与社会主义社会相适应，发挥广大信教群众及其宗教文化在云南对外开放中的积极作用，促进云南经济社会全面发展是宗教文化建设的根本目的

如前所述，任何一种宗教的社会功能中，既有正面的功能，也有负面的功能；既有显性的功能，也有隐性的功能；既有积极的一面，也有消极的一

面；既有对经济建设社会发展有利的因素，也有对经济建设和社会发展不利的因素，而这些消极和不利的因素一旦缺少科学、理智和法制制衡，就可能走向极端，失控膨胀，形成巨大的破坏力，与主流文化相冲突，对社会产生负面作用。在特定因素的激发下，甚至会带来严重的政治或社会问题。在肯定宗教、宗教界人士和广大信教群众是桥头堡建设和"一带一路"战略的重要力量，在发挥宗教文化在桥头堡建设中积极作用的同时，也要充分认识到宗教和宗教文化中的消极因素和负面作用对"桥头堡"建设和"一带一路"战略的影响。在"桥头堡"建设中，如何规避和防范宗教负面功能对"桥头堡"建设和"一带一路"战略的影响，充分发挥宗教界人士和广大信教群众以及宗教文化在"桥头堡"建设和"一带一路"战略中的积极作用，助推桥头堡建设，这也是我们在对待和处理宗教和宗教文化与"桥头堡"建设和"一带一路"战略的关系时不得不认真考虑的问题。

随着云南"桥头堡"建设和"一带一路"战略的实施以及云南进一步对外开放，云南作为中国面向西南开放的"桥头堡"战略地位日益凸显，作为桥头堡建设和"一带一路"建设重要内容之一的民族文化与境外文化的交流更加频繁，其中宗教和宗教文化与境外宗教和宗教文化的接触交融更为直接，宗教界的对外联系和友好往来也日渐增多。在对外拓展文化交流的渠道上，作为相对特殊的文化体系的宗教文化具有重要作用。而在宗教文化对外开放、交流、互动的过程中，中外各地区各民族各宗教文化会互为影响，其中有沟通、有融合，也有摩擦、有碰撞，甚至冲突；加之云南民族地区宗教文化的多样性，宗教文化良莠不齐，精华和糟粕共存，宗教和宗教文化与社会的摩擦、碰撞和冲突在所难免。如佛教与世无争、逃避现实的遁世思想，道教成仙得道的梦幻追求，天主教和基督教与生俱来不断救赎的原罪观念及以"爱上帝为中心"的博爱思想，伊斯兰教相信"前定"和为主殉道的圣战精神，各民族传统宗教中相信鬼神、安于现状、不思进取，甚至封建迷信等思想，在一定层面或特定的时候难免与现实社会产生矛盾和冲突，特别是当个人利益或宗教利益与民族利益或国家利益不尽一致而发生矛盾和冲突的时候，这种矛盾和冲突就会更加激烈，并对云南经济社会发展和桥头堡建设产生消极影响和负面的作用。

再由于云南民族众多，民族地区的经济社会发展极不平衡，经济发展和现实社会生活中还存在着诸多问题，有的问题还相当严重，与社会主义和谐社会建设不相协调，与小康社会建设还有较大差距，这都会影响和阻碍云南桥头堡建设和全省经济社会的全面发展。这些问题不仅边疆民族地区有，内地汉族和其他民族地区也不同程度地存在。就如发展较快的回族地区来说，虽然其经济发展在全省处于前列，但目前在其社会经济发展中仍然存在着许多不足，如：经济发展极不平衡，贫富悬殊加剧，有的地区仍然很贫穷；产业结构不合理，家庭作坊式经济或家族经济比重较大，科技含量低，能源消耗大，环境污染严重，市场运作不尽规范，企业发展后劲不足；文化教育发展相对滞后，群众的整体素质不高，国民教育与经堂教育发展不协调；有的清真寺在事务管理及宗教活动中存在不同程度的问题；有的地方宗教意识高扬，而民族的整体意识衰微；个别地方甚至存在不安定因素。尤其是近几年随着出国留学和朝觐人员的不断增多，带来了新的派别和观点，与传统的派别和观点产生冲突甚至对立，极大地影响了当地的经济发展、民族团结和社会和谐稳定，对此当地的回族干部和群众意见很大。加之历史和社会的诸多因素，民族问题和宗教问题又往往联系在一起，形成你中有我、我中有你的情况。胡锦涛同志2005年5月27日在中央民族工作会议上的讲话中明确指出："民族问题在一些地方往往与宗教问题交织在一起，如果对宗教问题处理不慎或不当，也会影响民族关系。"

既然宗教既有正面的功能，也有负面的功能；既有显性的功能，也有隐性的功能；既有积极因素，也有消极因素；既有对促进经济建设和社会发展的积极作用，也有对经济建设和社会发展不利的负面作用，那么，在"桥头堡"建设和"一带一路"战略实施，以及云南对外开放中，规避和防范宗教消极因素和负面功能的影响，就成为宗教文化建设不可回避的重要问题。在引导宗教与社会主义相适应，发挥宗教在构建和谐社会、促进经济社会发展和文化繁荣发展，在肯定宗教、宗教界人士和广大信教群众是"桥头堡"建设和"一带一路"建设的重要力量，在发挥宗教文化在"桥头堡"建设和"一带一路"建设中积极作用的同时，也要充分认识到宗教和宗教文化中的消极因素和负面作用对"桥头堡"建设和"一带一路"建设以及云南对外开放中的影响。在"桥头堡"建设和"一带一路"建设中，我们要认真对待和处理宗教和宗教文化与"桥头堡"建设和"一带一路"建设以及云南对外开放中的关系，认真研究怎样规避和防范宗教消极因素和负面功能对"桥头堡"建设和"一带一路"建设以及云南对外开放中影响的办法及措施，最大限度地减少或消除宗教消极因素对"桥头堡"建设和"一带一路"建设以及云南对外开放中的影响。

所以，在"桥头堡"建设和"一带一路"建设以及云南对外开放中，一方面是要积极引导宗教与社会主义相适应，一方面是要规避和防范宗教消极因素和负面影响，其根本目的都是充分发挥宗教界人士和广大信教群众以及宗教文化在"桥头堡"建设和"一带一路"建设以及云南对外开放中的积极作用，促进云南经济社会全面发展。

党的十六届六中全会提出要"发挥宗教在促进社会和谐方面的积极作用"，十七大提出要"发挥宗教界人士和信教群众在促进经济社会发展中的积极作用"，十七届六中全会通过的《中共中央关于深化文化体制改革推动社会主义文化大发展大繁荣若干重大问题的决定》又明确提出，要"全面贯彻党的宗教工作基本方针，发挥宗教界人士和信教群众在促进文化繁荣发展中的积极作用"。深刻理解和认真贯彻这一系列重要论述，无论是对引导宗教沿着正确的方向健康发展，还是对促进文化繁荣发展，都具有十分重要的意义。

早在新民主主义革命时期，我们党就运用马克思主义关于宗教的基本理论，结合中国的现实并根据当时革命发展的需要研究宗教问题，谨慎而稳妥地处理宗教问题。新中国成立以后，我们党在探索社会主义道路的过程中，也对宗教与社会主义社会的关系在理论和实践上进行了有益的探索，虽然经历了曲折的过程，但最终得出了积极引导宗教与社会主义社会相适应的科学论断，这既是重大的理论创新，也是卓有成效的实践创举。

积极引导宗教与社会主义社会相适应是我们党从社会主义初级阶段这一基本国情出发，总结新中国成立以来宗教工作的成功经验作出的科学论断，是我国宗教在历史发展过程中的正确方向。综观我国和世界的宗教历史，可以发现一个共同的规律，就是任何宗教都要适应其所处的特定的社会和时代才能传播和延续，任何宗教都要与社会相结合、相适应、相和谐才能生存和发展。我国是社会主义国家，我国宗教是在社会主义条件下存在和活动的，必须与社会主义社会相适应。这既是社会主义社会对我国宗教的客观要求，也是我国各宗教自身存在的客观要求。"宗教与社会主义相适应"，本质上是解决社会主义时期的宗教问题，也是中国共产党对宗教问题认识上的深化和理论发展。

宗教与社会主义社会相适应，具体来讲，是指宗教团体和组织、宗教教职人员和信教群众与社会主义社会的政治制度、经济制度和法律制度相适应。在我国，宗教与社会主义社会相适应，不仅是必要的，也是完全可能的。其原因主要有以下几个方面：

第一，社会主义制度建立后，我国政府取得了对宗教事务的领导权，把宗教从剥削阶级控制和利用的状态中解放出来，割断了宗教与帝国主义的联系，成为中国人民自办的宗教事业，宗教事务不受外国势力的支配。宗教界爱国爱教，接受党和政府的领导，拥护社会主义制度。这是我国宗教与社会主义社会相适应的政治基础。

第二，新中国成立以后，经过社会经济制度的深刻改造和宗教制度的重大改革，我国宗教状况已经起了根本变化，宗教问题上的矛盾已经主要是属于人民内部矛盾。在现阶段，信教群众与不信教群众在思想信仰上的差异是次要的差异，他们在政治上、经济上的根本利益是一致的。这是我国宗教与社会主义社会相适应的社会条件。

第三，我国宪法和法律规定，公民有宗教信仰自由，国家保护宗教界的合法权益，保护正常的宗教活动，使广大信教群众在政治上、经济上翻身的基础上，又享受了宗教信仰自由的权利，宗教信仰成为公民个人的自由选择。这是我国宗教与社会主义社会相适应的法律和政策保障。

第四，国家实行政教分离的原则，宗教组织和宗教团体不得与国家分享立法权、司法权和行政权，宗教组织和宗教团体不干预行政、不干预司法、不干预教育。这是我国宗教与社会主义社会相适应的根本原则。

第五，爱国宗教界人士是国家的主人，在中国共产党领导下的多党合作和政治协商体制中，中国共产党与宗教界人士结成统一战线和爱国政治联盟，宗教界人士参加各级人大、政协会议，参政议政，行使管理国家的权利，受宪法和法律的保护。宗教界不仅是团结教育的对象，也是参政议政的一支重要力量。这是我国宗教与社会主义社会相适应的具体体现。

第六，宗教界爱国爱教，发扬宗教文化和宗教道德中的一切积极精神，发挥宗教的凝聚力，为民族团结、社会稳定、祖国统一、世界和平，以及社会主义精神文明和物质文明建设作贡献。这是我国宗教与社会主义社会相适应的必然要求。

社会主义时期宗教工作和宗教文化建设的基本目标不是别的，正是宗教与社会主义相适应。社会主义宗教工作的内容固然很多，但归根到底，都要服从于正确理解和正确引导宗教与社会主义相适应。我们之所以要认识宗教存在的长期性、群众性，之所以要正确理解认真贯彻和坚决执行宗教信仰自由政策，之所以要正确理解和坚决支持独立自主的办教原则，从根本上说，都在于非如此不足以正确理解和正确引导宗教与社会主义相适应。而脱离了宗教与社会主义相适应这一社会主义时期宗教发展的根本方针，社会主义时期的宗教工作和宗教文化建设就无从谈起。这是因为：

第一，宗教与社会主义相适应是宗教自身发展的必然需要。我们说宗教与社会主义相适应是社会主义时期宗教工作和宗教文化建设的根本目标和根本方针，不仅仅是由社会主义时期宗教的特殊性和宗教的本质决定的，而首先是由宗教自身发展的普遍客观规律决定的。宗教作为人类社会的一个子系统，其存在和发展，都是由人类社会这个母系统决定和制约的。同样，宗教文化作为社会文化系统的一个子系统，其存在和发展，也同样是由社会文化这个母系统决定和制约的。历史上的任何宗教，就其发展向度来说，不管是"自然宗教"到"多神教"再到"一神教"；还是从"氏族宗教"到"民族宗教"（或国家宗教）再到"世界宗教"，无论我们从哪一个"向度"看，我们都会发现，宗教的存在与发展总是与其所在的社会相适应的。就我国历史上的宗教来说，这一点也是相当典型的。佛教来源于印度，两汉时传入中国，中经两晋和隋朝，至唐宋达到鼎盛时期，其原因虽然很多，但佛教采取适应中国的策略无疑是它能在中国扎根和快速发展的一个最重要原因。佛教流派之一的南传上座部佛教（即小乘佛教）就是从印度经斯里兰卡、缅甸进入云南的，它能在云南西双版纳和德宏地区生存发展，并为广大的傣族、布朗族、阿昌族、德昂族等民族所信仰，与上座部佛教所采取的适应中国，尤其是适应云南边疆民族地区的政治、经济、文化的策略是分不开的。中外宗教发展的历史证明，凡是逆历史潮流而动的宗教迟早会退出历史舞台，凡是顺应历史潮流而动的宗教都会充满不尽的生机。人类历史上出现的种种邪教，尽管有的一时甚嚣尘上，不可一世，但因其固有的反人民、反人类、逆社会潮流而动的反动本质，最终逃脱不了短命的下场。反之，凡是适应或顺应历史发展规律，顺历史潮流而动的宗教或宗教文化在其发展过程中，都赢得了充分发展的机遇。再如，藏传佛教在其早期虽然分为红教（宁玛）、花教（萨迪）、白教（噶举）和黄教（格鲁）等几大教派，但自 17 世纪开始黄教几乎成了一枝独秀，究其原因，除了与黄教对藏传佛教其他教派的兼收并蓄外，其顺应民族团结、国家统一的历史潮流是其重要因素。所以，任何宗教要想在特定的社会生存和发展，就必须"适应"或"顺应"该社会，反之则不可能生存和发展。从这个意义上我们可以说，宗教与所在社会相适应是宗教自身存在和发展的一条不可改变的普遍客观规律。因此，社会主义时期的宗教若要健康发展，唯一的途径便是与社会主义相适应，除此别无他路，这也是被我国宗教的发展所证明了的。社会主义时期的宗教与社会主义相适应，既是人类历史发展的大趋势，也是社会主义国家的宗教理应做出的明智选择。

第二，宗教与社会主义相适应的最低下限在于遵守国家的法律和法规。宗教与社会主义相适应不仅涉及宗教应不应该或要不要与社会主义相适应的问题，而且还涉及宗教如何与社会主义相适应的问题。同时，宗教如何与社会主义相适应的问题还涉及宗教与社会主义相适应的下限和上限问题。宗教与社会主义相适应的最低下限就是宗教与社会主义相适应的最低标准或最低要求。这就是遵守社会主义社会现阶段国家法律、法规和方针政策。社会主义国家的执政党应当充分尊重信教群众的历史首创精神，应当对宗教体现出最大限度的宽容，但是，这种宽容也有一个下限，这就是信教群众与非信教群众在法律面前人人平等，不存在也不应该存在有任何宽容和放纵。

宗教与社会主义社会相适应的最低标准或最低要求还有一层意思，这就是宗教活动要服从和服务于国家的最高利益和民族的整体利益，宗教界人士要爱国、进步，要为祖国统一、民族团结和社会发展多作贡献。在这方面我国的宗教有一个很好的历史传统，不论是我国的本土宗教道教如此，还是与我国传统文化融合在一起的外来宗教佛教和伊斯兰教也是如此。近代传入我国的天主教和基督教也都在我国现代化进程中作出过这样或那样的贡献。可以说，爱国爱教已经成为我国广大信教群众的一个共识。近年来我国宗教界提倡"四个维护"，强调宗教应当维护法律尊严，维护人民利益，维护民族团结，维护国家统一，应该说是宗教与社会主义相适应的一条合宜的口号。

第三，宗教与社会主义社会相适应的上限在于最大限度地发挥其建设社会主义的积极性。社会主义国家的宗教及其信教群众遵守社会主义国家的法律和法规对于宗教与社会主义相适应固然很重要，但是，对于宗教与社会主义相适应还有更为重要的内容，那就是宗教和信教群众最大限度地发挥其建设社会主义的积极性，因为宗教与社会主义相适应不应当只是一种消极的被动的适应，而应当是一种积极的能动的适应。不应当是一种单向度的附着，而应当是一种双向度的生成。

存在于一定社会、一定国家的宗教与其所在的社会和国家之间的关系并不是那种外在的关系，而应该是一种非常内在的关系，一种互动互存的关系：一是如果社会不进步、不稳定、不发展，任何宗教和宗教文化都不可能兴旺发达，也不可能得到充分而健全的发展；二是任何一个社会、任何一个国家如果不能很好地处理好它与宗教的关系，也就不可能真正安定，不可能真正健康地发展。这也是为我国的宗教发展和宗教与社会的关系所证明了的。因此，社会主义国家不仅是宗教赖以生存的场所，而且也是宗教实现自身价值的最好平台。维系社会和创建社会，维护民族团结、祖国统一和社会稳定，促进经济社会发展，既是宗教造福于人类、造福于社会的至上功德，也是宗教自身存在的基本理据和宗教自身发展的基本要求。也正因为如此，最大限度地发挥宗教组织和信教群众建设社会主义社会的积极性，实在是宗教与社会主义最为重大也是最为根本的"适应"。①

2001 年 11 月，江泽民同志在全国宗教工作会议上进一步阐述了"宗教

---

① 参见段德智《宗教学》，第 450—457 页。

与社会主义相适应"的理论，概括为"两个基础"、"两个要求"和"两个支持"。"两个基础"，即我国社会主义制度的建立，建设有中国特色社会主义，符合包括信教群众在内的广大人民群众的根本利益，这是我们做好宗教工作的政治基础；我国各宗教通过自身的改革和进步，也为社会主义社会发挥其积极因素打下了一定的基础。"两个要求"，即要求宗教界人士和信教群众热爱祖国，拥护社会主义制度，拥护共产党的领导，遵守国家的法律、法规和方针政策；要求宗教界人士和信教群众从事的宗教活动要服从和服务于国家的最高利益和民族的整体利益。"两个支持"，即支持宗教界人士努力对宗教教义作出符合社会进步要求的阐释；支持宗教界人士和信教群众与各族人民一道反对一切利用宗教进行危害社会主义祖国和人民利益的非法活动，为民族团结、社会发展和祖国统一多作贡献。

中央关于"引导宗教与社会主义相适应，发挥宗教和宗教界人士在促进经济社会发展中的积极作用"的科学论断，就是根据构建社会主义和谐社会的时代任务和社会主义条件下宗教存在及发展的新特点，以及我国宗教与社会主义相适应的新情况下提出的，这是我们党坚持马克思主义基本立场、观点和方法，履行"为人民服务"和"代表最广大人民群众的根本利益"的必然要求，是我们党与时俱进坚持和发展马克思主义宗教观的具体体现，也是新时期我国宗教工作的主要任务。尤其在今天，构建社会主义和谐社会要遵循的一条重要原则，就是"必须坚持以人为本，始终把最广大人民的根本利益作为党和国家一切工作的出发点和落脚点，实现好、维护好、发展好最广大人民群众的根本利益"。我们党代表人民群众的根本利益，当然也包括广大信教群众的利益；我们党依靠最广大人民的力量，当然也包括依靠广大信教群众的力量。信教群众是我们党执政的群众基础和建设中国特色社会主义、构建社会主义和谐社会及促进经济社会发展的重要力量，也是桥头堡建设的重要力量。所以，做好信教群众工作，引导宗教与社会主义社会相适应，发挥宗教和宗教界人士及信教群众在促进经济社会发展和桥头堡建设中的积极作用是宗教工作的重要任务和根本任务，是党的群众路线在宗教工作中的必然贯彻，也是马克思主义宗教观与马克思主义群众观一致性的一贯体现。

但是，"积极引导宗教与社会主义社会相适应，不是要求宗教界人士和信教群众放弃宗教信仰，而是要求他们热爱祖国，拥护社会主义制度，拥护共产党的领导，遵守国家的法律、法规和方针政策；要求他们从事的宗教活动要服从和服务于国家的最高利益和民族的整体利益；支持他们努力对宗教教义作出符合社会进步要求的阐释；支持他们与各族人民一道反对一切利用宗教进行危害社会主义祖国和人民利益的非法活动，为民族团结、社会发展和祖国统一多作贡献"。①

正如国家宗教事务局局长王作安同志所说的，在发挥宗教和宗教界在文化建设中的积极作用方面，要注意以下几点：一是要善于正面引导宗教。宗教的社会作用具有两重性，既有积极的一面，也有消极的一面，并受到国际国内复杂因素的影响。二是要正确看待宗教文化。对待宗教文化，一方面要看到宗教文化的意识形态属性，不能借宗教文化宣扬宗教，人为助长宗教热；另一方面也不能因为宗教文化的意识形态属性，就不承认宗教文化中包含的有益内容，甚至完全否定宗教文化的现代价值。三是要鼓励宗教界重视文化建设。发挥宗教界人士和信教群众在促进文化繁荣发展中的积极作用，就要引导宗教界重视文化建设，坚持宗教文化正确发展方向，促进宗教健康发展，服务社会主义文化繁荣发展。四是要鼓励宗教界继承和发扬爱国爱教、团结进步、服务社会的优良传统，接受中国共产党领导，拥护社会主义制度，在促进国家统一、民族团结、社会和谐、经济发展、文化繁荣等重大问题上达成共识。与社会公益慈善事业，探索服务社会的有效途径。五是要鼓励宗教界挖掘与阐发宗教优秀传统文化资源，倡导和平向善、中道和谐、济世利人的理念，提升宗教的文化品位。推动宗教界倡导宗教和谐理念，创建和谐寺观教堂，开展不同宗教之间的对话交流，努力实现宗教与社会和谐相处，各宗教和谐相处，信教群众和不信教群众、信仰不同宗教群众和谐相处。支持宗教界重视宗教文化典籍的整理出版，加强作为宗教活动场所的重点文物保护单位的保护建设，抓好宗教类非物质文化遗产的保护传承。鼓励宗教界加强教风建设，回归宗教本真，倡导爱国、敬业、诚信、友善等道德规范，防止拜金主义、享乐思想、名利观念的侵蚀，内强素质，外塑形象。②

在现阶段，社会主义国家的宗教和信教群众最大限度地发挥其建设社会主义的积极性，首先就是要最大限度地投身于社会主义的经济建设中去。在把云南建设成为中国面向西南开发的重要"桥头堡"战略实施中，引导宗教与社会主义相适应，发挥宗教和宗教界人士在促进经济社会发展中的积极作用，就是要求宗教与云南经济社会发展相适应，与"桥头堡"建设相适应，调动和发挥宗教和宗教文化社会功能中的积极因素，发挥宗教和宗教界

① 江泽民：《在全国宗教工作会议上的讲话》（2001年12月10日），见《论宗教问题》，《江泽民文选》第3卷，人民出版社2006年版，第387页。

② 王作安：《发挥宗教界在文化建设中的积极作用》，《人民日报》2011年12月28日。

人士在"桥头堡"建设中的积极作用，为桥头堡建设服务，助推桥头堡建设。

（四）加强宗教职能部门、宗教团体和宗教人才队伍建设，创新宗教事务管理，依法进行宗教活动是宗教文化建设的重点

民族宗教工作是各级党委和政府的重要工作之一。各级党委、政府的民族宗教工作机构是党和政府负责各地民族宗教事务工作的职能部门，它的职责是领导、指导、协调和解决民族宗教事务方面的事宜和问题，在党委和政府机构中占有重要的地位。因此，党和国家历来重视民族宗教工作。早在新中国成立之初的20世纪50年代，云南省委就成立了边疆工作委员会，后改为民族工作部，在省政府设置了民族事务委员会和省宗教事务局，专门负责云南的民族宗教工作。

十一届三中全会以后，云南全省县级以上人民政府都逐步成立了专门管理民族和宗教事务的职能部门，这是党和国家民族宗教政策的体现，对管理和开展民族宗教工作是极为有利的。但自2010年机构改革以来，过去县州、市一级政府单列的宗教事务局大多与民族事务委员会合并，改为民族宗教事务委员会（局），只在省级层面保留有宗教事务局，这对于本来就很薄弱的宗教管理来说就更加脆弱了。在我们的调研中，相关部门的干部（包括领导干部）都提到宗教管理职能部门编制不够、人员不足、经费少等问题，很多时候是在借用其他部门的人员或挪用民族经费来开展工作，这对宗教管理和宗教工作是极为不利的。如云南省玉溪市民族宗教局的情况是：玉溪市是全省宗教工作重点州（市）之一，辖区内的红塔区、通海县、峨山县、华宁县、新平县、元江县是全省宗教工作重点县。全市有佛教、伊斯兰教、基督教三种完型宗教，此外各民族还保留或遗存有不少原始宗教和民族民间宗教的残余。有正式批准开放的宗教活动场所117处，分布在八县一区的35个乡镇、街道办事处和65个村委会。有信教群众14.1万人，宗教教职人员296人，宗教团体12个。全市宗教活动场所点多面广，民族问题与宗教问题相互交织，情况复杂多变，重点、难点、热点问题多，形势严峻，宗教工作任务十分艰巨。多年来，"周泽群势力"问题、"沙甸事件"遗留问题，以及近年来出现的"瓦哈比"（当地称为"三抬"或"新教"）问题所带来的社会问题十分突出。尽管市区（县）民宗局和有关部门做了大量的工作，取得了很大的成效，但至今仍

未得到根本解决。这一方面是由于这些问题历史原因复杂、涉及面广、多种因素交杂在一起，宗教团体在发挥其积极作用方面不够，以及有些地方的基层党政干部对宗教工作的重要性认识不足，执行政策、依法管理、协调关系、办理事务的整体能力弱，加之境外势力的宗教渗透等因素外；另一方面与宗教职能工作部门人员少、经费投入少、资金短缺有很大的关系。现全市县（区）两级专职的宗教工作人员只有 36 名，远远适应不了全区宗教工作的实际需要。经费短缺的问题在县区特别严重，在很大程度上制约和影响了宗教管理工作的正常开展。因为人员少、干部力量弱、经费短缺，许多该做的事无法做，许多该做好的事又无法做好。因此，他们提出，希望上级主管部门要进一步加强宗教职能部门队伍建设，理顺宗教工作机构，充实宗教工作队伍；市级和宗教工作重点县（区）的宗教工作机构应单列，或增加相应的科室和人员编制；县（区）政府和上级主管部门应将宗教工作业务费、特需经费、宗教团体负责人生活补助经费、考核奖励经费等列入财政预算，确保宗教工作的正常运行。① 玉溪市的情况在我们调研的其他州（市）也都不同程度的存在。

宗教团体是指各宗教依法成立的宗教社团组织，如全国性和地方性佛教协会、道教协会、基督教协会和"三自"爱国委员会和伊斯兰教协会等，它是宗教自我管理的宗教组织，是信教群众的"娘家"，是党和政府联系宗教和广大信教群众的纽带和桥梁，在我国的宗教工作和宗教事务中有其不可替代的作用。党和政府历来十分重视宗教团体的建设，1953 年以来先后成立了中国伊斯兰教协会、中国佛教协会、中国基督教三自爱国运动委员会、中国天主教爱国会、中国天主教主教团、中国基督教协会等全国性宗教团体。十一届三中全会以后，在云南省委、省政府的关心支持下，成立了云南省佛教协会、云南省伊斯兰教协会、云南省道教协会和云南省基督教三自爱国运动委员会、云南省基督教协会、云南省天主教爱国会、云南省天主教教务委员会。之后全省各地也相继成立了相应的宗教团体组织。这些宗教团体组织在促进民族团结、宗教和顺、社会和谐和经济社会发展中发挥了积极的作用。但在目前的宗教社团管理和宗教社团自身建设中还存在着不少问题和困难，诸如宗教团体管理人员和教职人员的编制、身份、待遇、医保、养老问题，以及宗教团体教务、财务管理问题等等。这些问题和困难与社会主义社会对宗教的要求，以及宗教自身的发展需要都还有较大的差距，如不及时解决，就势必会影响社会的安定和宗教健康有序的发展，从而制约和影响云

---

① 见《玉溪市宗教工作情况报告》（内部文件）和调查笔记。

南经济社会的全面发展以及"桥头堡"建设的顺利进行。

宗教人才主要是指专门从事宗教教务的教职人员和管理人员。它包括佛教的僧人、和尚、方丈和住持,道教的道长、师傅,天主教和基督教的神父、牧师,伊斯兰教的阿訇、伊玛目(吾师台)和教长,以及各宗教团体、寺庙、道观等宗教场所的管理人员。桥头堡战略离不开人才队伍建设,同样,宗教文化建设也离不开宗教人才队伍建设和宗教团体建设。宗教不是因其教义而存在,而是因其教徒而存在。宗教人才队伍建设和宗教团体建设是一个问题两个方面,只有有了宗教人才,才可能支撑宗教团体建设,而有了宗教团体也才可能组织、培养和管理宗教人才。宗教团体组织是党和政府联系宗教教职人员和广大信教群众的纽带和桥梁,起着协调、组织和管理的作用。而宗教教职人员和管理人员是教内的骨干和中坚力量,关键时刻发挥着重要的作用。所以,加强宗教人才队伍建设和宗教团体建设是宗教后继有人、宗教和宗教文化健康发展的保证。截至 2008 年,云南全省有宗教教职人员约 14619 人,正式登记的宗教活动场所有 5738 处,各民族宗教界人士、信教群众绝对数和人口比,以及宗教活动场所数均在全国各省区中位于前列。但同时,在我们的实地调查中,目前云南省的宗教教职人员又相对缺乏,远远满足不了信教群众的需要。如在西双版纳等信仰南传上座部佛教地区,近几年就出现了"寺多僧少"或"有寺无僧",以致不得不请外国和尚来做住持或念经的现象。因此,在"桥头堡"建设中,要重视宗教人才培养和宗教队伍建设,提高宗教院校办学质量,开展各种形式的培训,按照中央的有关要求,培养一批政治坚定、信仰纯正、品德优良、才能出众的宗教文化人才,造就一支"政治上靠得住、学识上有造诣、品德上能服众、关键时能起作用"的宗教人才队伍。

当前,对宗教工作重在强化管理、规范管理、依法管理和创新管理。其中创新宗教社会管理十分重要。加强和创新社会管理是党中央和全社会十分关心和重视的一件大事。在《"十二五"规划纲要》中,第一次将社会管理单独成篇,阐述了加强和创新社会管理的内容。2010 年 2 月 19 日在中央党校省部级主要领导干部培训班上,"社会管理及其创新"被作为专题进行研讨。胡锦涛同志在研讨班开班式上作了重要讲话。他强调指出,加强和创新社会管理,是继续抓住和用好我国发展重要战略机遇期、推进党和国家事业的必然要求,是构建社会主义和谐社会的必然要求,是维护最广大人民根本利益的必然要求,是提高党的执政能力和巩固党的执政地位的必然要求,对实现全面建设小康社会宏伟目标、实现党和国家长治久安具有重大战略意义……当前中国既处于发展的重要战略机遇期,又处于社会矛盾凸显期,社会管理领域存在的问题还不少，要加强和完善基层社会管理和服务体系，健全新型社区管理和服务体制。

宗教不仅有其精神层面的信仰，更有其对社会生活产生重要影响的组织形态，宗教作为一种社会组织和社会活动，这就要求国家相关机构对其活动进行有效的管理，这种管理是国家对社会公共事务管理的重要组成部分。在社会的整体管理模式从行政管理转为依法管理的大背景下，宗教管理自然也不能例外。

其实，在我国，宗教管理问题可谓古已有之。早在南北朝时期，北齐就设立了鸿胪寺（又说鸿胪寺在汉代即有），用来管理佛道教事务。此后的历代王朝都制定了一些宗教管理方面"规矩"，如旨在限制僧尼数量的"度牒制"，就曾为许多王朝所沿用。清朝康熙时期的"印票制"，也是当时统治者管理中国基督教的一项重要制度。

新中国成立以后，中国的宗教管理政策不仅仅局限于限制宗教和控制宗教的层面，更重要的是要保障公民充分享有宗教信仰自由的权利，在宗教管理制度方面也由单纯地依靠政策执行向依法管理与执行政策相结合的方向发展。

虽说我国宗教事务管理机构和职能部门处于不断的变迁之中，但由于经历了长时间的计划经济时期，当前我国的宗教管理基本上还是单一的行政主导型模式，以政代法、做法单调的宗教管理状况尚未得到根本的改变。随着中国社会转型步伐的加快，原先那种行政主导型宗教管理模式已与当前我国的市场经济体制的完善和公民社会发育的总体状况不相适应。在建立社会主义市场经济体制的新形势下，宗教管理工作面临着严峻的挑战，特别是在当前构建和谐社会和"桥头堡"建设中，如何积极引导宗教与社会主义社会相适应，充分发挥信教群众的积极作用，成为摆在宗教管理者面前的一项十分重要的任务。

我国现有的宗教团体是一种社会团体，是党和政府团结引导信教群众的桥梁和纽带。随着社会自治性组织作用的提升和独立性的增强，宗教团体将越来越多地依法、依章程独立行使管理职能，为信教群众提供服务、反映诉求，规范和引导信教群众，使宗教朝着更加和谐健康的方向发展。要全面正确发挥爱国宗教团体自我管理、服务社会的能力，政府就必须更大程度地发挥社会组织、中介机构的作用，把一部分职能转给社会组织、中介机构承担，而不是事无巨细都要政府出面，都要用行政手段去管，更不是包揽和代替所有宗教管理事务。"政教分开"不仅是政治与宗教分离，宗教不得干预政治事务，同时也要求政府不任意干预宗教事务，特别是宗教教务，让宗教依法管理宗教，在政策法规框架内自行运转，让宗教回归本位，真正做到"政教分开"。当然，这并不是说政府可以放弃或轻视对宗教的管理，相反要强化管理，只是要转变管理理念，改变工作作风，改进管理方法，创新管理模式。要从行政管理、事务管理和微观管理，逐渐过渡到政策指导、宏观管理和提高服务意识上来。真正做到在依法管理、坚持原则的前提下，放手让宗教自己管理自己。

依法进行宗教活动是社会主义国家对宗教进行社会活动的基本要求，也是我国宗教政策的基本内容。如同其他社会活动一样，各宗教、宗教团体和宗教信徒在其开展宗教活动时，必须在法律法规的前提和框架下进行。如前所述，依法进行宗教活动，宗教与社会主义相适应的最低下限就是宗教与社会主义相适应的最低标准或最低要求，这就是遵守社会主义社会现阶段的国家法律、法规及方针政策。一方面是各级党委和政府要充分尊重信教群众的宗教信仰自由，依法管理宗教，保护宗教的正常活动；另一方面是各宗教、宗教团体和信教群众在开展宗教活动时要遵守国家的法律、法规和有关的方针政策，在进行宗教活动时不得妨碍和影响他人的社会生活，更不得妨碍和干预社会主义国家的政治、经济、文化和教育，在国家法律面前，各宗教、各宗教团体和信教群众一律平等，信教群众与非信教群众一律平等，任何人不得以宗教的名义做违反法律法规的事，也不得以宗教的名义影响和损害他人的利益。对宗教来说，也只有在法律法规的前提下和框架内进行正常的宗教活动，宗教才能健康有序地发展。

在云南对外开放中，如何依法和创新宗教管理，依法进行宗教活动也是宗教文化建设的重要内容。怎样结合云南的特点和宗教工作的实际，依法和创新宗教管理，提高宗教社会管理水平，依法进行宗教活动，为"桥头堡"建设和"一带一路"建设服务，这是我们不得不认真思考和研究的问题。

从各级党组织和政府部门来说，要充分认识加强宗教职能部门、宗教团体、宗教人才建设和创新宗教管理的重要意义，要从体制、机制、组织、人员和经费等方面，加强宗教职能部门和工作机构的建设，对宗教职能部门要给予必要的人员保障和经费保证；要加强宗教团体和宗教人才队伍的建设，在宗教人才培养和宗教人才队伍建设上要重视宗教传统教育的管理和建设；要创新宗教的社会管理制度、内容、目标和途径；充分发挥爱国宗教团体自我管理、服务社会的能力，最大限度地发挥宗教组织和宗教团体管理宗教事务的作用；加大对爱国宗教团体自我管理的指导，使爱国宗教团体能把科学管理、民主管理和依法管理三方面有机结合起来。在管理理念上，要更加重视依法管理；在管理制度上，要更加重视建章立制；在管理主体上，要更加重视宗教团体的作用；在管理方式上，要更加重视以人为本；在管理环节上，要更加重视源头治理；在管理手段上，要更加重视引导功能。

从宗教层面来说，同样要充分认识依法进行宗教活动和加强自身建设的重要性，要倍加珍惜今天来之不易的政治、经济、社会和人文环境，继承和发扬各宗教教义思想中的和谐理念和爱国爱教的优良传统，正确处理宗教与民族、宗教与法律、宗教与社会、宗教与国家等之间的关系，强化法律意识、国家意识和中华民族意识，主动与社会主义相适应，发挥宗教的积极因素，积极投身和谐社会建设和改革开放，为云南经济社会建设作出新的贡献。

（五）加强宗教场所和宗教传统教育的管理与建设是宗教文化建设的关键

宗教场所是进行宗教传播、宗教活动、宗教文化传承和宗教传统教育的主要场地。对它的管理与建设的好坏和质量关乎宗教和宗教文化能否健康有序发展。目前在云南的宗教场所管理中还存在着不少问题和困难，这些问题和困难有的是客观因素造成的，有的则是主观原因形成的，有的问题在信教群众中和社会上造成了不好的影响，如不及时解决，就势必会影响宗教健康有序的发展和社会的安定。如宗教团体和宗教场所（寺观庙宇）的财务管理问题，一直是信教群众和社会关心的问题。近年来由于缺乏规章制度或规章制度不健全、管理不规范，甚至缺乏管理而出现的善款挪用，资金转移，甚至贪污、盗用善款、捐款、功德款的事件也时有发生，这在很大的程度上引起了信教群众的极度不满，在社会上造成了较大的负面影响，有损于宗教的形象。这些问题之所以发生，除了历史、宗教、习惯等因素外，与我们缺乏有效的管理有很大的关系。

目前在宗教场所管理和建设中往往偏重管理而轻视建设，或强调管理而弱化建设，致使许多问题由于缺乏物质基础和条件而长期得不到解决。因此，在宗教文化建设中，要加强宗教场所的管理和建设，在加强管理的同时要加强建设，管理和建设并重；宗教团体和宗教场所的经费使用和财务管理要建章立制，实现科学管理、民主管理、依法管理、规范管理和阳光管理，从制度上保证资金的正常、合理和规范使用，防范和杜绝资金的滥用、泛用和挪用，特别是对广大信众和社会比较关注的所捐善款的使用和管理问题要高度重视，要让信众和社会各界捐资人有知情权，真正做到公开、透明，对善款使用和财务管理信任放心，这样，资金链才不会断离，才能保证宗教场所和宗教活动的正常运转；要把宗教建筑、宗教旅游、宗教教育、宗教慈善等方面的文化元素与宗教场所建设结合起来，为扩大宗教场所的社会功能创造条件。在"桥头堡"建设、城市规划和城镇化建设中，要充分考虑宗教场所功能的开发，建设和形成一批具有特色功能的场所。具体可从以下几方面着手：

一是以宗教场所建设为资源，丰富宗教场所内涵。把对宗教场所历史文化的挖掘、整理、研究、宣传作为宗教文化建设的重要资源，丰富场所内涵，在教育广大信众的同时，扩大宗教场所的影响。

二是以宗教场所建设为手段，规范宗教场所管理。将现代科学管理和创新管理作为宗教文化建设的重要内容引进宗教场所，促进宗教场所规范管理。通过举办各种形式的讲座、培训班、辅导等方式，解决宗教场所在安全、财务方面存在的问题。

三是以宗教场所建设为抓手，全面提高信教群众的素质。充分发挥宗教场所在聚集信教群众方面的优势，把宗教场所作为重要的宣传教育阵地，促进信教群众素质的全面提高。

四是以宗教场所建设为基础，维护宗教和谐稳定。在宗教场所开展以提高宗教教职人员综合素质为目的的文化教育活动，发挥宗教教职人员在信教群众中的示范带头作用。有针对性地在场所开展抵御境外敌对势力利用宗教进行渗透的宣传教育工作。

五是以宗教场所建设为平台，促进宗教健康发展。充分利用和发挥宗教场所的平台作用，加强各宗教之间的交流沟通，加强宗教界与非宗教界、信教群众与非信教群众的相互了解，增进感情。[1]

宗教传统教育是宗教和宗教文化传播、传承和发展的重要手段和有效途径。

历史上，云南各宗教都有自己传统的宗教教育，各宗教通过这种传统教育，培养自己的宗教人才和宗教传承者，并由此传播宗教，影响信众，将自己的宗教信仰、教义思想、戒律、伦理道德、宗教知识等宗教文化一代代传承下来。因此，宗教教育是宗教得以生存和发展的重要手段。改革开放以来，党的宗教政策得到逐步贯彻落实，云南省委、省政府十分重视宗教教育事业的建设，除了重视对民族民间宗教的传统教育外，还积极支持宗教高等教育和宗教高级人才的教育培养，在省委统战部、省宗教局等有关部门的领导和支持下，先后成立了省级佛教的佛学院、伊斯兰教的经学院和基督教的神学院，并培养了一定数量的宗教人才和宗教教职人员，

---

[1]　参见朱太兴《加强宗教文化建设的探索和实践》。

这些宗教教职人员毕业后分赴各地的寺庙、清真寺、教堂和道观做住持、方丈、教长、伊玛目、神父、牧师和道长等宗教职业，为云南的宗教和宗教文化的正常发展作出了积极的贡献。如云南南传佛教教育事业的发展历程就是有力的证明。

在云南南传佛教地区，传统上年满六七岁的男童都必须进入佛寺剃度为僧，接受教育，诵读佛经，学习佛理以及佛教知识。因此，实际上佛寺就是傣族接受教育的学校，僧侣就成了老师，而傣族教育就是佛寺教育。尽管20世纪50年代以前各傣族地区的土司都曾在自己的驻地开办过国民教育的小学、中学或师范学校，但傣族的民族教育仍以佛寺教育为主。

新中国成立以后，在西双版纳和德宏傣族地区，各级党和政府在各地开办了学校，把民族教育作为一件大事来抓，不少教师亲临佛寺，动员比丘和沙弥入学读书。傣族头人和长老也认识到办学校是为了学习先进的科学文化知识，有利于发展本地区经济和文化，对此积极支持，因而出现和尚入学读书，教师进学校辅导，佛寺教育与学校教育共同发展的新气象。

20世纪50年代"大跃进"时期至六七十年代"文革"期间，南传佛教僧侣大部分被迫还俗，少数人则外出缅甸、泰国等地。十一届三中全会以后，宗教信仰自由政策得到逐步落实，宗教活动开始恢复，但最初主持佛寺活动的僧侣缺乏，广大佛教徒正常的宗教生活得不到满足。为解决这一矛盾，党和政府鼓励"文革"期间外出的僧人回国，并动员已还俗的僧侣重新出家，僧侣队伍很快得到壮大，基本上恢复到"文革"前的人数。如1950年西双版纳州有比丘930人、沙弥5550人。至1984年，比丘已有338人，沙弥6309人，总数较1950年增长167人。

20世纪80年代，随着宗教信仰自由政策的进一步贯彻落实，各地傣族信众自筹资金，重修佛寺，重塑佛像，并纷纷送学龄男童入寺为僧，部分在校的傣族、布朗族的学生也流入佛寺接受佛教教育。这种现象直接影响到傣族学龄儿童入学率和在校生的巩固率，佛寺教育与学校教育产生了矛盾，在各地（州）、县有关部门和佛教界的协调下，这个矛盾得以妥善解决。佛教界鼓励适龄儿童既当沙弥又当学生，披着袈裟上学校，放学后则在长老的指导下学习佛经和民族传统文化知识。这一举措使适龄儿童与学龄沙弥的入学率和巩固率开始上升，佛寺教育与学校教育良性互动，健康发展。

1988年12月，在西双版纳政协委员、勐海县勐遮乡景真村上层人士刀廷荣的倡导下，景真八角亭寺办和尚学校应运而生，该校招收了历年从学校流动出来的学生，按照正规学校开设了数学、泰文、汉文等课程。时任国家教委主任的李铁映同志到"和尚学校"视察后，给予了肯定和赞扬，受景真八角亭寺办学影响，勐遮乡曼吕佛寺和曼养佛寺也分别办起了"和尚文化班"。为进一步处理好傣族佛寺教育与学校之间的关系提供了实践经验。

　　然而，尽管佛寺佛塔得到普遍恢复，僧侣人数逐渐增多，具备了进行正常宗教活动的基本条件，但却存在着一个普遍问题，即僧侣的佛学素养普遍不高、管理能力较差，不能很好地满足信教群众的宗教生活需求。为了培养云南南传佛教人才，1988 年 12 月—1989 年 1 月，德宏州佛教协会在芒市五云寺举办首次巴利语佛学班，自己编写巴利语系佛教教材，讲授佛教历史、巴利经典、拜诵佛经、教规戒律四个方面的内容。同时派遣学僧到东南亚国家留学深造。1986 年，中国佛学院选派了 5 名学僧到斯里兰卡留学；1990 年，云南省佛教协会又派出 10 名云南南传佛教僧人到泰国留学。另有一些僧人则自费到缅甸、泰国等地学习。这些近年来苦心培养的僧才已成为云南南传佛教的弘法骨干，为云南傣族地区南传佛教的传承与发展作出了努力。

　　1990 年，在云南西双版纳召开了"首次南传佛教工作会议"，中国佛教协会会长赵朴初出席了会议，提出靠传统的寺院培养僧才已经不适应发展的需要了，应在云南率先创办南传上座部学校以培养僧才。随即，云南省佛教协会积极向省政府及有关部门申报，1993 年，国务院宗教事务局批准成立"云南上座部佛学院"，1997 年"云南上座部佛学院"更名为"云南佛学院"，云南佛学院下设三个分院：西双版纳分院（南传佛教分院）、德宏分院（南传佛教分院）和迪庆分院（藏传佛教分院）。2004 年 12 月，云南佛学院开始招生，采取的是云南佛学院与云南民族大学合作的办学模式，在此基础上构建了成人教育的汉语言文学专业学习与佛教经典学习相结合的创新性僧才培养模式。制订了完整的培养计划，学制三年，学僧毕业时颁发的是双文凭，即成人教育大专毕业文凭和佛学院毕业证。迄今为止，云南佛学院已招收并毕业了三批学僧，共 147 人。其中有的从云南佛学院毕业后又继续到泰国、斯里兰卡留学深造。五年的办学实践证明，云南佛学院的办学模式是一种成功的探索。目前，云南佛学院是我国唯一一所融汇三大语系佛教僧才培养于一地的专业佛教院校，同时也是继承和弘扬佛教传统文化的基地，在云南对外开放中，它也将成为云南佛教与东南亚、南亚开展佛教学术文化交流的一个窗口。①

　　云南伊斯兰教传统的经堂教育对伊斯兰教的传播和回族的发展，以及伊

---

① 梁晓芬：《云南南传佛教教育事业的恢复和发展》，见《云南佛教史》（打印本）。

斯兰文化和回族文化的传承起到了积极的甚至是至关重要的作用，伊斯兰文化和回族文化在很大程度上就是靠这种民间的自我教育的形式一代代传承延续下来，回族穆斯林也是靠这种教育一代代生存和发展起来，如果没有这种遍布全省回族地区的伊斯兰教经堂教育，云南回族穆斯林不可能生存发展到今天，伊斯兰文化和回族文化也不可能保存发展到今天。同时，经堂教育还是回族地区国民教育的一种有效补充，它招收的对象主要是考不上高中或考不上大学的年轻人，它让许多游散在社会的年轻人有了自己的归宿，有了接受传统文化教育的机会，为党和政府解决了许多社会问题。所以，办好包括经堂教育在内的宗教教育，传承和发扬宗教传统教育的优势及作用，不仅是云南广大回族穆斯林生存与发展的需要和愿望，也是回族地区经济文化发展、社会稳定、民族团结的需要。

昆明伊斯兰教经学院是国家宗教局批准开办的全国 10 所伊斯兰教经学院之一，① 它于 1987 年 10 月在昆明市顺城街清真寺内正式成立，并于 1987 年秋季开始招收大专和阿訇培训班。截至 2007 年，学院已招收三年制大专班 5 届、四年制本科班 4 届、宗教中专班 1 届，共培养学生 296 人；在职阿訇高级研讨班 5 届共 266 人，青年阿訇培训班 1 届，共为西南各省区培养了具有扎实的伊斯兰教知识和现代科学知识的各类学员约 600 人。据统计，在这批毕业生中，先后共有 25 人分别前往叙利亚、巴基斯坦、沙特阿拉伯和埃及等国留学。有的已经学成归来，充实到昆明伊斯兰教经学院的师资队伍中，或在昆明市的主要清真寺担任了伊玛目，或在省、州、市两级伊斯兰教协会担任一定的领导职务。

表 1　　　　昆明伊斯兰教经学院历届留学生情况统计（截至 2007 年）

出国时间	人数	留学国家	备注
1990 年	6	叙利亚	已归国服务
1990 年	1	巴基斯坦	已归国服务
1990 年	1	沙特阿拉伯	已归国服务
1993 年	1	沙特阿拉伯	已归国服务
1995 年	4	埃及	

① 经国家宗教局报经国务院批准，目前全国共开办了 10 所大专以上的伊斯兰教经学院：北京的中国伊斯兰教经学院、北京伊斯兰教经学院、郑州伊斯兰教经学院、宁夏伊斯兰教经学院、昆明伊斯兰教经学院、新疆伊斯兰教经学院、沈阳伊斯兰教经学院、兰州伊斯兰教经学院、青海伊斯兰教经学院和河北伊斯兰教经学院。

出国时间	人数	留学国家	备注
2002 年	1	埃及	
2003 年	1	埃及	
2004 年	3	埃及	
2005 年	1	埃及	
2006 年	3	埃及	
2007 年	3	埃及	
总计	25		

资料来源：云南省伊斯兰教协会办公室提供。

但是，目前在云南省的宗教教育中，也存在着诸多问题，特别是在改革开放以来的社会主义市场经济建设中，宗教教育出现了许多新问题，有的问题甚至很严重，与社会主义和谐社会不相适应，在一定程度上影响和制约了宗教教育的正常和健康发展，甚至影响民族地区的民族团结、社会和谐稳定和经济社会的发展。如在西双版纳傣族地区，由于改革开放以后以经济建设为中心，大多数傣族尤其是年轻人都纷纷出外打工、经商、做生意，加之宗教意识逐渐淡漠，到寺庙念经、接受传统教育的年轻人越来越少，许多寨子都出现了有寺无僧，或人去楼空、门可罗雀的落寞现象。

在我们调查采访的西双版纳景洪勐罕镇曼听寺，其住持康喃迪就是来自青海的汉族（汉名叫李德珍，傣族名字叫岩迪），他 16 岁开始学习藏传佛教，2006 年到西双版纳学习南传佛教，是西双版纳二佛爷都罕听的弟子。康喃迪向我们介绍情况说：最早在西双版纳建寺的是布朗山的布朗族，现在整个西双版纳州有寺庙 577 座、215 座佛塔、4538 个僧侣。寺庙的开支主要是靠全国信徒的捐资，基本能够维持现状。但住持及和尚很少，远远不够满足现有寺庙的需要，有的寺庙只有到缅甸等国请外面的僧人来做住持，三四年前这种情况比较多，现在在政府的干预下少了，外国的僧侣占 1/10 左右，他们和本地的僧侣不沟通，也很少来往；外面对我们的影响大，我们对他们的影响少。虽然勐泐办有云南佛学院版纳分院，属于中专，但还是不够。全州大约有 100 人出国学习过佛经，大多数回来后都还俗了。他的师傅二佛爷都罕听就到泰国学习过，当时共有 10 人出去学习，现在只剩下二佛爷一个人在寺庙了。

当我们问及要振兴南传佛教文化最重要的问题是什么时，他说，一是导师缺乏，没有精通佛经佛学的高级僧人。二是要稳定和培养宗教人才，要发挥现有僧人的才能和积极性。三是要提高僧侣的福利待遇，为僧人购买医疗保险，稳定僧侣阶层。四是要开放办教，广泛招生，但在办学的手段和方式上还是传统保守一点好。最后他强调说，现在僧侣的责任心不强，信仰不够虔诚；傣族的宗教意识越来越淡漠，男孩出家的越来越少了，懂宗教礼仪和遵守宗教礼仪的人越来越少；新翻译的有关佛教的教材、读物多，会写（刻）贝叶经的人越来越少了。这三个方面的"越来越少"都从不同的层面说明，在现代化进程中，傣族地区传统的小乘佛教信仰受到了严峻的挑战，传统的寺庙宗教教育后继乏人，传统文化与当代价值在碰撞、冲突和博弈中不断调适和重组，现实需求引发的各种社会问题值得我们进一步研究和探讨。

在其他民族地区，传统的原始宗教和民族民间宗教信仰虽然在其历史发展和社会进程中起过积极的作用，但在现实生活中，由于受到现代化的强烈冲击和商品经济带来的实用主义、金钱至上等价值观的影响，加之缺乏有效的保护和传承机制，长期以来主要靠父传子承、家庭和民间教育延续下来的传统文化受到挑战，甚至断裂。其中包括那些千百年来维系着村寨组织和民间社会结构的积极的、健康的或富含合理因子的表现在思想意识、伦理道德、生活习俗等方面的意识和行为，如祭山、祭树、祭水（龙）等自然崇拜中的人与自然和谐的绿色环保意识，以及夜不闭户、路不拾遗的社会风气等。

再以云南伊斯兰教经堂教育为例：在我们的课题调研中，通过我们先后在昆明、玉溪、红河、文山、大理、曲靖等地对20多所清真寺经文学校和经文班以及昆明伊斯兰经学院的调查，发现云南各地伊斯兰教传统的经堂教育和宗教院校教育仍存在许多问题。这些问题如不能得到及时有效的解决，不仅会影响经堂教育的办学水平和质量，也将影响到回族地区的经济、文化发展和社会稳定。

当前，云南回族地区伊斯兰教经堂教育存在的主要问题和困难是：

（1）普遍办学，学校规模小，管理不规范和教学质量较差

长期以来，云南回族地区凡有清真寺的地方都有经堂教育，大多数经堂学校是采取清真寺教长或阿訇自主招生、自己教学的"私塾"模式办学，教长、阿訇既是校长，也是老师，甚至是一师一校、一师一班，即兴讲课、随口教学，没有教材或自己编教材，没有任何规章制度，没有建立相应的现代规范的教学体制和督学体制，办学和教学资源分散，形成到处办学、遍地开花的结局。这就难以从根本上保证教学质量和科学、规范和有序的管理。在我们调研的所有清真寺中，几乎全部都办有经文学校，但除了少数几所学

校规模较大、较规范外，大多数经文学校规模都较小，或多或少存在着管理不尽规范、不到位，教学质量不高等方面的问题。

（2）教师的学历、知识、文化水平参差不齐，综合素质有待提高

目前在经文学校任职的教师来源主要是：一是经学院毕业的（约占20%—30%）；二是传统经堂学校毕业（包括教长、伊玛目、阿訇兼任教师和本校毕业留校的，约占30%—50%）的学生；三是从国外各类伊斯兰学校留学、进修回国的（约占20%—30%）；四是国内国民教育学校毕业的（包括退休、返聘的教师，约占20%—30%）。教师来源不一，学历普遍偏低，知识水平、素质参差不齐，特别是汉语水平和现代科学技术知识普遍掌握不够。这些都在一定程度上限制和制约了学校的发展和教学质量的提高。

（3）教师的待遇普遍较低，影响了教师教学的积极性

从我们调查采访的情况看，目前经文学校教师的收入一般是在每月800—1200元之间，最高的是在1500—3000元，如个旧市沙甸特格瓦阿拉伯语学校最高每月1800元，个旧市鸡街老清真寺希达教育学院最高每月2000元，开远阿拉伯语中等专业学校最高每月3000元；最低的是每月500—800元，如建水县回龙清真寺经文学校最低每月500元，甚至200元（代课老师）。此外大多数学校没有为教师办国家规定的"三险一金"，即医疗保险、养老保险、失业保险和住房公积金。就是像昆明伊斯兰教经学院这样的最高学府也存在类似的问题：现有编制15人，但在编的只有7人，在一线工作的都是合同制用工。教师的工资较低，住房、福利待遇也较差，退休后的生活没有保障，此外还不能评定职称。再就是为数不少的教师本身就是各清真寺的教长、伊玛目、阿訇兼任，由于其社会地位得不到应有的承认，待遇太低，没有工资保障，所以他们不得不每天忙着去乜贴、念经，忙于生计，也就不可能去主动学习。长期如此，影响了教师的积极性，反过来影响了教学的质量，对学校的发展极为不利。

（4）教材不统一，影响了教学质量的提高

现在经文学校普遍使用的教材，除了部分学校阿拉伯语课程统一使用北京外国语学院编写的教材外，其他课程使用的教材都不尽统一，各行其是，各取所需。有的是任课老师自己编写的。特别是必修课的教材不统一，如《古兰经》、圣训、杂学、核听等。如针对中老年人开办的经文班或补习班，有的还在使用新中国成立前的教材，学阿拉伯文还在按照传统的老办法拼读（俗称"割字"），老师教什么学生学什么，只知其然不知其所以然，极大地影响了教学质量的提高。

（5）学生来源不一，就业门路窄，影响了学生的学习积极性

目前各地经文学校招收的全日制中级班和高级班的学生大都是初中毕业的学生，少部分是没有考取大学的高中生，他们大多是本地人，一部分来自省内各州县，少部分来自省外的四川、贵州、甘肃、宁夏、广西等地。这些学生在国民教育学校时大多不爱学习、成绩不好，考不上高中或高中辍学才不得已来接受经堂教育，因此，调皮、厌学、逆反往往是他们的性格特点。很多人往往坚持不了，中途退出。要对这样的学生进行有效教学和管理是很困难的。这一方面在一定程度上影响了教学的质量和学校的声誉；另一方面是学生学成毕业后除少数到国外或经学院继续深造，一部分到广州、义乌、上海、福建等沿海地区当翻译、打工或到其他回族地区清真寺任教外，大多数是回家务农和打工，就业难，没有多少出路。学生看不到自己的前途，直接影响了在校学习的积极性。很多年轻人都不愿到清真寺学习，生源严重不足。

（6）办学经费普遍不足，限制和影响了学校的发展

从我们调查的情况看，云南回族地区的经堂教育从过去到现在，其办学经费主要是靠回族穆斯林捐资，这其中有回族群众的捐资，也有回族穆斯林挂的功德，还有回族企业家的资助，第一种情况和第二种情况比较普遍，云南大多数回族地区都是如此，如玉溪的大营，峨山的大白邑、文明村，建水的回龙；第三种情况如沙甸特格瓦阿拉伯语学校，其经费主要由沙甸企业家提供。但三种情况不是截然分开，也不绝对，而是彼此交叉，大多数是三种情况并存，只是程度不同而已。但由于回族地区的经济社会发展不平衡，经济发展同教育密切相关，一般是同经济发展成正比，经济越发展的地区，捐资办学、建盖清真寺的人和钱就越多；经济发展较慢、较落后的地区，经费来源有限，靠群众捐资办学就很困难，经堂教育发展就慢，存在的问题也较多。而且，作为一种民间自发行为，群众办学的自觉性、可持续性都不是一成不变的，它缺乏必要的制度保证、法律保证和社会保证，因此，办学经费的不确定性和相对不足也是制约和影响经堂教育稳定和可持续发展的重要因素之一。

针对以上云南伊斯兰教经堂教育目前存在的问题和困难，经课题组研究，特提出如下对策和建议：

（1）整合教学资源，集中力量办学，规范管理，不断提高经堂教育的教学质量

针对云南省回族地区普遍开办伊斯兰教经堂教育，且学校规模小、管理不规范和教学质量较差的问题，我们认为，应由省民委、省宗教局指导和协调各级有关职能部门和各级伊协，在全省范围内，整合经堂教育的教学资

源，集中力量办学；学习和引进国民教育的现代管理体制，逐步建立和完善经堂教育科学、规范、民主的管理和教学体制。具体是在具有历史传统、文化底蕴、经济基础、师资条件，回族集中的一个州（市）或者一个县办好1—2所高级经文学校，教师可以调配，资金可以集中。首先是办好昆明经学院，在昆明经学院的示范作用下，在条件成熟的地区或经文学校开办昆明经学院的分院，将其纳入经学院的子系统，统一管理和考核。学生在分院学习两年，第三年转到昆明经学院继续深造，毕业时按统一标准考核，考试合格发给昆明经学院毕业证书或分院毕业证书；其次，在条件较好的清真寺集中力量办好中级层次的经文学校或经学班，不再办高级学校或高级班；最后，有条件的清真寺可以开办针对中老年的初级层次的经学班。此类学校主要招收本地穆斯林，以传承本民族文化为主，可以放宽管理，在村委会或伊协备案即可，不必再层层审批；没有条件的清真寺不必强求办学，以减轻当地群众的负担，当地的穆斯林可以到相邻的清真寺学习。

对于持"瓦哈比"（当地称"三抬"或"新观点"）观点的人控制或未经批准就开办的学校，回避不是办法，更不能无视他们希望得到政府有关部门认可和重视的心情和愿望。建议有关部门要予以正视，积极疏导和管理，不能长期置之不理，要为他们提供一个与社会沟通和交流的平台。在其遵守国家有关法律法规和宗教信仰自由政策以及爱国爱教的前提下，应按有关规定对其进行认定、考核，对手续、程序合法，达到有关标准的给予登记注册，并纳入常态管理。

（2）切实解决教师待遇，加强考核和培训，进一步提高教师的教学水平

教师的学历、文化知识、综合素质和教学水平是办好经堂教育和提高教学质量的关键，而一定的工作生活条件、经济基础和物质利益是必要的保证。因此有关部门和组织要切实帮助解决经堂教育教师工资偏低、福利和生活待遇较差的问题，要按国家的有关规定，帮助他们解决医疗保险、养老保险和住房公积金问题，解决他们的后顾之忧。这样，才能保证他们把时间和精力用在教学上。在此基础上要加强对教师的聘用、管理、考核和培训，可以引进和推行竞争机制，进一步提高教师的教学水平和综合素质。在经文学校还要特别注意招聘和培养汉语水平和汉文化较高的教师，注重现代科学技术知识的学习，以适应教学和经堂教育发展的需要。

（3）统一教材，立足本地，坚持中阿并授，培养两用人才，不断拓宽就业门道，为学生就业奠定基础

建议有关部门和各级伊协，组织专业人员编写全省乃至全国伊斯兰经堂

教育各学科、各课程、各层次、各年级的统一教材，对初级以上的经文学校（班），要求学校和老师按教学大纲和统一教材规范施教；学生按统一教材学习；学校管理、办学成效和学生的学习成绩按统一标准考核，这样才能避免教师教学和学生学习的随意性和不规范性，提高经堂教育的教学质量。

在生源问题上，各地对跨地区招生的态度和反映不一，有的支持政府的决定，同意不跨地招生；有的主张顺其自然，有学生就招；有的认为可适当招一点，以补充生源。这种认识与伊斯兰教传统的经堂教育有关，因为历史上传统的经堂教育就是跨地求学、跨地招生的。穆罕默德有"学问哪怕远在中国，也当求之"的圣训，因此回族穆斯林为了求学是不畏路途遥远的，跨地区招生难以避免。希望有关部门对此予以慎重考虑，一切从实际出发，不要搞一刀切，实事求是，因地制宜，一切以有利于回族地区经济文化发展和社会稳定为原则。比如可以在以招收本地学生为主的前提下，确定一定比例或限制一定地区，适当地放宽招收条件，以解决生源不足和满足回族穆斯林的需求。对那些达不到登记条件的清真寺开办的属启蒙教育性质的经堂教育，当地伊协和清真寺管委会要加强管理，积极引导，但在教材使用上和生源上不必强求一律。

在经堂教育的教学中，要坚持中阿并授的办学方针，要强化对汉语、汉文化和现代科学技术的学习和掌握，要与各类职业教育相结合进来，在课程设置中合理安排伊斯兰教经文教育和专业技术教育的比例，在学生的培养目标上要面向社会、面向国家建设和改革开放的需要，努力培养出两用人才，为学生就业奠定基础，使学生毕业后既能服务宗教，又能服务社会，成为发展农村经济和致富的带头人。回族传统教育中的"中阿并授"与职业技术培训相结合，应当成为云南省目前和今后经堂教育改革的发展方向。

（4）政府支持、群众捐资、自力更生、多头并举

在经费问题上，从政府方面来说，应高度重视宗教工作，加强对宗教工作的领导和支持，对经堂教育的办学经费给予必要的支持和保证。在我们的调研中，许多地方的民族宗教部门希望我们向有关部门反映，现在宗教工作经费是挪用民族工作经费，特别是县一级的宗教工作经费相当紧张，无法有效管理宗教工作，建议从中央到地方建立省级宗教工作经费和基层宗教工作经费补助制度，以解决宗教工作经费严重不足的问题。不要等宗教工作或宗教问题出了事才来解决，火烧眉毛才来救火，那时就亡羊补牢，为时晚矣！从各清真寺来说，一方面要积极争取有关部门和广大穆斯林的支持和帮助，特别是要继续争取回族私营企业家的资助；另一方面要发扬自力更生的精神，充分挖掘和利用清真寺的一切资源，开展多种经营，拓展经济来源，立

足自养、自给，以寺养寺。在清真寺和学校的财务管理上，要公开、透明，让捐资人和广大穆斯林有知情权，对财务管理信任放心。只有这样，资金链才不会断离，才能保证经堂教育的正常运转。

在我们的调查中，不少清真寺都提出，能否将经堂学校的老师和兼课的教长、伊玛目、阿訇的工资纳入当地行政村委会的经费开支，以保证他们的收入，使他们安心宗教教育工作。对此，我们提出来供有关部门参考（有关云南伊斯兰教教堂教育的详细情况见专题调研报告《云南伊斯兰教教堂教育的现状与问题及其对策研究》）。

所以，在"桥头堡"和"一带一路"建设以及云南对外开放中，要加强包括民间宗教传统教育和政府主办的宗教高等教育在内的宗教教育事业建设，依法加强对宗教教育的规范管理和创新管理，进一步办好宗教教育，传承和发扬各民族传统宗教教育的优势及作用，使宗教教育在与"桥头堡"和"一带一路"建设的不断调适与互动中互为支撑、互为促进、互为发展，发挥宗教教育在"桥头堡"和"一带一路"建设中的积极作用，进一步促进云南民族地区的民族团结、宗教和顺、社会和谐及经济社会全面发展。这不仅是云南各宗教和广大信教群众发展的需要，也是"桥头堡"和"一带一路"建设的需要。同时，在现有的教育体制中更多地强化国家认同教育和民族平等和睦教育，强化国家意识、公民意识和法律意识，让宗教教义在科学技术发展和时代进步面前揭下神秘的面纱，健康有序地走向课堂，成为点燃人们心中善良的一种文化，这也许是具有中国特色的宗教文化的发展之路。

（六）弘扬和继承各宗教的优良传统，与时俱进，对宗教经典及教义作出符合时代需要和社会发展的解释是宗教文化建设的必然要求

我们知道，任何一种完型或建制的宗教都有其完整的理论体系和规范要求，并有其系统的经典、教义、教理和教律等。其中宗教教义是宗教的理论体系和维系基础，宗教教义思想是宗教教义的灵魂和精髓。所以，不管是佛教、道教，还是基督教、伊斯兰教，都有其系统的教义、教理和教律，而这些教义、教理和教律主要是体现在其宗教经典中。如佛教的《大藏经》（南传上座部佛教的傣文经典主要是《三藏经》），基督教的《圣经》，道教的《道藏》《道德经》《易经》，伊斯兰教的《古兰经》《圣训》等，在这些经典中，对其宗教的教义、教理和教律都有系统、明确的阐释；对有关宗教信

仰、宗教礼仪、伦理道德、行为规范，以及宗教与社会、宗教与现实、宗教与世俗生活均有不同程度的论述和解释，而这些论述和阐释，在不同的历史时期和不同的社会制度背景下都为当时的社会政治、经济和文化服务过，并起过或大或小的作用。

宗教经典、宗教教义、宗教伦理道德和宗教文化中所积累的人类生命繁衍的文化信息，所渗透着的历史积淀的体验和哲理，所孕育着的民族优秀文化因素，所蕴含着的人类精神文明发展的智慧和动力确实是有价值的。佛教、道教、伊斯兰教、基督教、天主教五大宗教的经典教义，以及各民族传统宗教中的积极因素有许多与社会主义社会提倡的价值观是吻合的，其和谐理念与社会主义和谐构建是相通的，宗教文化中许多优秀成分，与社会主义精神文明建设的理论是相一致的。如佛教的"人间佛教"、"庄严国土、利乐有情"，道教的"齐同慈爱、济世渡人"，伊斯兰教的"两世吉庆"、"爱国爱教"，天主教、基督教的"荣神益人"、"平等、博爱"等思想，以及各民族传统的原始宗教和民族民间宗教中许多和谐、健康而积极的因素与我们今天所提倡的精神文明建设和价值取向是不悖的。

"桥头堡"和"一带一路"建设是云南社会经济发展乃至中国经济社会发展中的一件大事，需要各民族人民和各界人士以及各种社会力量的积极参与及共同努力才能够顺利实施。我们要以此为契机，采取各种方式在宗教界大力弘扬宗教文化中的优秀内容。鼓励宗教界按照中国特色社会主义事业发展的要求，根据各宗教的特点处理好传统与现代、继承与发展、教情与国情的关系；对宗教经典和教义作出符合时代需要和发展的阐释；弘扬有利于民族和睦、宗教和顺、社会和谐、国家富强、人民幸福的思想，培育自尊、自信、自觉和理性平和、积极向上的精神；建立符合宗教基本教义、继承宗教优良传统、适应中国社会发展进步要求的宗教思想体系；引导信教群众坚持正信正行，反对偏执狂热，自觉抵制各种歪理邪说，为宗教健康全面发展打下坚实的思想基础；发挥宗教教职人员和信教群众在"桥头堡"和"一带一路"建设以及云南对外开放中的积极作用。

发挥宗教在云南对外开放中的积极作用，就要围绕社会主义和谐文化建设，努力发掘和弘扬宗教教义、宗教道德中有利于社会发展、时代进步和健康文明的内容。

所以，我们要引导和帮助各宗教和宗教团体，对宗教经典和教义作出与时俱进、符合时代需要和发展的阐释，这不仅是新时期中国特色社会主义建设以及桥头堡和"一带一路"建设的需要，也是各宗教自身建设和宗教文化建设的时代需要。自 2009 年开始，我国的五大宗教团体（佛教、道教、

伊斯兰教、基督教、天主教）就在国家宗教局的领导和部署下积极开展
"讲经"和"解经"活动，并取得了很好的效果。除了全国性的"讲经"
和"解经"活动外，各省区也积极开展了此项活动。在云南，各宗教团体
积极响应国家宗教局的号召，在省宗教局的领导和部署下，组织不同层次和
不同形式的"讲经"和"解经"活动。如云南省佛教协会组织有关人士在
省佛学院和有关州县的寺庙，向前来进香、拜佛吃斋的信徒阐释佛学原理、
讲解佛教知识，阐释佛学中与社会和谐的思想理念、道德规范及行为要求；
云南省伊斯兰教协会一方面积极派人参与中国伊协和国家宗教局组织的全国
性的"解经"活动或"卧尔兹"讲演活动；一方面在全省范围内组织各地
伊协积极开展"解经"活动和"卧尔兹"讲演活动，对《古兰经》《圣训》
中有关教义、教理和教律作了符合时代发展和社会需要的解释，同时还组织
有关专家、学者和宗教人士，结合"桥头堡"建设和云南回族地区的实际，
对伊斯兰教文化和回族文化作了新的通俗易懂的讲解和阐述，对广大穆斯林
进行"爱国爱教"、"两世吉庆"等投身有中国特色的社会主义建设以及
"桥头堡"和"一带一路"建设的教育。其他如道教、基督教、天主教也结
合各自的经典、教义，对其信徒和前来从事宗教活动和观光的群众进行符合
时代要求、有利于社会和谐、进步的宣教活动。以上各宗教的"讲经"和
"解经"活动，均取得了一定的成效，值得坚持和肯定。但要注意的是，随
着时代的发展和形势的变化，"解经"工作也要不断地加强和提高，使之适
应和符合时代与社会发展的需要。特别是在"讲经"工作和"解经"活动
中一定要讲究方式方法，要注意"解经"的层次性、可能性和范围，要注
意"解经"的平台和场所，以及信教群众的接受能力和所能承受的心理底
线。否则欲速则不达，起不到应有的效果。因为，"解经"工作或"解经"
活动实际上也是一种宗教对话，是宗教与社会、宗教与宗教的对话，是宗教
与政治、宗教与经济、宗教与文化等领域的沟通与交流。对话是文明发展的
必然要求，随着现代交通、通信技术迅猛发展和全球经济一体化的进程，每
个文明都不可能在完全封闭的环境中发展，不同文明之间的交流将大大加
强，同时文明之间冲突的可能性也随之增大。防止文明之间的冲突，促进文
明之间的和谐，成为当下的全球性挑战和全人类的共同责任。经过反复比较
和各种实践，对话成为不同文明之间和谐相处的最重要的方式，并逐渐被越
来越多的人所接受。① 因此，宗教对话是解决不同宗教文明之间冲突的有效
途径，也是不同宗教和谐相处的有效方法。

---

①   王作安在"宗教对话与当今世界"研讨会上的致辞，载《中国宗教》2012 年第 9 期。

所以，在"解经"活动中，积极开展宗教对话就成为必要。但是，正如前面所述，宗教是一种社会意识形态，是一种以信仰为核心的文化，而且宗教具有排他性和神秘性的本质特征，因此，在信仰的层面或教义的层面进行对话的难度很大。正如民族不分大小，在政治和法律上一律平等一样，宗教也不能分大小，在法律上同样是平等的，所以宗教对话的模式和在什么层面上对话就很重要。在当下现实社会，我们可以尝试着从以下几个层面和方面来进行宗教对话：（1）当代人类都共同关心的生存处境问题，如环保问题；（2）各宗教共同关心的世界和平问题；（3）各宗教教义思想中的"爱国爱教"、"国家认同"、"民族认同"等理念；（4）以宗教文化为中介来进行宗教对话，如"宗教与社会"、"宗教与科学"、"宗教与教育"、"宗教与文学艺术"等社会功能方面的内容；（5）从宗教伦理道德的层面进行对话，如止恶扬善、施贫济穷、尊老爱幼、不偷盗、不赌博、不淫妄等问题。

不管怎样，宗教的正负功能既可成为文明冲突和地区战争的重要动因，同时也可成为维系世界和平的重要力量，这也正是宗教对话的意义和目的。因此，宗教对话对于当代人类来说，不仅是一个理论问题，更重要的是一个生存处境问题和实践问题。有关这方面的理论阐述和实践由于课题的性质和篇幅所限，加之有关成果均有涉及，在此就不展开赘述了。

（七）开发和保护宗教文化旅游资源与维护宗教文化生态平衡是宗教文化建设的重要内容

1. 开发和保护宗教文化旅游资源

宗教与旅游关系密切，最初的旅游就始于宗教。宗教文化旅游是人类历史上出现较早的旅游活动之一，宗教朝圣可以说是古代主要的、具有旅游性质的人类活动。历史上，僧侣、道士、传教士、信徒的云游和朝圣旅行成为古代旅游的主要形式。到了现代，国内外宗教文化遗产和著名的宗教活动场所普遍成为重要的旅游目的地。"欧美看教堂，东方看寺庙"已成为国内外游客的共同印象。现代旅游中，宗教文化旅游也一直作为重要的旅游形式在旅游活动中占有重要的地位。特别是改革开放以来，随着我国民族宗教政策的逐步落实和国内旅游业的兴起，宗教文化旅游得到迅速发展。宗教文化的实体性景观和活动性景观在现代旅游活动中对旅游者逐渐产生了巨大的吸引力，大批游客以高度的热情参与到形式多样的宗教文化旅游活动中，旅游界、宗教界和政府相关部门也以前所未有的热情投入到宗教文化旅游资源的开发。

现代旅游是一种大规模的文化交流活动，它所产生的社会影响和对宗教文化所起的作用，随着旅游业的发展越来越受到有关方面的关注。开发宗教文化资源，对旅游业的发展具有重要的意义；而旅游业的发展，也有利于宗教文化的继承、传播、交流和研究。宗教文化与旅游业的关系是相辅相成、互为支撑、共同发展的。著名宗教圣地，积淀了厚重的人文历史和宗教文化旅游资源，随着旅游业的不断发展，旅游资源的开发利用和新的旅游市场的开拓，吸引了更多的人前来游览、朝圣和学术考察交流，这些都从不同的方面促进了宗教文化的传播、交流和发展，对宗教文物古迹也起到了保护和修缮的作用。旅游活动是人们需求层次提高的一种表现，能满足人们求知的需要，通过旅游可以增长人们的宗教文化知识，陶冶性情，修身养性。到宗教名胜古迹旅游的人一般具有较高的文化水平，不仅有一般游客，更有朝圣者、宗教信徒和专家学者。因此旅游活动的发展也是人们传播了解、探讨和研究宗教文化的一个重要途径。

宗教文化旅游资源包括有形的物质文化和无形的非物质文化，如宗教神学思想、宗教文学艺术（包括音乐、舞蹈、雕刻、绘画等）、宗教建筑（如佛教的寺庙、道教的道观、伊斯兰教的清真寺、基督教的教堂等寺观庙宇）、文物古迹、宗教礼仪、宗教习俗文化等，其中，民俗节庆是一个民族风俗文化和宗教文化在其生活方式、生活行为和生活准则等方面的具体体现，它最能反映该民族与所生存和发展的地理环境、自然条件、宗教意识和共同心理素质间的关系。据有关资料，在我国31处世界自然与文化遗产中，完全是宗教文化内容的有5处，部分是宗教文化内容的有7处。在国务院先后公布的500处国家级文物保护单位中，完全是宗教文化内容的157处，部分是宗教文化内容的也有多处，二者合计将近200处。国家公布的3批119处重点风景名胜区中，宗教文化景观有57处，占总数的47.9%。最近，国家旅游局公布了首批国家5A级景区66处，其中以宗教文化内容为主的景区超过20处，占到总数的1/3。所以，宗教文化是现代旅游的重要资源，而包括宗教文化在内的民族文化已成为当今文化旅游中最具特色和吸引力的资源。在云南，这种资源尤显突出。

在云南丰富丰厚的文化旅游资源中，宗教文化旅游资源占有重要的地位，佛教、道教、伊斯兰教、基督教、天主教都形成了各自的文化圈或文化系统，加之各个民族拥有的传统原始宗教和民族民间宗教，形成了云南多种宗教文化长期和谐相处、多元共存、共同发展的特点。它所具有的独特的多种宗教形态、多元宗教文化优势和多民族民间信仰特色，以及由此形成的深厚的宗教文化底蕴与旅游文化氛围充分显现出云南宗教文化旅游资源的珍贵性和独特性,这是其他省区无法比拟的,在世界宗教文化旅游中亦占有独特的地位。如省城昆明有著名的佛教圣境圆通寺、盘龙寺、筇竹寺、昙华寺、华亭寺和太华寺;在有"妙香佛国"之称的大理,有崇圣寺朝拜三塔、著名的巍宝山道教宫观群,佛教圣地鸡足山等;在丽江,有享誉世界的东巴教及其文化;游古城,上云杉坪,但若不去玉峰寺观万朵山茶就会留下深深的遗憾,在泸沽湖上惬意泛舟后,若不去扎美寺领略神秘的藏传佛教就不算体验过摩梭风情;而德宏、西双版纳的南传上座部佛寺,让你不出国也体验到异域风情;还有武定狮山的神奇传说、宏伟的香格里拉松赞林寺等;伊斯兰教的清真寺,基督教、天主教的教堂在云南也广为分布且各具特色。另外,还有彰显民族文化特质的各民族传统的原始宗教和民族民间宗教文化,如纳西族东巴文化、彝族毕摩巫教文化、白族的本主崇拜文化和哈尼族的贝玛文化等。这些丰富的宗教文化旅游资源同当地秀美的风光、独特的少数民族文化有机地融合在一起,使得云南宗教文化旅游资源的开发具有广阔的发展前景。

云南丰富的宗教文化资源是云南开发宗教旅游的有利条件,也是支撑"桥头堡"和"一带一路"建设的重要项目,但是,宗教文化旅游要长期、全面、可持续发展,还需加强宗教文化自身建设,如没有宗教文化的支撑,宗教文化旅游就没有后劲,反过来也会制约和影响宗教文化建设。目前,正值云南"桥头堡"建设和"一带一路"战略实施的历史机遇,各地相关部门都在深入开发宗教文化旅游资源,希望以宗教文化促进旅游文化产业的发展。然而,在开发宗教文化旅游的同时,也伴生了一些问题,其中有些问题还比较严重,不仅没有促进旅游文化产业的发展,反而损坏和破坏了宗教文化,影响了旅游文化的发展。当前云南宗教文化旅游资源开发的现状与存在的主要问题有以下几方面:

(1) 宗教文化旅游资源开发的深度不够

云南宗教文化旅游资源深度的开发,在横向和纵向两个方面都较缺乏。首先,云南宗教文化旅游资源的横向开发,主要是拓展宗教文化旅游场所。云南有着丰富的宗教文化资源,有很多宗教场所都适合开发为宗教旅游文化场所,但就目前来看,这一方面的开发存在很多的不足。据省宗教局提供的资料显示:2009 年全省五大宗教正式登记的宗教活动场所有 6658 处,而作为旅游资源开发的却很有限。以大理州为例,目前大理州内五大宗教有 265 处宗教活动场所依法进行了登记,并准予开放,但被开发为旅游景点的也仅有崇圣寺、鸡足山、巍宝山等。① 其次，云南宗教文化旅游资源的纵向开发，主要是对宗教文化资源的价值深层次开发与研究。宗教文化不仅体现在建筑、雕塑、绘画、音乐等物质方面，更有其人文价值、理念等精神的层面。就云南现有已开发的宗教文化旅游场所来看，绝大多数的宗教旅游活动都仅仅停留在对寺观教堂的观光旅游层面，而对宗教旅游资源中蕴含的深层精神文化内涵开发不够。甚至过多地重视经济价值的开发而忽视宗教文化资源的保护，个别地区还利用宗教文化中的神秘色彩，乃至是糟粕、迷信的东西吸引游客。因此，若不能充分挖掘宗教文化中的深层文化价值，宗教文化旅游便不能持续发展。

（2）宗教旅游文化资源重开发轻保护

宗教文化的神圣性决定了宗教旅游文化开发的特殊性，并且在旅游开发的过程中很容易受到市场化、世俗化等的冲击而遭受破坏。在云南宗教旅游文化开发中也逐渐暴露出开发资源与维护宗教神圣性之间的矛盾。一些宗教旅游景点作为其他主要景点的附带点而强迫旅客游览，并且游览的主要内容不是宗教文化、寺庙景观、文物建筑等，而是利用人们对宗教的神圣敬畏心理，迫使游客烧高香、购买高价纪念品等，由此宗教在人们心目中神圣地位受到动摇，宗教景区内原有的清净庄严的氛围也被打破。这种不健康的开发模式，必然损害宗教文化的真正价值，从而使宗教文化资源旅游成为一种短期的、无持续性的、破坏性的开发。宗教文化资源是宝贵的历史文化资源，它们大多在特定的历史条件下产生、发展、成熟，与其周围的历史、民族、文化氛围深深地整合在一起，离开这个环境，其价值就会消失，这就是宗教文化资源独一无二不可再生的特点。然而，一些宗教景点在游客日益增多的情况下，没有规划地盲目扩建、翻修、新建，由于规划缺乏合理性，使空间变得凌乱、拥挤，景区内宗教文物的安全也因游客的增多而受到威胁。另外，宗教旅游胜地的生态环境的承载力亦有限，一味地开发和扩大规模，使得周边生态环境资源受到挤压、脆弱的问题也逐渐凸显。

（3）宗教文化旅游市场管理不规范

在宗教文化旅游资源开发管理进程中，由于宗教文化旅游场所的特殊性，园林建筑归园林部门管理，神职人员归宗教部门管理，景点开发归旅游部门管理，当地政府也要参与管理。这种分割式管理使得权利、责任的交叉、空白时有发生，造成有利益时各部门争相邀功，出现问题时互相推脱责

---

① 萧雳虹：《云南宗教文化旅游资源开发现状与存在问题研究》，《民族、宗教与云南的和谐发展——"云南论坛·2009"文集》，云南人民出版社 2012 年版，第 190 页。

任的混乱局面,严重阻碍了宗教文化旅游资源的合理性、科学性及可持续的开发。

(4) 宗教文化旅游由于片面追求经济利益而产生的负面影响

在宗教文化旅游管理中还存在由于管理松散、一味追求经济利益而产生的负面影响。例如:有的寺院聘请学过武功的青少年剃光头发搞所谓的少林武功表演;有的地方随意修庙建塔,打造宗教文化旅游景点;有的在宗教场所修建娱乐城,严重影响景区氛围;有的置宗教传统于不顾,任意向游客乞讨"功德钱";有的不择手段招徕游客,建造"鬼府冥殿",大搞封建迷信活动,这些活动既危害了宗教自身利益,也不利于旅游业的发展。①

此外,在城镇化进程中加强对宗教文化建设和宗教旅游资源的保护和开发也是一个不可忽视的问题。在当前的城镇化建设中,更多的是注重经济领域的建设,如道路、交通、通信、绿化、公共设施和"城中村"改造等方面的硬件建设,而对文化、教育等方面的软件建设往往重视不够,轻视和忽视文化建设的重要性,甚至对损毁文化设施、破坏文物古迹的事件也屡禁不止,以致出现经济社会发展中的"短板现象",经济社会发展缺乏精神、智力等文化软实力的支撑,致使经济社会发展后劲不足,不能保持长期、稳定、全面的持续发展。如当前全国各个城市正在进行的"城中村"改造,既是城市现代化发展的需要,也是现代城市建设的重要组成部分。但是"城中村"改造是一项系统工程,它不是简单的拆房、建房和人员安置,而是整个城市化建设和发展的重要组成部分。而在"城中村"存在的诸多复杂的社会问题中,除了历史的、社会的和经济的原因,长期以来,其文化教育基础设施薄弱、传统文化教育缺位、村民整体文化素质偏低等也是一个重要因素。对"村改居"后的居民来说,不是改变了属地,住进了新房,更改了户口,转变了身份,在户口簿上由村民改为居民就能成为真正意义上的城市居民,更为重要的是其思想观念、价值取向、文化认同、行为方式等要符合和适应城市现代文明的规范和要求。由于历史的、经济的和社会的诸多原因,居住在"城中村"的居民大多是失去土地的农民和外来务工者,他们大多数受教育程度不高,小农意识和流民意识较强,法制意识、道德意识淡漠。在一定的时间内,这种状况是不会轻易地随其身份的改变而改变的。

以云南省会昆明市为例,近几年来,宗教文化旅游一方面带动和促进了

---

① 参见张桥贵《云南宗教旅游开发的思路、原则和措施》,《云南民族大学学报》(哲学社会科学版) 2011 年第 1 期。

昆明经济的发展；另一方面，随着城镇化建设和"城中村"改造的不断推进，在民族和宗教方面出现了一些新情况、新问题，主要表现在以下几方面：

其一，随着城市化建设和城中村改造的不断推进，原有的城市格局和居民分布状况发生了较大的变化，人口流动和人员相互交叉居住呈明显趋势，传统的相对聚居的民族社区已经基本解体，原居住民已被打散或打乱，分散到新的不同的小区，形成了以汉民族为主体的各民族杂居的状况。这些新的社区的居民来自不同的地方，有的甚至来自各地州或省外，各种民族成分的人都有，其中有的人对我国的民族宗教政策和少数民族的风俗习惯不甚了解，加之各自的文化背景、教育程度、宗教信仰、生活习俗、地域文化、方言差异等因素，在相处中各民族之间难免发生摩擦和矛盾，而这些摩擦和矛盾如不及时疏导、解决或解决得不好，则可能酿成更大的矛盾，甚至造成社会问题，影响社会和谐稳定和旅游业的发展。

其二，现有的宗教活动场所和宗教教职人员不能满足信教群众的需要。一是部分宗教活动场所由于年久失修和各种原因已成危房，不能继续进行正常的宗教活动，严重影响了该社区信教群众的宗教生活；二是有的宗教场所存在土地证、房产证未解决的问题；三是一些宗教教职人员，特别是佛教教职人员相对缺乏；四是现有的宗教开放场所分布不均，宗教资源得不到充分利用，甚至形成浪费。特别是基督教堂，大多集中在中心城区，适应不了周边社区和城郊结合部信教群众尤其是中老年信教群众进行宗教活动的需要，因此自发的家庭宗教聚会就应运而生，由此带来了许多问题。

其三，对小寺小庙管理水平普遍不高、不规范，管理制度不健全；部分宗教场所管理人员年龄偏大、文化素质偏低、宗教知识缺乏，不能对信教群众给予正确的引导，给封建迷信和境外宗教渗透以可乘之机，由此引发一些社会问题；私搭乱建寺庙现象非常突出，既存在安全隐患，又影响了城市的整体规划和景观。

其四，目前在昆明的宗教文化旅游资源开发中，有的缺乏整体、系统、超前的策划和规划，而急功近利、零敲碎打、顾此失彼、重复建设、重复开发的现象屡见不鲜；有的在旅游景区景点的开发中投资过大，产出过低，造成人、财、力等大量资源的浪费，收不到预期的效果。如昆明有的旅游景区、景点雷同或无特色，配套设施缺乏或质量差，开发建成后游客甚少，有的甚至被闲置荒弃；有的景区景点为了片面地追求经济效益，对宗教圣地、宗教建筑、宗教文物等宗教文化过度地开发，甚至人为地损毁、破坏和模仿伪造宗教遗迹、宗教文物；有的为了猎奇，迎合和招揽游客，瞎编乱造历史人物故事、神话传说，以致造成了宗教文化资源的流失和破坏，出现了所谓的宗教和宗教文化的异化。

上述情况和问题如果得不到应有的重视或是被忽视，就必然导致昆明宗教文化资源的萎缩和枯竭，最终影响全省经济社会的可持续发展。据有关资料统计，自 2009 年以来，昆明市旅游经济总量在全省的比重有所下降，昆明旅游业在全省的地位出现了持续性的下滑。之所以出现这种情况，这其中的原因固然很多，但以文化为主要内容的软实力未能与旅游业同步发展，以及旅游业没有文化的支撑则至关重要，因此，发展民族文化旅游是旅游业可持续发展的关键因素。

在桥头堡建设和"一带一路"建设战略的背景下，无论是从"文化强省"还是对外开放的层面，云南宗教文化旅游资源都是不可多得的宝贵财富，如何合理有效地开发利用，使其为推动和促进"桥头堡"建设和"一带一路"建设服务，是我们必须面对和思考的问题。针对上述问题，并结合云南宗教文化旅游资源的特点和开发现状，在云南宗教文化旅游资源开发以及在城镇化进程中，怎样加强宗教文化建设，开发和保护宗教文化旅游资源，开创宗教文化旅游新局面，从总体上说，应注意以下几方面的问题：

第一，首先，宗教文化旅游资源的开发应以宗教事业本身为主体，而不能只考虑经济利益和市场需要而任意开发。其次，要严格执行宗教政策法规，积极协调各部门之间的关系和利益，实现社会和谐、经济发展、生态平衡三方共赢的局面。再次，合理开发，积极保护。宗教文化旅游，是在保护宗教文化的前提下发展旅游，而不应该在保护旅游的基础上发展宗教。[1] 在宗教文化旅游资源开发的过程中，对于宗教与旅游的关系、保护与开发的关系必须有清醒的认识。最后，宗教文化旅游的开发介于宗教神圣性的因素，不能仅以市场为导向，一味地追求经济利益。如果将宗教文化中所有神圣的内核都推向旅游市场，那么宗教文化在面临世俗化、商业化的同时，宗教文化旅游也必将失去可持续发展的基础。因此，在宗教文化旅游资源开发的同时，还要遵循合理保护宗教神圣性的原则，才能保持宗教本身的独特魅力而更具吸引力。

第二，从全社会尤其是宗教界来说，要自觉维护和发展包括各民族各宗教文化在内的中华民族文化；坚定和纯洁信仰，保护、传承和弘扬各宗教的优秀文化；重视和加强宗教文化建设，充分挖掘和发挥宗教景观、宗教文学

---

① 参见张桥贵《云南宗教旅游开发的思路、原则和措施》，《云南民族大学学报》（哲学社会科学版）2011 年第 1 期。

艺术、宗教建筑等有形的物质文化和无形的非物质文化其历史悠久、宗教文化内涵厚重、人文资源丰富的资源优势和特点，进一步开发宗教文化旅游资源及相关资源，探索一条开发与保护、保护与发展、社会效益与经济效益并重、宗教文化与旅游文化相结合的可持续发展之路，进一步拓展云南文化旅游市场，以此来推动和促进云南文化产业的发展；各宗教不仅要从云南经济社会发展的需要，也要从自身发展的需要来认识宗教文化建设和宗教文化资源开发与保护的重要意义，发挥和利用各宗教的优势和特长，调动教内一切积极因素，积极参与宗教文化建设和宗教文化资源开发与保护之中。

第三，在城市化建设和城镇化建设中要加强民族文化建设，要注意开发和保护宗教文物、宗教场所和宗教景观等宗教文化载体，合理设置和建设寺观庙宇。目前在城市化进程和城镇化建设中，对文化设施尤其是宗教文化设施，如寺观庙宇、宗教文物和宗教遗迹破坏的现象十分严重，宗教文化在城市社区建设中得不到应有的重视。一个新建的社区缺乏必需的文化设施，社区居民生活在钢筋水泥筑成的丛林之中，没有生气，没有精神文化生活，没有诉求的渠道。长此以往，人们的身体和精神是会出问题甚至崩溃的。因此，在城镇化建设、社区建设中，不仅要考虑物质方面的基础设施建设，也要注重包括宗教文化在内的文化设施建设；既要满足社区内居民对物质基础、硬件设施的需要，也要满足人们日益增长的文化和精神生活的需要，让人们在工作和生活之中能享受到物质条件和精神文化带来的愉悦和幸福。具体来说，在城镇化建设中，应在社区配套建设一定数量的图书阅览、体育锻炼、娱乐等文化设施；对原有的宗教文物、宗教遗迹要加以保护、开发和利用；同时也考虑恢复和设置一定数量的宗教文化场所，以满足社区居民多样的文化需要和不同的精神需求，自觉抵制境外宗教文化渗透和各种消极的、不健康的文化垃圾和精神污染。当然，在城市或社区中恢复和设置宗教文化场所，涉及政策、资金、场地、人员、活动内容、管理形式等诸多实际问题，需要我们认真研究、慎重而行。

就昆明市来说，针对存在的问题，特别是近几年在城镇化建设中宗教文化旅游资源开发中存在的问题，特提出以下几个方面的具体意见和建议：

第一，在城市化建设和城中村改造中，我们一方面要开展和加强对社区干部、群众，尤其是外来人口有关民族宗教政策、法律、法规和尊重各少数民族风俗习惯的宣传教育，让全社会逐步形成一个各民族、各宗教相互尊重、相互了解、相互信任的社会环境；另一方面要重视少数民族居民特别是信教群众的安置工作和宗教活动场所的改造、合理布点和建设问题，要把少数民族聚居区的拆迁和安置工作纳入整体规划统筹考虑；协调有关部门，对那些单一民族相对集中的聚居区，最好能整体搬迁和整体安置，能回迁的尽量回迁，让他们相对集中居住，逐步形成新的民族聚居区和生活点。这既有利于少数民族居民的工作和生活，也有利于民族文化和宗教文化的保护、传承与发展。

第二，对具体的宗教场所危房改造的问题，政府和职能部门应组织和协调有关部门采取现场办公、领导监督、职能部门和有关人员到位并问责的措施，尽快给予解决，不能再久拖不决，失去民心；对宗教场所证照不全、分布不均、教职人员相对缺乏和不能满足信教群众需要的问题，政府和职能部门应组织和协调有关部门和宗教团体，针对不同的情况，采取集中、合并、调配、合理布点、明确产权主体、登记发证和新建的方式，整合并合理利用资源，以最小的投入实行资源效益和社会效益的最大化，充分满足各信教群众的需要；对宗教教职人员和管理人员文化偏低、素质不高等问题，政府和职能部门要对其进行培训、组织学习，尽快提高其文化水平和综合素质，并进行考核，逐步做到持证上岗。

第三，一方面要进一步依法管理宗教，严禁擅自扩建、滥建庙宇、教堂；对封建迷信违法活动和邪教活动要坚决予以取缔；对利用宗教向我渗透的敌对势力要坚决抵制和打击；另一方面，在城市化进程和城镇化建设中，要注意保护和开发宗教文物、宗教场所和宗教景观等宗教文化载体，合理设置和建设寺观庙宇。特别是在城市的社区建设中，可以考虑恢复和新建一定数量的宗教文化场所，以发挥宗教文化在社区中的积极作用。

第四，加强"城中村"改造中社区文化教育的建设和投入。在宏观政策方面，要对"村改居"后的社区按城市化发展的要求统一规划；各级政府和有关部门要特别加大对社区文化和教育的投入，从政策、体制、资金、人力上为社区文化教育的发展提供必需的基本保证。在文化建设方面，要在"村改居"后的社区建设与之配套的文化公共基础设施，建立相应的公益性文化馆（室）、图书馆（室）及文体活动场所，并配以一定的专职辅导人员，经常性地组织开展丰富多彩、群众喜闻乐见的文体活动，以适应和满足社区广大居民不断增长的精神生活的需要；不断加强社会主义精神文明和优秀传统文化及道德教育，积极引导社区居民，尤其是青少年儿童树立正确的人生观、价值观以及积极、健康的审美情趣和审美取向；在社区建设营造一种现代城市文化的氛围，让居民身在其中，耳濡目染，潜移默化，逐渐地从内到外转换身份，全方位融入城市社会生活，真正成为现代城市的文明公民。

第五，就昆明包括宗教文化在内的传统文化来说，只有在保护的基础上进一步弘扬和传播，让更多的人认识、了解并享受这种文化，这种文化才是活文化和有价值的文化；也只有在传播的过程中传承和弘扬其精华，摒弃其糟粕，保持发扬其优秀的品质和特色，这种文化才能与时俱进，才能得到提升和发展，否则就会在岁月的掩埋中失去它的价值和意义，最后被历史所淘汰。而宗教文化旅游就是弘扬和传播城市传统文化最有效的手段和重要途径。通过宗教文化旅游，让旅游者把昆明的优秀的传统文化带出去，传播给更多的人，让世人真正理解和认可昆明这个城市的文化，提高昆明城市文化的认可度和知名度。

第六，在昆明宗教文化旅游资源开发中还要注意和解决的一些具体问题：一是城市品牌定位要准确明晰。二是城市发展和文化旅游规划要系统化。三是城市文化旅游要有差异。文化旅游差异化是为了使城市在文化旅游竞争中与其他城市有明显的区别，形成与众不同的特点。昆明城市文化旅游的亮点和特色，就是丰富而厚重的民族文化、多样而多元的宗教文化和丰富多彩的边疆地域文化。为此，打响民族、宗教、边疆牌是省会昆明的一大优势。四是城市文化旅游资源要整合。五是要在保护和发展的基础上进一步挖掘和利用民族文化旅游资源。六是要充分发挥宗教和宗教界人士在开发和保护宗教文化旅游资源中的积极作用。

综上所述，宗教文化是人类文明的重要组成部分，宗教在其长期的发展过程中，给现代人及其子孙后代留下了大量的、有着丰厚文化底蕴的物质和精神财富。云南拥有得天独厚的宗教文化旅游资源优势，很好地利用和开发这些独特的宗教文化旅游资源，有利于促进云南宗教文化建设，提升旅游产品的文化内涵，满足旅游者的文化需求，对保证桥头堡建设和"一带一路"建设战略的顺利实施、增强云南省"文化软实力"有着重要的现实意义。

2. 保护和发展宗教文化生态平衡

在保护和开发宗教文化旅游资源的同时，还要注意保护和发展宗教文化生态平衡。云南是一个宗教形态多样并存、宗教文化多元共生的地区。除了各民族传统的民族民间宗教和原始宗教外，道教、佛教、伊斯兰教、基督教和天主教都在云南传播和发展。长期以来，云南的宗教文化保持了一种平衡的生态生存环境。历史上，云南各宗教之间虽然有过摩擦，有过矛盾，但却从未发生过大的宗教冲突或由宗教引起的战争，各宗教和宗教文化的相互理解、相互包容和相互支撑始终是宗教文化发展的主流。各宗教及广大的信众在长期的生产和社会生活中互不干涉、相互尊重、各行其是，各宗教文化在各自的体系和运行中互相融合、包容和支撑，这些都为各宗教和宗教文化的共生、共荣和共同发展提供了较好的生存环境，形成了云南宗教文化生态的平衡，而宗教文化生态的平衡又涵养了宗教文化的发展和繁荣。

如前面列举过的生活在云南西双版纳勐海县的曼峦村和曼赛寨的"帕西傣"，以及景洪嘎洒曼允寨，就是宗教多元文化共存和宗教文化生态平衡保持得较为完好的典型。在曼峦村和曼赛寨，身着傣族服饰、讲着傣语，但却信仰伊斯兰教和严格遵守回族生活习俗的"帕西傣"与周围的傣族、汉族和其他民族友好相处、世代往来、亲如一家。在曼赛寨旁边就有一个傣族的寨子，傣寨里的佛寺与曼赛的清真寺相隔不远，每天清真寺召唤穆斯林礼拜的"邦格"声与傣寨佛寺的念经声此起彼伏，相互交织，信仰伊斯兰教的"帕西傣"与信仰小乘佛教的傣族就是听着这两种文化背景和风格截然不同的声音从容而安然地过着他们的田野生活……而在嘎洒曼允寨，信仰基督教的傣族信众却长期生活在一个南传佛教盛行、几乎全民信仰佛教的地区。寨子里基督教堂的钟声和唱诗声与佛教寺庙里和尚的念经声交融在一起，仿佛一种和谐而美妙的天籁之声。两种完全不同的宗教文化在同一天空下如此完美地融合在一起，向世人展示了宗教多元文化水乳交融和宗教文化生态平衡的独特魅力。

在一个根深蒂固的南传佛教文化圈里，还居然存在着一个全村人信仰伊斯兰和一个信仰基督教的村寨，并建有各自的清真寺和教堂，且经常开展宗教活动，这足以证明云南宗教文化多元共生及宗教文化生态平衡的典型性，而在云南其他地方，还有许多类似曼峦村、曼赛寨和曼允寨这样的情况。放下民族迁徙、融合，宗教传播、渗透等历史和现实因素不说，仅从宗教文化多元共生这样一个角度和层面也可说明云南宗教文化生态平衡的价值及其意义。因此，我们要在继续保持和维护这种来之不易的宗教文化生态平衡、宗教多元共生共存环境的基础上，进一步维护和发展适应于各宗教和宗教文化生存和发展的环境，促进社会主义宗教文化的健康、和谐发展，为"桥头堡"和"一带一路"建设和云南经济社会提供一个和谐发展的宗教文化生态环境。

（八）积极开展宗教文化对外交流，打造和构建中国特色社会主义民族文化圈，筑牢边疆民族文化长城，建立长效机制，主动有效地防范和抵御境外渗透是宗教文化建设的重要途径和有效方法

如前所述，云南由于地处边疆，与缅甸、老挝、越南三国接壤，国境线长达4000多公里，与泰国、柬埔寨、孟加拉国、印度等国地缘相邻，自古

就是中国连接东南亚、南亚各国的陆路通道和文化传播的重要渠道，16个民族与境外相同民族跨境而居，同源同宗，有其共同的宗教信仰；有的宗教（如南传上座部佛教）与东南亚、南亚有着渊源关系，文化相通，宗教文化交流密切。历史上，宗教文化的交流对促进中国与东南亚、南亚的经济社会发展，以及边疆和谐稳定，发展与邻国友好关系起过积极而重要的作用。

中华民族是一个爱好和平的民族，历来有着进行友好外交的传统，明代时，明王朝沿袭了这一传统的外交政策，积极开展对外交流活动。明成祖时，郑和奉旨七下西洋（1405—1433年），其主要指导思想就是要实现"厚往薄来"的怀柔政策，沟通和加强中国与东南亚、南亚以及非洲各国的联系和友谊。

郑和七下西洋，途经南亚、东南亚、印度洋、红海，最后直达东非海岸，先后访问了三十多个国家和地区，历时28年。其航程之远，历时之久，船队、人员规模之大，造船工艺之高，访问国家之多，影响之深远，在世界航海史上都是绝无仅有的。郑和的船队每到一地，都以友好使者的面目出现，友善地对待当地人民，进行和平的外交活动，促进了这一地区的和平和友谊，稳定了该地区的国际关系，对明王朝的边防巩固、国内安宁、经济发展起到了重要的保障作用。与此同时，郑和远航西洋，把中华文明礼仪和传统文化带到西洋诸国，带去了丝绸、布匹、瓷器及金银制品，加之赐赠和贸易，政治上、经济上恩威并举。通过一系列的海外出使活动，使中国文化在西洋各国得以广泛传播，促进了中国与亚非各国的经济文化交流和友好往来，极大地提高了明王朝在国际上的地位和声誉。郑和的远航活动是一次中华民族传统的文化外交意识的自觉和实践。它既增进了亚非人民对中国的了解，吸收了先进的文化，又使中国人民开阔了眼界，增长了见识，学习了海外其他民族的有益文化知识，从而促进了中国与亚非各国相互之间的文化交流。

但是，自明成祖以后，中国实行闭关锁国的封闭政策，长期以来，不管是政治、经济，还是文化，都唯我独尊，自以为是地按照自己的传统模式运作。直到甲午海战，帝国主义的坚船利炮打开了中国的大门，清政府才意识到自己的落后和脆弱，于是一些有识之士兴起了戊戌变法、洋务运动、实业救国等，以图挽救中国的命运。直至后来的辛亥革命、五四运动……但大多以失败告终。正如邓小平同志在中央顾问委员会第三次全体会议所说的那样："现在任何国家要发达起来，闭关自守都不可能。我们的老祖宗吃过这个苦头，恐怕明成祖时候郑和下西洋还算是开放的。明成祖死后，明朝逐渐衰落，中国被侵略了，以后清朝康乾时代，不能说是开放的，如果从明代中叶算起，到鸦片战争有三百年的闭关自守，如果从康熙算起，也有两百年的闭关自守，把中国搞得贫穷落后、愚昧无知，借鉴历史经验，实行对外开放……"这是历史唯物主义的科学论述，也是被历史和现实实践证明了的真理。

新中国成立后，由于受当时政治和历史条件的影响，加之我们在指导思想上的"左"倾错误，在对外关系和外交上采取的也是较为保守和封闭的政策。特别是由于意识形态的原因，对资本主义国家采取了较为排斥甚至敌视的态度，对外封闭，对内以阶级斗争为纲，大搞阶级斗争，以致发生了十年的"文化大革命"，彻底封锁了与外界的来往，拒绝与国外特别是资本主义国家的交流，远离世界文化主流。在这种背景下，作为意识形态的宗教或宗教文化的对外交流就更不可能发生。所以，我们对世界宗教和宗教文化的发展状况就知之甚少，甚至可以说根本就不知道。十一届三中全会以后，随着改革开放的不断深入，我国政治、经济、文化等领域对外交往的步子越来越大，其中文化交流的广度和深度有所发展，但由于长期受"左"倾路线的影响，我们对宗教和宗教文化特别是对境外的宗教和宗教文化一直是持漠视和抵制的态度，在文化对外交流，特别是宗教文化在对外交流上缺乏积极、主动、自觉的文化意识，也很少积极、主动地开展对外的宗教文化交流活动，相比文化诸多领域的交流，宗教和宗教文化的对外交流是不够的和滞后的，宗教文化对外交流缺乏政策支撑和社会环境。随着云南改革开放的不断扩大，境外各种势力和宗教组织机构对我边境民族地区的渗透活动不断加剧。特别是随着云南"桥头堡"建设和"一带一路"战略的实施和连接东南亚、南亚大通道的不断推进，云南作为中国面向西南开放的桥头堡战略地位日趋凸显，云南民族文化与境外文化的交流更加频繁，其中宗教和宗教文化与境外宗教和宗教文化的交流和接触会更为直接，而在这种交流和接触中，由于云南特殊的地理环境，加之民族、宗教、贫穷、落后等历史和社会原因，境外敌对势力利用宗教对云南省尤其是边疆地区的渗透越来越激烈，境外宗教文化对边疆民族地区的影响日趋严重。但我们在反渗透及非传统安全等问题上却认识不足，甚至是被动或消极的，主动性和自觉性不够，缺乏机制保障，强调的是自卫式的防范或抵制，重心是防卫，而不是主动防范和自觉抵制，在战略和战术上都重视不够，以至处于被动的地位。目前在云南边境民族地区宗教渗透的活动中，较为突出的是基督教以及南传上座部佛教，尤其以基督教的渗透活动最为严重。如前所述，境外基督教势力利用云南边疆地区经济发展较慢、贫困，以及少数民族群众思想相对落后、愚昧的现实，不择手段进行传教、布道，如利用广播、录像、图书、年历，以及看病、送药、做善事等向我边民进行有关宗教宣传和布道传教，近年来在边疆和少数民族地区基督教发展较快，并有不断扩大的态势，在云南少数民族地区具有较大的影响。在这种背景下，如何有效抵制和防范境外势力利用宗教对我边境民族地区的渗透，是关乎我国民族团结、边疆稳定、社会和谐、宗教和顺等国家安全和文化安全的大事。

当年郑和远航西洋，不论是从政治、经济、文化，还是造船工艺和航海科学技术来说都作出了卓越的贡献，产生了巨大的影响，其不仅有着重要的历史意义，更有着积极的现实意义。尤其在中国面向西南开放"桥头堡"建设和"一带一路"战略实施中，郑和下西洋与郑和精神就更有其特殊的价值和重要的现实意义。郑和当年七下西洋，出使西域所经过的国家和地区，许多就是今天"桥头堡"建设和"一带一路"建设中要面对的国家和地区，也是云南对外开放以及经济文化交往和贸易必须面对和直接打交道的国家和地区。郑和当年用博大精深的中华文化使西洋诸国折服，今天我们同样能用在中华文化基础上发展升华的中国特色的社会主义文化去影响世界。郑和精神为我们今天改革开放、走向世界，提供了可资借鉴的成功的实践范例。①

郑和精神是一种敢为天下先的开拓进取精神，是与时俱进、开放创新的精神，是积极主动、自觉、自信和自强的精神，是兼收并蓄、包容宽厚的精神。当下我们在"桥头堡"和"一带一路"建设中，就是要学习、发扬和继承郑和及先辈这种意识和精神，增强文化自觉、自信、自强意识，采取积极、主动的文化外交策略，传承、弘扬和创新中华民族的优良传统文化，用博大精深的中华民族文化和中国特色的社会主义文化去感染和影响世界。同时，要传承历史，保持并发展同世界各国特别是东南亚、南亚的睦邻友好的传统关系，发挥云南宗教文化在东南亚、南亚的天然联系和影响，以及云南籍各民族、各宗教信教群众旅居海外，尤其是东南亚各国华侨、华裔及侨乡的资源优势和作用，增进和加强与东南亚、南亚国家和地区的友好往来及经济文化交流，为进一步推动和促进云南经济社会的全面发展以及"桥头堡"和"一带一路"建设作出无愧于先辈的新的贡献，重振中华民族的雄风。

在桥头堡建设和"一带一路"建设以及云南对外开放中，对外开展宗

---

① 郑和航海的伟大壮举虽不在云南，但郑和是地道的云南回族穆斯林。郑和原姓马，1371 年出生于云南昆阳一个回族穆斯林世家，从小就在伊斯兰文化和中国传统文化的熏陶中长大，12 岁时才随燕王朱棣入京。其祖父和父亲都是到过麦加朝觐的"哈只"，是虔诚的穆斯林。伊斯兰文化和家庭教育对他的一生产生了很大的影响。

教文化交流应从以下几个方面作出努力：

一是要大力弘扬中华优秀传统文化，大力发展社会主义先进文化，不断扩大中华文化国际影响力，形成与我国国际地位相称的文化软实力。从我国社会主义初级阶段人们的思想观念和社会文化多样化的实际出发，坚持以社会主义核心价值体系来引领社会思潮，同时尊重差异、包容多样，协调和整合社会生活中存在的包括宗教文化在内的各种文化形态，丰富社会主义社会的文化，构建社会主义的和谐文化关系，满足人们多样性的精神文化需求。

二是要加强社会主义的宗教文化建设，做大做强云南宗教文化，变被动为主动，积极主动地对外宣传和介绍中华民族传统的优秀文化，特别是社会主义特色的宗教文化；开展正常的宗教文化交流，提高中华民族优秀文化的影响力和威慑力，用中华民族的优秀文化和中国特色的社会主义宗教文化的魅力去影响东南亚、南亚，乃至亚洲和全世界；积极主动地抵御和防范境外势力利用宗教或宗教文化对我们的影响和渗透，而不是消极和被动地去应付外来宗教文化的侵蚀和渗透。目前，在全世界的 80 多个国家有 200 多所孔子学院，这不仅是对儒家文化的弘扬和传承，也是中国文化和汉文化走出国门、走向世界的具体尝试。

三是要鼓励宗教界主动"走出去"，热情"请进来"，在平等友好基础上开展同各个国家和地区的宗教文化交流和交往，宣传我国宗教信仰自由状况，增进同各国人民的了解和友谊，扩大我国宗教文化的国际影响力，为中华民族伟大复兴营造良好的外部环境。鼓励宗教界继续办好如"世界佛教论坛"、"国际道教论坛"、"中国教会圣经事工展"和"中国伊斯兰文化展"等宗教文化活动，搭建更多的宗教文化交流平台，通过相互学习、彼此借鉴，吸收一切有利于我国宗教文化建设的有益经验，推动我国宗教文化走向世界。支持宗教界主动参与世界不同文明、不同信仰、不同宗教之间的对话，与世界上一切热爱和平、主持正义的宗教组织和宗教人士一道，承担起历史的责任，倡导宗教和谐理念，反对一切利用宗教干涉别国内政和挑起文明冲突的行为，化解宗教纷争和冲突，促进社会和谐，维护世界和平。同时，在改革开放不断加快和扩大的条件下，更要坚持宗教独立自主自办原则，坚决抵御境外势力利用宗教对我国进行的渗透活动，防止宗教极端思想的影响。注重与境外宗教界在资金技术、管理经验、人才培养等诸多领域开展交流与合作，充分利用国际国内两种资源……①

再具体说，在桥头堡建设和"一带一路"建设以及对外开放中，我们

---

① 参见王作安《发挥宗教界在文化建设中的积极作用》，《中国宗教》2012 年第 10 期。

要实事求是、客观地认识分析省情，扬长避短，发挥地方优势和特色，充分利用云南省地处边疆，与老挝、越南、缅甸等东南亚诸国接壤、边境线长、民族众多、民族文化和宗教文化等自然资源及人文资源丰富的有利条件，加快云南通往东南亚的国际大通道建设、中国—东盟自由贸易区建设、GMS合作，澜沧江—湄公河次领域经济圈建设；加强对外联系，开展多边合作，发展边境贸易和旅游业，加快第三产业和非公有制经济的发展；调动一切可以调动的力量，吸纳和利用一切可以利用的资金、技术、管理、财力、物力，包括国外的科学技术和先进的管理经验，优化资源配置，多渠道、多形式、全方位地促进云南经济社会的全面发展；做大做强云南民族文化，提高云南的综合实力，尽快缩小云南与沿海和东部发达地区的差距，跟上时代发展的步伐，突显云南面向西南开放的重要"桥头堡"和"辐射中心"的战略地位。

同时，在做强做大中国特色的社会主义宗教文化的基础上，在云南边境一线和边境地区，打造社会主义边疆文化圈或民族文化长廊，建立和完善防范和抵制境外势力利用宗教对我渗透的长效机制，提高自觉抵御境外不良文化，尤其是宗教文化对我渗透的免疫力。自 2000 年，云南就启动了"兴边富民"工程和民族地区的边疆文化长廊工程建设，并取得了较大的成效，10 多年来在云南边疆与外接壤的 8 个州市的 25 个县的 2800 多个村（寨）建设了文化站、图书馆、广播、电视，除少数村寨外，几乎实现了乡镇通广播、电话、电视，村寨通广播、电话。上述措施使边疆民族地区的民族文化建设的基础性设施得到了改观，极大地活跃和丰富了边疆民族地区少数民族的精神文化生活，对抵御境外宗教文化渗透起到了一定的作用。但其中也存在不少问题，尤其是经费投入不够和后续的管理存在问题。在临沧、普洱和德宏地区的调研采访中，我们就发现不少的乡村特别是边远地区的村寨，文化站、图书馆是建立起来了，房子盖了，书也购置了，广播、电视设施也建成了，但由于经费投入不够或不到位，加之缺乏管理，如今去看书读报的人越来越少。有的乡村文化站、图书馆人去楼空，房门紧闭，门可罗雀；有的乡村广播电视设施老化并经常出问题，又无钱购置或维修，成了摆设。边境一线的老百姓有的又恢复去看国外免费送来的画册、画报、图书和录像等，收看境外电视节目，而其中不乏不健康、淫秽，甚至诋毁、污蔑和攻击我国的内容，也有不少是宗教和宗教文化渗透的内容，对当地群众的生产生活和社会稳定和谐带来极大的负面影响。对此，我们要采取有效措施，积极应对，而不能漠视不管，任其发展，以致出了问题，酿成大祸，危及社会才来仓促解决。

我们要在"兴边富民"工程和边疆文化长廊建设的基础上，不断巩固成果，在帮助边疆民族地区发展经济的同时，进一步加强包括宗教文化在内的民族文化建设，进一步加强对各民族干部群众的社会主义核心价值教育，强化国家意识和中华民族意识，树立民族自信、自尊、自强的意识和信心，在边境一线打造和构建包括宗教文化在内的中国特色的社会主义民族文化圈，筑牢边疆民族文化长城和文化"桥头堡"，建立和完善防范、抵御境外势力利用宗教和宗教文化向我渗透的长效机制，这样才能有效防范和抵御境外敌对势力的渗透。

在抵御境外敌对势力利用宗教对我进行渗透可从以下几方面考虑：

一是要在全面贯彻党的宗教工作基本方针和宗教政策中抵御渗透。把爱国爱教的宗教界人士和广大信教群众紧密团结在党和政府周围，筑成抵御渗透的铜墙铁壁。

二是要在扩大开放中抵御渗透。我们必须善于抵御境外势力借助信息化、全球化而不断加剧的渗透，必须善于在长期工作中抵御渗透，面对新情况，必须拿出新办法，解决新问题。

三是要在抓好落实中抵御渗透。抵御渗透不能只停留在口头上，做表面文章，喊得很响，落实得很空；看得很重，却无具体措施；不能把"内紧外松"，变成"外紧内松"。要切实把抵御渗透落实到宗教工作的各个方面和各个环节。

四是要通过加强依法管理来抵御渗透。抵御渗透并不是简单地在境内外宗教往来中竖起一堵"墙"，而是要加上一道网——法律之网，过滤之网，使有害的东西被拦截，无害的通行。坚决依法制止、打击利用宗教进行的危害国家安全、公共安全等违法犯罪活动。

五是要加强宗教专业工作队伍和人才建设。依法加强对宗教事务的管理，依法处理各种非法传教活动和渗透活动，需要一支稳定的、专业的、高素质的行政执法队伍，目前政府宗教工作部门作为职能部门和行政执法主体，其机构设置、干部配备与所承担的任务要求差距很大，亟待充实和加强。统战、民族宗教、司法、外事等部门要齐抓共管，形成合力，使渗透无机可乘，把渗透活动解决在萌芽状态。

六是要从根本上解决好社会变革中群众精神生活领域出现的新问题。随着改革开放的不断深入和市场经济的进一步发展，各种新的社会问题会不断出现和增多，广大人民群众对精神文化产品的多元需要不断增长。在此背景下，我们一方面要高扬中国特色的社会主义文化旗帜，建设社会主义核心价值体系，增强民族自尊心和文化自信心，形成全民族奋发向上的精神力量和团结和睦的精神纽带；一方面要创造和生产更多的精神文化产品来满足各族人民群众的不断需要；更加关注民生，关心群众的疾苦，注意解决社会变革带来和引发的老百姓关注的热点、难点及焦点问题，进一步建立和完善突发事件的应对和处理机制，最大限度地把各种社会问题解决在萌芽状态。此外，我们要善于将消极的原始宗教习俗同健康的风俗习惯区分开来，引导和帮助相关民族克服落后消极的陋习恶俗，尊重、继承和发扬各民族健康、积极的民风民俗，以促进具有中国特色的社会主义文化和包括宗教文化在内的民族文化建设，为"桥头堡"和"一带一路"建设服务。

七是要加强民族文化和宗教文化体系建设，构建国家民族文化和宗教文化安全防御体系。民族、宗教问题是一个世界性的话题，也是关乎人类发展和社会进步的重大问题，当今世界上的许多问题和矛盾，甚至冲突和战争都是由于宗教问题引发的。许多国家因民族宗教问题处置不当，加之霸权国家出于政治和经济图谋推波助澜，致使民族宗教问题转化成政治问题，社会矛盾不断升级，造成了该地区或国家政治动荡、社会动乱，甚至国家解体。民族宗教问题不断国际化、复杂化的倾向不容忽视。因此，非传统安全和文化安全已经引起世界上许多国家的高度重视，并纳入国家安全的战略考虑。我国是一个多民族、多宗教国家，佛教、基督教、天主教和伊斯兰教都来源于国外，至今这些宗教与国外相关宗教仍有渊源关系和割不断的联系，并在特定的背景或情况下互为影响。新疆问题和西藏问题一直是西方霸权国家企图西化和分化我国的话柄和借口，直接关系到我国的核心利益和社会稳定。从文化学的角度说，强势文化总是起支配地位，影响甚至左右弱势文化，而弱势文化一般来说，都会在强势文化的影响、支配和左右下渐渐被边缘化，最终失去自我，被强势文化所吞没，这值得我们警惕和反省。我们要从国家安全和文化安全的高度和中华民族整体利益的全局出发，加强民族文化和宗教文化体系建设，从国家层面来构建民族文化和宗教文化安全防御体系，这样才能从根本上有效防范和抵御境外宗教文化渗透。在"桥头堡"建设和"一带一路"建设战略以及对外开放中，一方面我们要坚持社会主义核心价值观，坚定信念，坚守原则，保持文化特色，增强和发扬文化自觉、文化自信、文化自强和不卑不亢的意识和精神；在边疆民族地区，打造和构建具有中国特色的社会主义民族文化圈，筑牢民族文化"长城"和文化"桥头堡"，建立防范和抵御境外宗教文化渗透的长效机制，提高自觉抵御境外境外敌对势力利用宗教或宗教文化对我渗透的免疫力，主动有效地防范和抵御境外势力对我国的渗透和境内外各种异端邪说，维护国家安全和文化安全。另一方面又要处理好与邻国宗教和信教群众的关系，继续保持和开展与国内外各宗教团体之间的正常交往，积极主动地开展宗教文化对外交流，实现宗教平等对话。同时，我们要积极地与丝绸之路沿线国家建立反恐联动机制，共同防范和打击恐怖主义活动，共同防范和抵御美日为主的霸权国家的挑衅和威胁；积极开展与沿线国家的人文交流，特别是对相邻和周边国家，要在地缘优势、历史传统、民族关系、文化认同、宗教渊源的基础上，充分利用传统文化、丝路文化、民族文化和宗教文化资源，加强人文交流，深化全面合作。以文化为桥梁和纽带，促进和发展与东南亚、南亚地区和国家的友好关系。共同打造和建设一个有利于互利共赢的"利益共同体"和共同发展繁荣的"命运共同体"的国际国内环境。

八是在宗教文化建设中，既要坚持原则，坚定信念，保持我国传统宗教文化特色，又要放眼世界，与时俱进，用更加宽容的态度和宽广的胸怀去面对和吸收来自不同国家、不同民族、不同地域，甚至不同意识形态、不同宗教的优秀文化，不断充实、提升、做强自己，增强自身的抵抗和免疫能力，使云南的传统宗教文化不断丰富和完善。这样，云南的宗教文化才能在经济全球化的背景下和"桥头堡"建设和"一带一路"战略中求得更大的生存和发展空间；同时也才能在桥头堡建设中既防范和抵制境外宗教渗透，又能处理好与邻国宗教和信教群众的关系，开展正常的宗教文化交流，发挥宗教的积极因素，引导和发挥宗教界人士和信教群众的积极作用，在一个新的高度上把云南建设成中国面向西南开放的重要"桥头堡"和"辐射中心"，真正发挥出云南在国家对外开放战略中前沿性、重要性和带动性的作用。

五　结语

　　把云南建设成为中国面向西南开放的重要"桥头堡"和面向南亚、东南亚辐射中心，是中央从国家层面和国家高度对促进和推动云南经济文化社会全面发展作出的重大战略决策，它使云南从我国对外开放的后方变成了对外开放的前沿，使云南在全国的战略地位得到空前提升，为云南的经济社会发展提供了前所未有的广阔空间和重大的历史机遇，其意义是深远而重大的。

　　"桥头堡"建设和"辐射中心"建设是一个庞大的系统工程，是社会、经济、制度、文化等综合性和整体性的建设，是以物质建设为特征的经济建设和以精神建设为核心的文化建设等在内的有机统一体。其中，经济建设是文化建设的载体和基础，而文化建设是经济建设的灵魂和保障，"桥头堡"建设和"辐射中心"建设需要文化软实力的支撑和保障。因此，在云南"桥头堡"建设和"辐射中心"建设中，既要注重经济层面的基础性建设，也要注重文化层面的保障性建设；既要注重物质的硬件建设，也要注重文化的软件建设；要把经济建设和文化建设有机地结合起来，以经济建设带动文化建设，以文化建设促进经济建设，充分发挥文化在推动经济建设和社会发展中的软实力作用。

　　在文化系统中，宗教文化是子系统；在民族文化中，宗教文化是其重要的组成部分；在"桥头堡"建设和"辐射中心"建设中，包括宗教文化在内的民族文化建设是其重要内容。宗教文化对一个国家和地区的经济社会发展、国家安全、民族关系、社会稳定，以及人们的物质生活、精神生活和社会文化生活有着重大而深刻的影响。在"桥头堡"建设和"辐射中心"建设中，作为构建和谐社会重要因素的宗教文化，由于直接关乎人们的信仰和精神需求而显得更加敏感和重要。"桥头堡"建设和"辐射中心"建设需要一个和谐、安定的社会环境，而宗教和宗教文化和谐无疑是社会安定和谐的重要基础和必要条件之一；同时，"桥头堡"建设和"辐射中心"建设需要包括各宗教和信教群众在内的各族人民和社会各界人士的广泛参与和积极支持，调动和发挥各宗教和广大信教群众的积极性，既是"桥头堡"建设和"辐射中心"建设的需要，也是宗教和宗教文化自身发展的需要。

进入 21 世纪以来，随着全球信息化步伐的加快，各种文化的流动呈现多元化的碰撞趋势。在全世界人民追求和平的主流中，一场没有硝烟的战争悄然而起，以美国为首的西方霸权国家加大了对我国尤其是民族边疆地区的文化渗透和宗教渗透，他们以各种名目和方式进入我国，并在各种幌子的掩护下，不断制造和挑拨民族宗教矛盾，企图异化我国宗教和宗教文化，导致我国文化思潮混乱，民族宗教问题升级，直至民族对立，国家分裂，从而达到颠覆和分离我国以及称霸世界的目的。

与此同时，随着改革开放的不断深入发展，中国作为崛起的大国已逐步走到了世界舞台的前沿。各种反华势力为了阻挡中国作为社会主义旗帜国家前进的步伐，不断煽动和编造所谓"中国威胁论"，并在人权、环保、领海等问题上对中国进行污蔑和攻击，这在一定程度上混淆了人们的视听，也影响了中国对外的形象。台湾问题经过 60 多年的风风雨雨，由国内问题渐渐转化为西方国家手中的一张王牌，在"一国两制"的框架内，目前虽有峰回路转之气象，然而离实质性的发展结果仍然任重道远。此外，西方国家利用西藏、新疆等问题企图西化和分化我国的野心和图谋一直不死，让原本就复杂的民族宗教问题更趋复杂多变。这种试图从民族宗教问题入手颠覆和分离中国的行为值得我们高度重视和警惕。

面对来自境外势力的文化和宗教渗透，我们以什么方式筑牢民族宗教和谐发展的防线，不给他人以可乘之机，是一件事关民族团结、宗教和睦、社会和谐稳定、国家长治久安的大事。在商品经济高速发展的时代，人们的文化生活和精神需求对社会提出了更高的要求，云南基督教、佛教信教群体的增多就是一个佐证。作为一个宗教信仰自由的国家，信仰自由是人民群众的一种权力。党和国家如何从制度层面规范管理，有效引导，培养一种建立在国家认同基础之上的、符合国家和民族共同发展需要的宗教主流意识，就显得尤为重要和紧迫。任何一种文化总是在历史和社会的发展中孕育生机和活力，一个正在发展、崛起的强大中国，和谐发展的理念正在取代国际上不合时宜的霸权主义，国家的强大正催生着文化的自立和自信，也激发起了各民族的国家荣辱感和自豪感。用创新的思维树立具有中国特色的民族宗教观，建立一种符合中国国情的民族宗教管理以及防范和抵御境外势力利用宗教向我渗透的机制和长效体系，是巩固民族团结、抵御外教渗透、确保国家长治久安的有效途径。

综上所述，在把云南建设成为面向西南开放重要桥头堡建设和面向南亚、东南亚辐射中心战略实施中，民族文化建设是其重要内容和必要保证，而宗教文化又是民族文化的重要组成部分，由此，宗教文化建设也就理应成为"桥头堡"建设和面向南亚、东南亚辐射中心不可或缺的重要内容和组成部分。加强宗教文化建设既是"桥头堡"建设和面向南亚、东南亚辐射中心的重要内容和题中之义，也是实现其战略的重要保证和必要条件，同时还是促进云南对外开放和云南经济社会发展的重要举措。所以，在"桥头堡"和"辐射中心"建设中就必然要重视和加强宗教文化各方面、各领域、各层次的建设，充分发挥宗教和宗教文化在云南"桥头堡"和"辐射中心"建设中的积极作用，让宗教文化为桥头堡建设服务，助推桥头堡建设。

　　而民族文化和宗教文化建设是一个社会系统工程，涉及政治、经济、文化、教育等社会生活的诸多方面，因此，需要全省各级党委、政府和有关部门以支持和帮助，需要从政策、体制、机制、资金、人力等方面给予倾斜与支持，需要社会各界、各阶层及各种社会力量的配合与支持。因此，在"桥头堡"和"辐射中心"战略实施背景下的宗教文化建设的路径和方法上，就不得不从理论与实践、政府与宗教、团体与社会以及社会各方力量来进行全方位的思考。

　　理论上：我们要坚持和发展马克思主义宗教观和宗教理论，高举中国特色社会主义旗帜，以毛泽东思想、邓小平理论、"三个代表"重要思想和科学发展观为指导，深入贯彻习近平总书记系列重要讲话精神，进一步全面正确地地认识和理解宗教和宗教文化的本质属性及其社会功能。

　　实践上：一是要全面贯彻和落实党和国家的宗教方针政策，依法管理宗教事务，进一步制定和完善有关法律、法规，加强制度建设，为宗教文化建设提供理论支撑、法律依据和制度保证，这是宗教文化建设的根本保证；二是要规避和防范宗教消极因素和负面功能对"桥头堡"和"辐射中心"建设的影响，引导宗教与社会主义社会相适应，充分发挥宗教界人士和广大信教群众以及宗教和宗教文化在"桥头堡"和"辐射中心"建设中的积极作用，促进云南进一步对外开放和经济社会全面发展，这是宗教文化建设的根本目的；三是要加强宗教职能部门、宗教团体、宗教人才队伍建设，创新宗教管理，依法进行宗教活动，这是宗教文化建设的重点；四是要加强宗教场所和宗教传统教育的管理与建设，这是宗教文化建设的关键；五是要完善和规范宗教教义、教理，对宗教经典和教义作出符合时代发展的解释，这是宗教文化建设的时代需要；六是要保护、开发和发展宗教文化旅游资源与宗教文化生态平衡，这是宗教文化建设的重要内容；七是要积极开展宗教文化对外交流，做大做强云南宗教文化，打造和构建包括宗教文化在内的中国特色的社会主义民族文化圈，筑牢边疆民族文化长城，有效防范和抵御境外渗透，特别是境外敌对势力利用宗教和宗教文化对边疆民族地区的渗透，这是宗教文化建设的重要路径和有效方法。

通过上述路径和方法的实施与落实，同时把云南"桥头堡"和"辐射中心"建设战略变为全省各民族、各宗教、各阶层和各种社会力量的共同意识和自觉行为，并通过他们的共同努力，加强包括宗教文化建设在内的民族文化建设，才能够顺利实现把云南建设成为中国面向西南开放重要"桥头堡"和"辐射中心"的战略目标。

附：专题调研报告

云南与东南亚国家南传上座部佛教的历史渊源和现实关系

王碧陶*

一 研究背景

  云南是一个多民族、多宗教的边疆省份，全省 25 个少数民族都有自己的宗教信仰。佛教信仰是云南少数民族的重要信仰之一。世界三大语系佛教——汉语系佛教、藏语系佛教和巴利语系佛教在云南省均有分布。南传佛教即巴利语系佛教，因其经典为巴利语书写故有此称。因保持原始佛教遗风，遵照佛的弟子或声闻的行径，求证涅槃，使个人解脱，过去被大乘佛教称为"小乘佛教"。云南傣族人口有 115.90 万、布朗族 9.19 万、德昂族 1.79 万、阿昌族 3.39 万、佤族 39.66 万，这些少数民族全部或部分信仰南传佛教。他们主要居住在云南南部、西南部的边境地区，集中在西双版纳州、德宏州、临沧地区、普洱地区、西北—东南走向的狭长地区内，面积约 5 万平方公里，与老挝、缅甸、泰国毗邻。以西双版纳傣族为主的信仰南传佛教的少数民族是跨中泰、中缅、中老两国而居的跨境民族。他们语言相通，南传佛教作为他们的共同信仰，有密切的历史联系。

  2009 年 7 月，国家主席胡锦涛考察云南后提出把云南建设成中国面向西南开放的重要"桥头堡"的战略构想。此后加快桥头堡建设，把云南建设成中国沿边开放经济区已成为云南发展的重要目标之一。"桥头堡"战略既是推进我国面向西南开放、实现睦邻友好的战略需要，也是云南推进"兴边富民"工程、实现边疆少数民族脱贫致富的现实需要，对促进云南经济社会又好又快发展具有重大意义。

  "南传佛教文化使印度文明可以直接到达云南西南部的边疆地区，其

---

* 王碧陶：女，云南省社会科学院宗教研究所助理研究员，本课题组成员。

显著的意义在于使云南和东南亚各国联系的性质发生了根本性转变，即云南西部边疆地区与东南亚各国由最初小规模经济上的联系迅速上升为一种文化交流"①，通过这种文化交流，形成了云南乃至中国与东南亚之间出现了一个以南传佛教为主要表现形式的南传佛教文化圈。云南边疆以傣族为主的各少数民族从这种交流形成的文化形式中塑造了自身特有的民族素质，以及与相邻东南亚国家生活着的相似民族密切联系的文化心理认同感，从而促使这一地区的对外交往呈现友好、和平的特点。西双版纳地区的南传佛教文化受内地封建政权干预相对较少，发展较稳定。南传佛教文化在西双版纳沟通对外联系、推动经济发展的作用十分明显。②

宗教文化是云南与东南亚关系史的重要部分。长期以来，云南省以西双版纳、德宏等地区为代表，与东南亚地区在南传佛教文化交流上无论是官方层面还是民间层面内容都十分丰富，具有历史悠久、长期持续、互通有无、崇尚和平、友好相待的特点。在建设"桥头堡"战略的视角下对云南与东南亚国家南传上座部佛教的历史渊源和现实关系进行研究，对南传佛教文化在"桥头堡"战略实施中的作用进行评价，针对相关问题提出建议与对策，对推进云南省"桥头堡"战略实施大有裨益。

二 南传佛教文化圈概说

（一）南传佛教的历史源流

南传佛教是由印度南传到斯里兰卡而后发展起来的。近代佛教学者为了研究整个佛教学说方便，按照使用文字的不同分佛教为三大系：汉语系、藏语系、巴利语系。南传上座部佛教属于巴利语系，因为其主要经典三藏诸经用巴利语写成。另一种分法，是所谓的大乘佛教和小乘佛教，即称汉语系和藏语系中的大乘理论为大乘，称巴利语系佛教及其他类似的佛教为小乘。但巴利语系的佛教徒则自称为上座部，不接受小乘这样的名称，并且不承认大乘是佛说。

公元前六、前五世纪，由乔达摩·悉达多创立的佛教在印度北部形成。佛教作为一个反婆罗门教的新教派出现，认为人生多苦难，只有禁欲爱，四大皆空才能进入最高理想境界③。佛教主张"众生平等""普度众生"。释迦

---

① 吴之清、董麟：《南传佛教对傣族社会经济的作用》，《西南民族大学学报》（哲学社会科学版）2009 年第 10 期。

② 云南民族学会傣族研究委员会编：《傣族文化论》，云南民族出版社 2000 年版，第 56—57 页。

③ 任继愈：《中国佛教史》第 1 卷，中国社会科学出版社 1985 年版，第 67 页。

牟尼去世后，从公元前 4 世纪中期开始，佛教演变为部派佛教，主要是大乘和小乘佛教。小乘是上座部，较接近于早期佛教，自认为是原始佛教的继承者。

公元前 253 年，阿育王召集佛教上层僧侣在华氏城举行佛教历史上第三次大"结集"（佛教会议），整理编纂经、律、论三藏佛经，还派遣僧侣四处传教。这次"结集"还做出一个决议就是在世界各国传播佛教。被派往僧伽罗（今斯里兰卡）的使团，由阿育王的儿子摩哂陀率领四位长老和一位沙弥，在提婆南毗耶·帝沙统治时期（公元前 250—前 210 年）到达该国。他们传教的工作进行得很顺利，在不长的时间内就使国王以及大臣和人民信奉佛教，建立了比丘僧团，创建塔寺，如著名的大寺等。以后摩哂陀的妹妹僧伽密也被派去斯里兰卡，建立了比丘尼僧团，并从菩提伽耶佛陀成道处的那株菩提树上折下一枝幼苗带去栽在大寺院内，至今尚存。①

东南亚其他地区较早接受南传上座部佛教的是下缅甸、马来半岛地峡地带、中南半岛南部，如扶南、林邑及狼牙修等国。在东南亚史籍中，公元五六世纪孟人建立的位于今天上下湄公河流域或锡唐河流域的金地国是最早出现南传佛教信仰的地区。9 世纪以后缅甸人在蒲甘地区建立王朝，1044 年阿奴律陀统一上下缅甸后将南传佛教作为其国教。1287 年蒲甘灭亡，但佛教以其为中心保存了下来，14 世纪素可台王朝直接接受巴利文书写系统，16世纪清迈成了东南亚上座部佛教中心之一。②

同时，南传上座部佛教约公元 7 世纪前后经缅甸初步传入中国云南西双版纳傣族地区，至公元 14 世纪以后得到广泛发展。公元 15 世纪以后，逐渐为与傣族毗邻而居的布朗族、阿昌族、德昂族中的部分群众所信仰。

（二）东南亚的南传佛教

1. 东南亚概况

亚洲的东南部称为"东南亚"，该称谓作为一个政治、地理和历史单元的名称出现在第二次世界大战期间，后被学术界所广泛采用。我国古代曾用不同的名称称呼该地区，最早称为南海，晋、唐以来南海之名不绝于史书。元明以来称为东西洋。东洋指菲律宾群岛、加里曼丹北岸一带；西洋指印度支那、马来半岛、苏门答腊、爪哇及加里曼丹之西海岸诸国。

东南亚是世界上人口比较稠密的地区之一，人口多分布在平原和河口三角洲地区。东南亚地区是多民族的地区，有 90 多个民族。民族众多，语言

---

① ［斯里兰卡］尼古拉斯·帕拉纳维达：《锡兰简明史》，李熙荣译，商务印书馆 1974 年版，第 122 页。

② 宋立道：《南传佛教国家宗教政治》，宗教文化出版社 2000 年版，第 78 页。

多样，人种以黄色人种为主。东南亚也是世界上外籍华人和华侨最集中的地区之一。该地区北接中国，西邻孟加拉国、印度，南倚马六甲海峡和新加坡海峡，东临南海；其在地理上分为中南半岛（又名印度半岛、印度支那半岛）和南洋群岛（又名马来群岛）两个部分。中南半岛上有越南、老挝、柬埔寨、泰国、缅甸、新加坡和马来西亚（西马部分）七国，南洋群岛南北长 3500 公里，东西宽 4500 公里，由 2.25 万个岛屿组成，是世界第一大群岛，包括菲律宾、印尼、文莱、马来西亚（东马部分）、东帝汶五国。①东南亚对称地分布于赤道两侧，属热带气候，气温高、多雨，土壤肥沃，物产丰富，是世界上出产天然橡胶、水稻、椰子、甘蔗、茶叶、香料、柚木及热带水果最多的地方，也是石油和锡的主要产地之一。东南亚是当今世界经济发展最有活力和潜力的地区之一，在未来世界政治、经济格局中，也占有重要的战略地位。

　　古代东南亚地处两大文明古国中国和印度之间，其土著文化深受中国文化和印度文化的影响。10 世纪前后，阿拉伯伊斯兰文化传入东南亚，16 世纪，西方文化开始传入东南亚。几大文化的进入、交融、碰撞，造就了今日东南亚地区宗教多样化的地区特色。宗教信仰在东南亚地区居民生活中占据重要地位。中南半岛除马来西亚外，越南、柬埔寨、老挝、泰国、缅甸和新加坡主要信奉佛教，其中泰国、缅甸、老挝、柬埔寨都是以南传佛教为主的国家，越南、新加坡大乘佛教与南传佛教兼有。马来西亚、印度尼西亚和文莱大都信奉伊斯兰教，菲律宾、东帝汶则以天主教为主。

　　东南亚是中国最早熟知并与之交往的地区之一。由于地缘、政治、经济和文化等方面的原因，中国与东南亚有极为密切的双边关系。中国文化曾对东南亚文化产生了积极而深远的影响，而东南亚各国的文化精华又丰富和发展了中国文化，南传佛教文化在东南亚与中国云南省南部、西南部的传播与发展就是这种文化双向流动的典型事例。

2. 南传佛教文化与东南亚社会

　　"对于东南亚和东亚各国来说，佛教最初都是异质的外来文化。尽管人们称上座部佛教为比较'纯粹'的宗教，但它进入不同国家、民族和社会环境之后，不免要同当地固有的文化相互作用、相互改造，从而形成了或多或少不同于印度原型的南传佛教"②。

---

　　① 萧克主编：《中华文化通志》，见王介南《中国与东南亚文化交流志》，上海人民出版社1998 年版，第 39 页。

　　② 宋立道：《南传佛教国家宗教政治》，宗教文化出版社 2000 年版，第 42—43 页。

　　佛教文化传入东南亚正是东南亚最早的国家开始建立之时。因此，作为印度重要宗教文化之一的佛教文化对东南亚的政治、宗教、文化、艺术、建筑、雕刻、风俗等社会生活的各个方面都产生了深刻影响，并且，佛教文化的传入加速了东南亚地区向阶级社会的过渡。佛教传教僧侣来到东南亚后，向当地贵族介绍了印度的宗教文化、行政制度、治国思想以及法律原则。东南亚地区的国家统治者为其统治的需要，主动地接受并推行佛教文化用来作为巩固其统治的工具，并颁布了许多法律条例，这样一来，印度的法律、道德、观念便在古代东南亚地区普及起来。

　　例如，佛教文化的传入激发了古代东南亚人民在建筑、雕刻、艺术创作上的积极性。从 9 世纪开始，建筑的婆罗浮屠和吴哥古迹，就是印度文化与当地风格相结合的产物，被称为东方两大奇观。另外，由于佛教的传入，丰富了东南亚语言和词汇，并且由此而产生了巴利文，并衍生出占婆文、孟高棉文、爪哇文等文字。由此可见，佛教文化的传入对东南亚社会历史的发展有着很大的影响。

　　佛教文化自 5—6 世纪进入东南亚地区后，不断地发展壮大，与当地文化互相融合，从而形成了独具特色的南传佛教，成为该地区的重要宗教之一。特别自 18 世纪以来，在一些特定的时期南传佛教甚至突破了宗教的传统领域而对泰国、缅甸、斯里兰卡等以南传佛教为国教的国家的政权表现出巨大的影响力。例如，在泰国 1770 年帕方和尚领导的弥勒应世起义，极大地震动了当权者。为了限制游方僧人，1345 年傣王写成了《帕銮三界》（从社会、历史、宇宙观论证君主政权的正确性），对僧侣资格进行限制，1902 年颁布了僧侣法将寺庙分为王立寺及私立寺。1941 年，泰国颁布僧伽法律，将民主政治的原则贯彻到僧伽法典中，依据这道法令，僧伽重新组织，采用了代议制政府的国家形式，任命僧王对全国的南传佛教活动进行管理。

　　虽然经过现代国家过程的洗礼，东南亚国家南传佛教与政治的分野逐渐明晰，但南传佛教文化对东南亚社会仍有着巨大的影响力。今天遍布缅甸、泰国、斯里兰卡等地的佛寺、佛塔和众多的南传佛教僧侣、信众正是南传佛教文化在东南亚地区影响力的具体表现，在泰国南传佛教受到了无与伦比的尊崇——泰国国旗中的白色即代表佛教。此外，南传佛教文化为东南亚地区信教国家提供了千年以来传承的社会伦理、社会行为规范，更是划分国家社会等级的重要依据，例如在泰国农村，每一乡村、小镇甚至是城市，都有非正式的等级制度，其划分基础部分往往来自宗教。① 南传佛教对东南亚社会

---

① 宋立道：《南传佛教国家宗教政治》，宗教文化出版社 2000 年版，第 77 页。

的影响历史悠久且深远。

　　（三）南传佛教文化与云南少数民族社会

　　南传佛教于公元7世纪左右传入云南西双版纳傣族地区，12—13世纪得到初步发展，15世纪以后得到广泛发展；公元13世纪间传入云南德宏地区，15世纪以后得到广泛发展；15—17世纪传入思茅、临沧、保山等地区。云南信奉南传佛教的主要是傣族，15世纪以后逐渐为与傣族毗邻而居的布朗族、阿昌族、德昂族及部分佤族所信仰。随着南传佛教的传入与发展，在中国与东南亚接壤的西双版纳、德宏地区形成了以傣族等民族为主的南传佛教文化，与东南亚信仰南传佛教的国家共同形成了一个"南传佛教文化圈"。

1. 传入时间

　　目前学术界对南传佛教传入云南的时间观点不尽相同。黄惠焜先生在《从越人到傣人》一书中通过考证南诏佛教和东南亚缅甸、真腊等国家的佛教史，认为傣族地区信奉小乘佛教的时间在中唐以后。颜思久先生主编的《云南宗教概况》一书中认为南传佛教传入傣族地区在公元7世纪的隋末到唐初时期，但同时颜先生也指出其兴盛与发展却在13世纪以后。赵橹先生在《云南社会科学》1982年第2期发表的《论佛教传入傣族地区的时代》一文中，通过对云南佛教史中的相关文史资料考证，以及对东南亚一些国家的历史研究，作出了这样的结论："巴利语系上座部佛教传入车里傣族地区是在13世纪末到15世纪。进而传入金齿、耿马傣区是公元15世纪，兴盛于16世纪。"云南大学陈保亚和木镜明两位先生所写的《南传上座部佛教入滇考》指出："原始傣族群在明代开始分化为西双版纳傣族与德宏傣族（包括临沧）、元江流域傣族和金沙江傣族。佛教北上入滇是在原始傣族群分化后开始的，所以没有以相同的路线和派系进入每一个傣语支系，由此断定佛教北上入滇不会早于明代，全民信教也不可能早于明代，这主要是语言年代学的证据。"据此他们将南传佛教传入云南傣族地区的上限定为14世纪。

　　在历史上民族的自然迁徙，或者宗教的传播都是逐渐的、缓慢的，并不引人注目的一个渐变的发展过程，是不可能也不必要做出某一年，或某几年传入这样精确判断的，只能根据客观的民族社会的发展实际和历史资料推测出相对误差较小的年代。因此，笔者认为南传佛教可能在7世纪已经零星进入西双版纳地区，然而当时的傣族社会发展程度还较低，南传佛教未能弘传，直到"元明之际"巴利语系小乘上座部佛教以惊人的速度在我国云南傣族、德昂族、布朗族聚居区传播，使傣族社会的"文明"

受到严峻挑战。①

2. 教派

在以西双版纳傣族地区为主的云南边境少数民族社会中流传的南传佛教主要有以下几个派别：

（1）润派。以清迈为中心的泰国北部地区，历史上称为"润国"，所以这里的佛教称为"润派"。"润派"的支系"莲花塘寺派"和"花园寺派"后来对戒律的解释发生了分歧，莲花塘寺派主张严守阿兰若戒条，花园寺派则认为可以对戒律进行适当的改革，并主张尽可能多地参加信众的佛事活动。两派单独建立自己的寺庙和布萨堂（戒堂），分别进行传教活动。"莲花塘寺派"傣语简称为"摆罢"（又称"摆坝"），意为"荒山佛寺"。"花园寺派"傣语简称为"摆孙"，意为"村寨佛寺"。西双版纳地区的"摆罢"保持了一些原始佛教的特点，僧人以苦修为事，不与世人交往。"摆孙"派主张僧侣不必强调戒荤腥，不必在山野修行，既可施舍他人，也可以吃他人的施舍之物。同时主张成群出家。在村寨大修佛寺。

（2）多列派。"多列"一词来自缅甸，其含义不详。相传此派创立人因违犯戒规，师父以钵盛水，钵底捅一小孔，令弟子将此钵挂于脖颈前行，水滴尽处方可居住。弟子行至山林时水才滴尽，便在山林建寺创建多列派。"多列"在发展过程中，又先后分裂为"达拱旦"、"苏特曼"、"瑞竟"、"缅座"四支派。这四个支派的名字皆来源于缅语。

（3）左底派。"左底"意译为"诚心"。相传此派系从"多列"派分出，僧人不可在一寺久住，经过一段时间以后，便由大佛爷带领本寺僧人离开寺庙到各地游化，然后定居到另一寺中，此派信众不准吸烟、喝酒，更不准杀生，除用一只报晓的公鸡外，家中不得饲养家禽家畜。因为戒律过严，僧侣和信众较少。②

3. 云南南传上座部佛教寺院

云南南传上座部佛教寺院的建筑，一般由大殿、僧舍和鼓房三个部分组成。中心佛寺以上的寺院都设有布萨（戒）堂和藏经阁，一些较大的寺庙建有佛舍利塔。也有一些舍利塔是单独建在寺外的，但不单独属于某个佛寺，而是由几个佛寺共同管理。大殿的前面或山门两旁通常建有两个专为供奉"寺神"和"方位神"用的砖砌小塔。由此可见，云南南传佛教文化中不论是群众的信仰或是某些佛教仪式的举行都和原始宗教的神灵崇拜相联

---

① 吴之清：《云南傣族与小乘佛教》，《宗教学研究》2004 年第 3 期。

② 蔡惠明：《云南小乘佛教现状》，《法音》1997 年第 10 期。

系，甚至在某些方面还渗有婆罗门教的礼神仪式在内。

大殿是主要的宗教活动场所，只供释迦牟尼佛像一尊。此外就是悬挂在佛像背后或殿内列柱之间的佛传和本生故事的绘画。某些较大的寺院还在佛像须弥座两边摆设王子仪仗作为装饰。另外，有些佛寺还有被称为"兽竿"的法器整齐地插列在佛爷法座的四周横木上，这可能和傣族原始宗教中的图腾崇拜有一定关系。德宏、保山等地的寺院，在建筑上多为木结构的楼房。西双版纳、思茅和临沧大部分地区的寺庙又多是砖木结构的殿堂式平房。

现存云南南传佛教寺院中比较有代表性的是西双版纳的总佛寺。该寺占地面积 3000 平方米，建筑面积约 1000 平方米，由佛殿"维罕"、佛学院教学楼、在建的"波苏"（直译为莲花极顶亭）、僧房"哄暖"几个部分组成。现今大门一侧有一摆着大鼓的平房，房内墙上绘有称为"搭萨西杂"的佛本生经图画，供有数尊佛像。其中一尊佛像，从肩背部伸出龙头状手臂七只，从后向前搂住头颅。北边正中为佛寺的主要建筑"雄罕"——佛寺大殿。大殿占地面积为 90 平方米，殿基约高一米，色泽紫红，殿墙为乳白色，安有铝合金门窗。殿宇约高七米，砖木结构建筑。重檐状殿宇的宇脊为四级台阶形状，宇脊正中有三座小塔，形成殿宇的最高点。佛寺大殿门上方悬挂着赵朴初题写的"西双版纳总佛寺"匾额。大殿高 5 米，殿室内铺有地板胶和地毯，上方盖有荷花图案的顶板。14 根直径约 40 厘米的红色木柱，分立在大殿厅室两侧。殿厅南面是供奉佛像的两台基座。台基座的正中，供奉着一尊高 2.5 米的释迦牟尼佛金像。金像左右及前面，供奉着 14 尊高不过一米的各种佛像。基座下台，供着大小佛像九尊。两台基座之间，摆满插有各色鲜花的花瓶。殿内有高僧为信徒诵经忏悔赐福。

总佛寺是新中国成立以前西双版纳地区的最高统治者召片领（直译为土地之主或土地之王）及其土司头人拜佛的圣地，同时也是西双版纳佛寺中等级最高的佛寺。各地佛寺的住持不时到此参拜、议经，是昔日拜佛圣地。目前，佛教信徒仍尊其为佛寺之首，常来朝拜，香客不绝。到西双版纳旅游观光的游客，也会前往参观、拜佛。

4. 云南南传上座部佛教的经典

傣文南传佛教大藏经内容与东南亚南传巴利语系大藏经的分类和内容基本相同，有三种不同方言的文字写刻本，即西双版纳傣文（傣泐文），德宏傣文（傣那文）和傣绷文。分经、律、论三藏和藏外四类。经藏为长部、中部、相应部、增支部、四部《阿含经》和小部经。小部经是由各种不同性质的篇目汇集的，共收《本生经》《法句经》等 15 种。《本生经》有 547 个佛本生故事，在西双版纳民间传诵，家喻户晓，妇孺皆知，对于佛事活动、日常生活、风俗习惯等影响广泛。其中《维先达腊本生经》最为傣族、布朗族信众所崇奉的，每年佛诞日都要朗诵此经，有些章节还被民间歌手改编成"赞哈"演唱。

律藏分为五个部分，即波罗夷品、波逸提品、大品（包括佛传、雨安居、医药、僧服等十章）、小品（包括揭磨、减净、坐卧具、仪法、佛典结集等十二章）、附录（比丘戒、比丘尼戒解说及大、小品的注释）。

论藏共收七部作品，即《法集论》《界论》《人设施论》《双论》《发趣论》《诲事》和《摄阿毗达义论》。

藏外类傣文本不全，如佛音、法护、佛授等大师的著作多数没有傣文本，只有《弥兰陀问经》《岛史》《大史》和《清净道论》等几种。

最后，还有傣文翻译的部分重要典籍和注疏，以及信奉上座部佛教各民族僧侣、居士的著作，涉及天文、历算、医药、历史、语言、诗歌、民间传说、佛经故事等，它们都被视为经书在佛教徒中流传，别具一格。傣文经卷可分为贝叶刻写本和构皮纸写本两类。纸写本又分为折装本和书册本两种式样。傣文大藏经以西双版纳傣文和德宏傣文书写的经卷流布较广，傣绷文经卷只在耿马的孟定和孟连一带流传。①

5. 南传上座部佛教对云南少数民族社会的影响

南传佛教文化进入云南后迅速地渗透到以傣族为主的滇南、滇西地区信教民族社会生活的各个方面。傣族和布朗族男孩迄今沿袭古老的传统，在七八岁左右由父母护送入寺，削发为僧，在寺院中学习傣族和佛教文化知识，在十八岁左右离寺还俗。也有经本人自愿，留寺深造并按僧阶升为正式僧侣的。从其他社会生活来说，以西双版纳为例，南传佛教文化的影响体现在以下几个方面：

（1）建寺造塔。傣族全民信仰南传佛教，村村寨寨都有佛寺，而佛寺中的建筑、装饰特色也在一定程度上影响了傣族地区的民居建筑风格。

（2）祈祷许愿。傣族在崇信祖宗的同时，又虔诚地信仰佛教。他们相信只有通过对神的献祭，才能达到与神交流的目的。

（3）人生观。在西双版纳，以傣族为主的信奉南传佛教的各少数民族都深信人有前生、今生、来世（三生三世），即"生有所来、死有所往"；人的灵魂将由其生前的善恶情况决定死后的去向；或升入天堂永享太，或投胎转世，或沦为畜生，或堕入地狱做恶鬼；现世的贫富、好坏状况，是前世

---

① 李弘学、吴正兴：《云南南传上座部佛教考察报告》，《法音》1990 年第 3 期。

作恶、行善所造成的因果报应，因此，信众经常设宴作摆、做善事以累积功德。① 南传佛教文化通过影响云南少数民族人生观在少数民族社会中起到了伦理规范和社会等级划分依据的重要作用，从而使它本身变成这些民族社会中重要的社会秩序依据。

（4）节日禁忌。信奉南传佛教的傣族等民族节日很多，如傣族泼水节、德昂族浇花节等，其中泼水节是小乘佛教一岁之首，又称"佛诞节"、"浴佛节"。傣族认为在关门节期间（七至九月）不宜结婚，因为这期间僧侣们在寺念经，此时结婚被视为不吉利。由此可见南传佛教文化深入地渗透到了这些民族的风俗习惯与生活习俗中。

（5）民族文化的传承。南传佛教文化自传入云南西南部以傣族为代表的少数民族地区以来，不断与云南少数民族社会相结合，深入到各少数民族社会文化、艺术的各个方面。就民族文化传承而言，以傣族为例，傣族民族文化得以传承，与历史上南传佛教寺院"奘房"的文化中心和学校功能有着密切关系。在古代，"奘房"不仅是傣族部落群族之间相区别的标志，也是祭祀、过节时人们讲述历史的文化中心，更是傣家少年的"学堂"。佛教寺院培养的傣族社会"知识分子"和由南传佛教文化所熏陶影响而产生的傣族民间歌手是傣族民族文化得以不断传承的中坚力量。自 19 世纪现代学校教育在傣族地区出现以后，随着国家政治格局的改变和傣族社会情境构架的文化变迁，南传佛教逐渐从傣族社会民族文化传承的主角"退居二线"，但其对傣族社会文化数百年来的深刻影响仍是不可小觑的。作为傣族民族文化的重要来源之一，今天南传佛教文化在傣族民族文化传承中的作用已经由民族文化传承的"实施者"内化精炼为民族文化传承的"根"，其作用和重要意义更多地体现为一种基础的支撑作用。

据西双版纳州佛教协会统计，全州共有佛寺 503 所，白塔 68 座，在寺比丘 5125 人，上学沙弥 1642 人。目前佛寺虽较简陋，但已能满足信众过正常佛教生活的需要，各县也建立了佛教协会，协助政府贯彻宗教信仰自由政策，维护佛教徒合法权益。景洪春欢公园内的山丘上，由上座部佛教国家信众资助新建的曼阁佛寺大殿，虽然为砖石混凝土结构，但保留了傣族佛寺建筑形式，颇为壮观。州佛教协会已制订工作计划，准备在今后数年内，逐步恢复和完善传统的佛教管理体制，培养上座部佛教的僧才，为全州"桥头堡建设战略"的实施，促进全州社会、经济发展作出应有的贡献。

以西双版纳地区来说，南传上座部佛教文化与东南亚国家之间相比较而

---

① 吴之清：《云南傣族与小乘佛教》，《宗教学研究》2004 年第 3 期。

言，宗教的世俗化是一致的，所不同的只是宗教信仰所外化出的风俗、习惯及建筑、雕塑在表现形式上略有差别。二者最显著的差别在于东南亚国家上座部佛教更多地参与到政治生活中，在一定的时期内甚至成为一股重要的政治势力，通过对信众的操控实现其对政权的控制力。由此，在民族、宗教多元化的东南亚地区往往会产生以民族宗教问题为表现形式的民族社会矛盾。而在我国西双版纳地区，因为处于民族团结和谐的民族大家庭中，没有出现如东南亚一样严重的民族、宗教问题。

三　云南南传佛教与东南亚南传佛教文化的现实联系①

　　云南南传上座部佛教在教理、教义及组织形态方面与南亚、东南亚各国的南传上座部佛教基本相同。

　　云南与东南亚南传上座部佛教文化的现实联系主要体现为，南传上座部佛教在东南亚、南亚各国与中国云南傣族的文化、经济的交流当中起到桥梁和沟通的作用。傣族和东南亚缅甸的掸族、泰国的泰族、老挝的佬族是跨境而居的民族，在生活习惯上相似，民族认同度极高，因此自这些国家传入的南传佛教文化容易被傣族人民所接受，并很快扎根于傣族传统文化的土壤上。经过与傣族原始宗教的碰撞、融合迅速渗透到傣族社会生活的方方面面。

　　随着中国改革开放事业的不断深入发展，云南南传佛教增进了与世界各国尤其是东南亚国家佛教界的友好往来。在国务院宗教事务局、中国佛教协会和云南省宗教事务部门的统一安排下，云南南传佛教不仅多次代表中国佛教界出访外国，还先后接待了来自泰国、缅甸、斯里兰卡、英国、美国、日本、韩国等国家和我国台湾省及香港地区的佛教界友好人士，以及前来开放佛寺朝拜、敬香、游览的海外客人。

　　1985年12月，以干拉雅妮·瓦塔娜公主殿下为首的泰国王室代表团一行11人到云南西双版纳、德宏等地访问。公主殿下每到一处，都参观佛寺并拜佛。当地佛教界对之均热情接待。

　　中国佛教协会副会长兼秘书长刀述仁居士曾到世界各地参加国际会议，1989年还专程率团到泰国参加前僧王遗体荼毗仪式；1990年，中国佛教协会选派了10名云南上座部学僧赴泰国留学，这是继1983年以来汉语系佛教僧人、居士分别前往日本、斯里兰卡留学之后，派出人数最多的留学僧团；

_____

① 此节相关材料由云南省社会科学院宗教研究所梁晓芬助理研究员提供。

1996年，刀述仁居士又率汉传、南传、藏传佛教代表团一行18人到泰国访问，拜会了泰国僧王、文化部宗教厅、华人佛教团体及主要佛寺。1997年，云南省佛教协会选派了5位南传佛教僧人到泰国、缅甸等国参加大型宗教活动，同年，选派两名僧人参加在泰国曼谷召开的世界佛教大会活动。2002年8月，经国家宗教事务局批准，应斯里兰卡佛教部的邀请，中国佛教协会选派了6位南传佛教青年僧人前往斯里兰卡留学，这是中国佛教协会首次正式选派南传上座部佛教僧人赴斯里兰卡留学，也是中斯两国佛教友好交流史上的一件盛事。2003年7月，以刀述仁副会长为团长，南传佛教高僧祐巴龙庄勐、都罕听、玛哈香、都罕拉等为成员的中国佛教护持团护送佛指舍利到泰国供奉。2005年5月，以云南省佛教协会刀述仁会长任团长，组成87人的迎请团赴斯里兰卡迎请圣菩提树回云南安奉。2006年11月，泰王国国王御赐袈裟，布施团一行20人在泰国外交部副次长查里瓦·伞塔普拉团长率领下，到临沧市耿马自治县耿马总佛寺布施袈裟并捐赠了佛寺维修经费；2007年3月，泰王国御赐袈裟，布施团一行23人专程到西双版纳总佛寺布施袈裟。这些活动增进了云南南传佛教同这些国家和地区佛教界人士和人民的友谊，增强了云南南传佛教与南亚、东南亚国家的佛教文化交流，扩大了云南南传佛教在国际上的影响力。

同时，云南南传佛教与境外佛教徒的民间友好往来也在正常展开。凡举行重大佛事活动和佛教节庆，双方互赠礼物，同聚共庆。1980年瑞丽县举行姐勒佛塔建塔奠基和洒净仪式，缅甸佛教界的比丘、长老和白衣尼专程赶来参加。1983年姐勒佛塔落成举行典礼，参加典礼的5万多人中，大约一半来自缅甸。1984年，由南坎佛教界知名人士组成的宗教代表团一行8人到德宏瑞丽县参观。1985年4月，德宏州组织规模宏大的浴佛节，缅甸南坎布巴佛教事务访问团一行7人来朝拜瑞丽县姐勒佛塔和芒市菩提寺，并与当地南传佛教徒共度浴佛节。1987年5月，原缅甸南坎人文会（治安建设委员会）主席吴赛达以民间宗教团体名义赠送瑞丽县姐勒佛塔释迦牟尼塑像一尊；同年11月，缅甸掸邦僧人召勐弄又赠瑞丽县姐勒佛塔白玉佛两尊。2000年5月，景洪市佛教协会都罕听会长接待缅甸大其力瓦赛勐佛寺住持库巴香腊长老一行100多人；同年12月都龙庄长老率团14人到缅甸大其力参加傣文版《三藏经》出版发行法会。2002年，伍并亚·温萨长老圆寂，在其葬仪上，缅甸的官方宗教部派出官员以及北部和其周边区域组织的佛教代表和很多缅甸老百姓参加仪式。2003年1月，都龙庄长老等4人参加缅甸第二特区（佤邦）邦康大金塔开光法会；4月，缅甸库巴温忠大长老来访；5月，都龙庄长老等4人应邀参加缅甸掸邦东部第四特区色勒地区佛塔、佛殿落成开光法会。2004 年 1 月 28—31 日，云南西双版纳傣族自治州总佛寺隆重举行都龙庄晋升"西双版纳祜巴勐"仪式，缅甸祜巴温忠大长老、祜巴阿亚坦大长老、祜巴香腊大长老，以及来自全国各地和缅甸、泰国、老挝的高僧大德与信众 10 万余人先后参加了这一盛大隆重的庆典活动。

此外，大量的傣族民间故事、传说及由此衍生的傣族圣迹文化也在云南南传佛教与东南亚南传佛教之间搭建起了交流的重要平台。如誉满东南亚各国的西双版纳曼飞龙笋塔，塔南面的一块大青石上有半个脚印，传说此脚印便是佛祖帕召来此传教时踩下的。以后人们便在佛祖的脚印下建造了这座笋塔。另在此地有一眼约一米的井，井里溢满泉水，传说此眼井也是佛祖用禅杖戳出来的。由于这则佛祖圣迹的传说，使该塔和井闻名东南亚，缅甸、泰国朝圣的香客历来络绎不绝，善男信女都要在佛祖的脚印里赊几块银币，祈求佛祖赐好运，另在圣井里舀一壶井水带回国去，传说此圣水能治疗各种疾病。

南传上座部佛教传入中国云南傣族地区以后，使中国云南傣族与斯里兰卡、泰国、缅甸、老挝等国信教民族创造了共同的宗教信仰，沟通了彼此之间的宗教感情，融合了民族文化，创造了相同的宗教生活环境，这对促进和稳定双方的边境关系、经济交流、协作、发展具有重要的作用。

在旅游、边贸等事业中，南传上座部佛教的媒介作用也是重要的，应当引起充分重视。云南傣族地区南传上座部佛教的正常活动，能够促进中国云南与南亚、东南亚各国经济合作、交流、发展；宽松、和谐的宗教环境和宗教生活必定能够促进双边边境贸易、文化建设、科技、教育合作等事业的合作、交流、发展。①

四　"桥头堡"战略视野下宗教文化的交流、互动与影响

(一) 面向西南开放的"桥头堡"战略

根据国家发改委编制下发的《指导意见》，云南"桥头堡"建设是一个为期十年的中长期规划，共分为两个阶段实施。2011—2015 年是"桥头堡"战略重点实施阶段，这一阶段云南将加快实施互联互通的通道路网建设、加快通关便利、综合口岸基础设施建设、昆明至缅甸皎漂的油气管道建设、国际物流体系的建设、连通云南到印度洋的口岸建设。2016—2020 年是重点

① 杨学政：《南传上座部佛教在中国与南亚、东南亚各国经济交流中的作用》，《云南社会科学》1994 年第 2 期。

突破阶段，这一阶段将建成昆明、曲靖、大理、蒙自四大枢纽为核心的公路、铁道、航空、水运对内对外网络运输体系的建设；建设石油、化工天然气、新能源、特色农业、矿产加工、生物制药、旅游文化、金融交通运输建设。在基础设施方面，构建南北方向的印度洋国际大通道，包括泛亚铁路、泛亚公路、深圳—广州—南宁—昆明—缅甸—孟加拉国—巴基斯坦—伊朗—土耳其伊斯坦布尔的亚洲大陆桥，是支撑"桥头堡"的重要骨架。其中连接云南与缅甸的通道，主要包括从德宏瑞丽出境的滇缅水陆联运通道、昆明—仰光的高等级公路和泛亚铁路西线。

"桥头堡"建设，既是推进云南面向西南开放、实现睦邻友好的战略需要，也是云南推进"兴边富民"工程、实现边疆少数民族脱贫致富奔小康的现实需要，对促进云南经济社会发展具有重大意义。

（二）南传佛教文化在"桥头堡"战略实施中的作用评价

位于云南最南端的西双版纳傣族景颇族自治州是云南省信奉南传佛教的主要地区之一，州内生活着傣、哈尼、拉祜、布朗、基诺等 13 个少数民族，占全州人口的 74%。土地面积近 2 万平方公里，与老挝、缅甸山水相连，与泰国、越南为近邻，国境线长达 966 公里。澜沧江纵贯南北，出境后称湄公河，流经缅、老、泰、柬、越五国后汇入太平洋，被称为"东方多瑙河"。因此，西双版纳州既是面向东南亚、南亚的重要通道和基地，也是云南对外开放的窗口。

宗教是人类社会长期存在的现象。宗教存在的长期性、宗教问题的群众性和特殊复杂性这三个特点相互联系、相辅相成，其中最根本的是宗教存在的长期性。南传上座部佛教作为云南边疆地区与东南亚诸国之间存在几百年的宗教交流平台同样具有这些特性。在当前"桥头堡"建设中南传佛教文化具有以下积极作用：

1. 云南与东南亚南传佛教宗教文化的交流，能够促进云南建设成为中国面向西南开放桥头堡地区的宗教文化交流平台。南传佛教文化博大精深、丰富多彩，其中蕴含着许多积极因素，特别在其伦理思想上"在其长期的发展过程中逐渐形成了一套完整的伦理道德体系，主要是以南传上座部佛教信仰观念为中心调节和规范僧众之间和圣俗之间关系的道德准则和道德规范，发挥着世俗伦理不可替代的社会作用，也承载着对社会人生的现实指导作用"[①]。对提升"桥头堡"建设地区的文化底蕴，促进文化建设，营造和

---

① 杨学政主编：《2006—2007 云南宗教情势报告》，见梁晓芬《南传上座部佛教对云南傣族地区社会和谐的积极作用》，云南大学出版社 2007 年版，第 87 页。

谐稳定的边疆局面，促进云南与东南亚诸国的睦邻友好关系，维护边境地区的安定繁荣，加强合作交流有着积极的支撑作用。

2. 近年来，云南与东南亚的外事交流日趋增多，南传佛教界在对外友好交流中的桥梁和纽带作用越来越为世人所重视，其"民间外交"作用日益凸显。云南省南传佛教界发扬与时俱进精神，积极开展对外交流交往活动，参加了一系列重大交流活动，宣传了我国宗教信仰自由政策和建设和谐社会的主张，在东南亚地区产生了广泛的反响，对提升云南省在东南亚的国际形象、扩大中华文化在东南亚的影响力产生了积极的作用。南传佛教文化为云南"桥头堡"建设进一步发挥宗教界在对外交流交往中的积极作用提供了一个重要载体。

3. 南传佛教能够为加强爱国宗教团体自身建设、推动宗教健康有序发展、促进宗教与社会主义社会相适应的需要作出更多的贡献。近年来，云南在加强南传上座部佛教教职人员和宗教人才队伍建设方面做了许多工作，但与推进"桥头堡"建设的战略需要还存在着较大差距，其主要原因是由于学习和研究南传佛教需要精通巴利文与傣文等文字，而云南目前缺乏这种人才，加之缺乏合理的资金支持，使得南传佛教文化无论是专业的教职人员，还是学术研究人员在数量与质量上都不能满足现实和发展的需求。南传佛教人才素质上参差不齐，结构上不够合理，出现了人才断层、青黄不接的现象。希望通过在加强与东南亚国家宗教文化交流的过程中，发现、锻炼、培养一批既有较高宗教学识和文化素养，又有较强活动能力和组织管理能力的高素质的南传佛教研究人员及教职人员，更广泛深入地引导广大宗教教职人员坚持走爱国爱教的道路，在服务社会、践行信仰中接受锻炼和考验，为云南省南传佛教的发展和宗教工作打下坚实的人才基础，同时也为维护宗教和睦、社会和谐及"桥头堡"建设服务。

（三）对策建议

南传佛教文化作为沟通云南与东南亚地区的重要文化平台，在"桥头堡"战略实施的背景下要保证其文化交流作用的充分发挥，以促进中缅、中老、中泰睦邻和谐、经济和文化发展。打造云南与东南亚地区南传佛教文化交流的优质平台应着力于以下几点：

1. 完善地区安全防范体系，从源头上杜绝不安全因素。虽然现在云南与东南亚诸国边境总体稳定，但是境外跨境民族犯罪活动特别是利用民族、宗教问题渗透危害国家安全的活动也十分严重，对此必须予以高度重视。完善跨境民族人口管理制度，加强宗教管理工作，坚决取缔邪教组织，为云南南传佛教文化的健康发展创造良好的安全环境。

2. 以经济发展为中心,着力解决云南边境地区贫困问题,推进"桥头堡"建设战略的实施。在边疆民族地区,要大力发展特色经济,鼓励乡镇企业加快发展,落实国家扶持政策,加大扶持开发工作力度,充分开发云南省南传佛教地区独具特色的民族文化旅游资源,加大基础设施建设力度,加强道路、交通、水电、通信和民居等建设,进一步提高和改善边疆民族地区少数民族的物质生存条件,为南传佛教文化的健康发展及对外交流创造良好的社会经济环境。

3. 逐步恢复和完善传统的佛教管理体制,培养南传佛教的僧才,为南传佛教为少数民族社会发展、民族进步作出应有的贡献。同时,各级宗教职能部门应加强对僧俗群众的教育——不分宗派,不论传承,紧密团结,爱国爱教,携手合作,宗教只有与社会主义社会相适应,为社会主义两个文明建设、经济社会发展和文化交流作出贡献,才会带来自身的更大发展。

4. 进一步加强云南与东南亚地区南传佛教之间各层次的友好交往,促进云南与东南亚相邻诸国的友好关系。要鼓励云南南传佛教与东南亚南传佛教进行定期的、制度性的、规范的友好交往。要教育云南各跨境民族的僧俗首先努力做一个合格的公民,在为当地社会和谐、经济发展作出贡献的同时,通过南传佛教文化这一交流平台,促进云南与东南亚各国的区域合作、睦邻关系和友好交往;通过宗教文化的沟通,使南传佛教文化成为维系云南与东南亚国家和地区间的纽带,为"桥头堡"建设提供政治、经济、科技、教育等方面的支持。

基督教在云南少数民族地区的传播和影响

苏翠薇[*]

19 世纪末至 20 世纪初,基督教在云南少数民族地区的传播与发展是云南少数民族近现代社会中影响最大的历史事件之一。云南少数民族地区的基督教以新教为主,也有少量的天主教传播。基督教通过医疗或济贫传教、创立文字、创办学校、培养传教士等方式进行传播,对云南少数民族的社会生活产生了深刻影响。自改革开放以来,特别是进入 21 世纪以后,基督教在云南少数民族地区的传播和发展中出现了许多新情况和新问题。该调研报告即针对这一情况并结合《面向西南开放桥头堡战略中的宗教文化建设研究》课题进行专题调研。

一 基督教(文化)在云南少数民族地区的早期传播

基督教在云南的传播始于 19 世纪 70 年代,即 1877 年自英国传教士戴德生(James Hudson Taylor,1832—1905 年)于 1865 年创立内地会,并向中国派遣传教士开始。1881 年,内地会英国传教士乔治·克拉克(George Clarke)夫妇由上海绕道缅甸入滇,经腾冲、保山等地辗转来到滇西重镇大理开办了基督教在云南的第一个教会。1883 年前后,英国传教士索理仁(Thorned)等人由四川入滇,到滇东北之门户重镇昭通进行传教活动,并相继在东川和昭通等地开办了教会。但由于当时各列强国家的注意力主要放在中国的东部和中部地区,无暇对西部地区活动的基督教会以更大的帮助,加之教会在当地遭到了中华传统文化的强烈抵制,以至于崇教者寥寥无几,发展十分缓慢。

1895 年,内地会总会根据少数民族地区封建统治较为薄弱、儒家文化熏染较少的特点,命令其在西南地区活动的传教士,要尽快学会土著语言,

---

* 苏翠薇:女,拉祜族,云南省社会科学院宗教研究所副研究员,本课题组成员。

以便在少数民族中开展传教工作。这一传教策略的转变，奠定了基督教在少数民族地区传播发展的基础，并首先在贵州西部与云南东北部交接的苗族当中获得了初步的成功。1904 年冬，柏格理率人深入苗族地区考察，最后选定云南昭通、彝良以及贵州威宁三县交界苗族（大花苗）聚居区中心的石门坎（属威宁县），作为开办苗族教会的据点，并于次年建起了教堂。此后，以石门坎教会的建立为突破口，基督教在西南苗族地区的传教活动发展迅速。在不到 20 年的时间里，逐渐延伸到滇东北、滇北、黔西北和川南的苗族地区，不仅整个乌蒙山区 80% 以上的苗族皈依了基督教，而且在当地的彝族中也有了初步发展，使得这一地区成为基督教在中国少数民族中最大的根据地。

基督教在中缅边境少数民族地区的传播始于 1862 年，英国将缅甸殖民化后，在中缅边的民族地区大力培养少数民族传教士，并先后在邻近我国边境的缅甸密支那、八莫、腊戌、莱凉、景栋等重镇建起了五个传教基地，为向我国境内滇西各少数民族地区传教做好了准备。1905 年，美国传教士永伟理（W. M. Young）在滇西南的拉祜族和佤族地区经过数年竭尽心力的传教之后，终于使一些少数民族群众皈依了基督教。与此同时，在滇西景颇族地区，缅甸克钦族（Kachin，与我国的景颇族为同一民族）传教士德毛冬，也于 1907 年在与缅甸毗邻的滇西山区一个景颇族小村寨——瑞丽县登戛寨开办了教会，建起了云南西部边疆少数民族中的第一座教堂和第一个教会学校，由此开始了基督教在云南少数民族地区的快速发展。此后，1912 年美国长老会在景洪傣族地区，1913 年德国内地会在玉溪地区，1914 年路德会在丽江傈僳族地区，1915 年瑞典神召会在滇西傈僳族地区，1922 年美国神召会在滇南彝族和哈尼族地区，1924 年丹麦神召会在滇南彝族和哈尼族地区，1926 年安息日会在滇中苗族地区及滇南哈尼族地区，1926 年基督会在滇西北傈僳族地区等积极展开了传教活动。

至 20 世纪 50 年代初期，云南基督教信众在滇东北和滇北苗族、彝族地区迅速发展到大约 5 万人；在滇西北傈僳族和怒族地区猛增到 3 万余人，教堂数目也由数座增长到近 300 座；在滇西景颇族地区教堂数量增长到 20 余座，信徒人数增加到大约 0.8 万人；在滇西南拉祜族和佤族地区信徒人数增加到 3 万余人，教堂数量增加到 200 余座；在滇南哈尼族和彝族地区，以江城县和墨江县为中心，共建起了数十座教堂，信教人数增加近 1 万人①。

基督教（文化）在云南少数民族地区的早期传播带有帝国主义侵略性

---

① 韩军学：《基督教与云南少数民族》，云南人民出版社 2000 年版，第 122—132 页。

质和分裂民族团结、祖国统一的企图。例如，民国初年，美国浸信会基督教牧师永伟里及其子永亨乐、永文生从缅甸景栋进入澜沧县、双江县境内传教。新中国成立前夕，糯福浸信会统率着澜沧、双江、耿马、沧源等地教堂200 余个，教民4 万余人，教会还有枪支、弹药、电台和其他物资，均由国外空投，为此，糯福教堂旁专门开辟空投广场一个。永氏教会在其编印的拉祜文教材中有一篇课文是《汉人来了，怕!》，在饭前祷告中有"上帝厄莎啊，汉人压迫我们"的祷文。随着永氏教会势力的日渐强大，教会的种种分离活动遭到了社会各界的反对。民国时期的《云南边地问题研究》一书中就写道："中英未定界（指新中国成立前滇缅南段未定界），不失于英伦飞机重炮，而失于永氏父子福音堂布道会。"①

　　基督教在景颇族地区的传播。传教士为拉近与景颇族的关系，大肆宣扬说景颇族的王子是英皇乔治六世，为帝国主义歌功颂德。加上旧社会大民族主义统治者的"化外"政策，使景颇族人民长期陷于贫困和艰难的处境，从而形成一定程度的政治上的离心和外倾。一些教徒成为帝国主义及国民党反动派拉拢利用的工具。如盈江县邦瓦寨的景颇族多数信仰基督教，计有52 户，297 人，新中国成立一度被帝国主义、国民党匪特利用，成为匪特活动的中心（全国人大民委办公室编：《景颇族调查材料之五》，第98—105页）。个别人甚至想成立"景颇王国"；有的人则说："我们不是中国人，是缅甸人，英国人当王子。"像瑞丽县登夏乡信教户数达总户数的45%，成年人中45%的人在教会学校读书，其中绝大部分到缅甸读过书，还有不少人在缅甸当兵。新中国成立初期有的信徒对党和政府认识不足，说政府是"汉人的政府"，在思想上存在着一定程度的民族隔阂②。

二　当代基督教在云南少数民族地区的传播和发展

　　1949 年10 月中华人民共和国成立后，党和人民政府实行宗教信仰自由政策，云南少数民族地区的基督教总体呈平稳发展态势。1950 年全省有教堂900 座，教牧人员1430 人，教徒约11 万人。1958 年以后，由于受极"左"路线的影响和政治运动的冲击，内地教会被迫转入地下活动，边疆民

　　① 参见政协澜沧拉祜族自治县委员会编《拉祜族史》，云南民族出版社2003 年版，第282—287 页。
　　② 刘扬武：《基督教在景颇族地区传播情况》，载云南省编辑组编，国家民委民族问题五种丛书之一、中国少数民族社会历史调查资料丛刊《云南民族民俗和宗教调查》，云南民族出版社1985 年版，第297 页。

族地区则出现了信徒大量外流的状况，宗教活动归于沉寂。1978 年十一届三中全会以后才得以重新恢复，并有了较大程度的发展。1982 年全省有教堂 370 座，教牧人员 1500 人，信徒 20 万。1995 年有教堂 1900 座，教牧人员 2000 多人，信徒约 40 万人。2006 年全省有教堂近 3000 座，教牧人员 4200 余人，信徒约 60 万人。具体情况如表 1。

表 1　　　　　　　1950 年以来云南基督教教堂及信众人数情况统计表

年代	教堂数	信徒人数	教牧人员	活动范围
1950	900	约 110000	1430	80 余个县
1955	900	110000		同上
1966	680	5400		同上
1982	370	200000	1500	同上
1993	800	320000	1600	100 余个县
1995	1900	约 400000	2000 多	近 110 个县
2002	2000	500000	4100	近 120 个县
2006	近 3000	约 600000	4200 余	

　　资料来源：熊国才：《云南基督教的历史、现状及特点浅析》，见载云南省宗教事务局《云南基督教与基督教工作》（内部资料），第 132 页。

　　（一）反帝爱国，摆脱外国差会的控制，建立爱国教会，实行自治、自养、自传方针

　　1949 年 10 月，中华人民共和国宣告成立，确立了社会主义制度，基督教亦随着社会制度的改变发生了深刻的变革。1950 年 7 月 28 日，以吴耀宗为首的 40 位中国基督教知名人士联名发表了题为《中国基督教在新中国建设中努力的途径》的宣言（简称"三自"革新宣言）。宣言号召广大教徒主动割断教会与帝国主义的联系，开展反帝、反封建、反官僚资本主义的教育以及为人民服务的工作。宣言提出要肃清基督教内帝国主义的影响，警惕帝国主义利用宗教培养反动力量的阴谋，实现中国基督教的自治、自养和自传。"三自"革新宣言的发表，标志着中国基督教为适应中国社会的伟大变革，为彻底摆脱帝国主义的控制和影响，在爱国爱教的道路上迈出了重要的步伐。此后，中国基督教的历史掀开了新的一页[1]。

　　信仰基督教的云南少数民族地区也开展了轰轰烈烈的"三自"爱国运

----

　　① 肖耀辉、刘鼎寅：《云南基督教史》，云南大学出版社 2007 年版，第 200 页。

动。1950 年，在云南活动的所有外国传教士被驱逐出境①。1957 年，在陇
川县拱山召开的内地教会代表团和当地教会座谈会上，决定加强当地教会与
上海浸礼会联会及昆明基督教"三自"爱国运动委员会的联系，逐步摆脱
外国教会的控制和影响。此后，在同年正式成立了"德宏五县基督教三自
爱国总会"。1957 年 3 月，澜沧拉祜族自治县糯福召开基督教代表会议，澜
沧、孟连两县的 148 名教会负责人和教徒代表出席会议，选举产生澜沧基督
教"三自"爱国运动委员会筹委会等②。云南基督教开始走上社会主义社会
大道，全面实行自治、自养、自传三自办教方针。

（二）云南各级基督教教会和信教群众参加各种学习，加强边疆民族教
会与内地教会的联系

新中国成立以后，党和政府十分重视基督教界的政治思想学习和教育，
加强边疆地区教会与内地教会的交往，让基督教信众了解社会主义新中国，
了解民族宗教政策，激发信教群众的爱国热情和建设社会主义的信念。在
20 世纪 50—60 年代，基督教全省性的学习共举行过 4 次，其中每次都有少
数民族代表。

第一次是 1956 年，由省政府宗教处主办，地点在鼎新街青年会，人数
300 余人，包括 11 个民族，时间 3 个月。学习内容有爱国主义教育、民族
政策。学习方式有座谈和参观。以后在 1957 年、1958 年和 1963 年由省政
协或省政府宗教处主办了多次各民族基督教教牧人员的学习班，学习内容多
为爱国主义及民族、宗教政策、社会主义教育。

同时，还组织基督教代表人士出外参观学习。如 1957 年由全国三自
爱国会主办的"云南省基督教少数民族参观团"去北京、上海等地参观
学习，参观团由景颇族滚龙任团长，傈僳族亚里达古任副团长，人数约
40 人。

新中国成立以来，云南边疆教会与内地教会一直有密切联系，边疆和
内地教会经常来往。1956 年春，内地教会由张现洲、杜忠三、王桂媛、
吴正贵、刘先国组成访问组，在省宗教事务处吕方舟处长的带领下，到德
宏州的瑞丽、陇川景颇族教会进行访问，并参加了在登戛召开的 1000 多
人的"教区大会"。会后，以市"三自"爱国会的名义邀请宗崩、勒康盖
（女）等教牧人员 10 人来昆参观。

---

① 云南地方志编纂委员会总纂、云南省社会科学院宗教研究所编撰：《云南省志卷　六十六
宗教志》，云南人民出版社 1995 年版，第 18 页。
② 云南省普洱市民族宗教事务局编：《普洱市民族志》，云南民族出版社 2009 年版，第 15 页。

自 20 世纪 50 年代中期至 60 年代初，在党和政府的组织下，经常开展各民族基督教界学习班或参观活动，内地和边疆民族地区教会的来往、交流、学习、参观更加密切，在相互交往中，互相支持、帮助和共同发展。

1956 年，内地教会在昆明以爱国会的名义，由李储文牧师主持，按立了景颇族的滚龙、司拉山弄二人为牧师。1957 年共按立了 4 个牧师，其中在上海以浸礼会的名义，按立景颇族的跑简诺为牧师；在昆明以爱国会的名义，按立傈僳族的约秀为牧师；在澜沧以爱国会的名义按立拉祜族的李扎志为牧师；在陇川以爱国会的名义按立汉族的王恩祚为景颇族教会的牧师。另外，由全国"三自"爱国会协助，在上海印制傈僳文圣经、傈僳文唱诗本和景颇文圣经。昆明爱国会每年还送给边疆教会大批年历、月历、图片等。内地教会还协助当地在拱山、龙盆修建了礼拜堂①。

通过以上学习和交流活动，促进了基督教内地教会与云南边疆民族教会的密切交往，密切了边疆民族基督教信教群众与祖国的感情，推动了基督教在少数民族地区的良性发展。

（三）党和政府对云南少数民族基督教教牧人员的关心和培养

新中国成立以后，党和政府就根据《共同纲领》的宗教政策精神，对宗教实行一律平等的政策。在政治上，从各族各界代表会议开始，各级党和政府对基督教界人士，就给予了较高的政治安排，从省级到市、县的人民代表大会都有基督教界人士代表全国至省、市、地（州）、县政协都有基督教界人士委员。其他如妇联、青联等各级组织都有基督教的代表参加。在生活上，对各地的基督教界上层人士给予关心、照顾，且极优厚。在人才培养和教育上，各级政治学校都招收了基督教界人士，从政治上、思想上给予提升的机会。

（四）云南基督教主要分布在边疆、民族、山区和贫困地区，教堂点多而分散

云南省是我国多民族多宗教的边疆山区省份，云南的基督教（文化）主要分布在昭通市、怒江州、保山市、德宏州、大理州、临沧市、普洱市、西双版纳州、红河、文山等边疆、民族、山区和贫困地区，这些地区目前大多数仍未解决温饱问题。2009 年，云南省登记受洗的信徒（含慕道友）有

---

① 张现洲：《解放前后云南基督教状况及其变化》，载云南省编辑组编，国家民委民族问题五种丛书之一、中国少数民族社会历史调查资料丛刊《云南民族民俗和宗教调查》，云南民族出版社 1985 年版，第 281—283 页。

80 余万，登记的教堂有 2400 多所，聚会点 1000 多个①。由于云南特殊的地理因素，形成了教堂多而分散的特点，如怒江州没有平坝，都是高山峡谷，村寨很分散，一座山上就需要三间教堂。目前，全州有 769 间大大小小的基督教堂点②。

（五）云南信仰基督教的少数民族多，少数民族人口比例大

云南受基督教影响的少数民族多，少数民族人口比例大，主要有拉祜族、傈僳族、彝族、苗族、景颇族、佤族、哈尼族、怒族等民族。少数民族信徒占全省基督教徒的 80% 以上③。其中昭通的苗族和汉族等民族，楚雄的苗族、彝族、傈僳族、汉族等民族，红河州的苗族、彝族、傣族、傈僳族、拉祜族苦聪人和汉族等民族，普洱市的汉族、彝族、拉祜族、佤族、哈尼族、苗族、布朗族、傈僳族、傣族等民族，西双版纳州的汉族、哈尼族、傣族、彝族、拉祜族、基诺族、瑶族、苗族、壮族等民族，德宏州的景颇族、傈僳族和汉族等，怒江的傈僳族、怒族和独龙族等民族，迪庆州的傈僳族等，临沧市的傈僳族、拉祜族、佤族、景颇族等。其中跨境民族为拉祜族、佤族、彝族、瑶族、傣族、景颇族、怒族、傈僳族、独龙族等。

三 基督教（文化）对云南少数民族社会的影响

云南世居的 25 个少数民族中，历史上有文字的民族不多，除藏族、纳西族、彝族、水族外，大多数没有自己的文字，他们的传统信仰是民族民间宗教，民族历史文化主要靠口碑传承。基督教传入后对云南少数民族的影响主要在以下几个方面：

（一）传教文字对少数民族社会的影响

文字是记录语言的符号，是语言交际功能的主要辅助性工具，也是历史文化得以保存和传播的最重要方式。云南少数民族大多数是以口碑传承自己的历史文化。基督教传教士为了在云南少数民族地区立足，使传教活动顺利进行，达到推行宗教教育和殖民化教育的目的，用拉丁字母拟订了一套拼写文字方案，如苗族、佤族、拉祜族、景颇族、傈僳族、普米族的文字最初就是传教文字，"从本世纪初到 1949 年，乌蒙山区 2/3 的苗族皆能草读《平

---

① 《云南基督教爱国爱教创和谐——访云南省基督教"三自"爱国运动委员会主席余文良》，《民族时报》，2010 年 2 月 9 日。http：//mzsb. yunnan. cn/html/2010—02109/content_ 133091. htm。

② 怒江州基督教协会提供。

③ 熊国才：《云南基督教的历史、现状及特点浅析》，载云南省宗教事务局《云南基督教与基督教工作》（内部资料），云新出（2002）准印字第 116 号，第 132 页。

民夜读课本》四册，达到扫盲标准"①。在东部傈僳族地区的武定和禄劝等地，凡加入教会者，也都能懂得傈僳文②。而在西部傈僳族聚居地区，据怒江教会负责人的估计，"识此种文字者约有七万人，在怒江地区者约三万人"③。与当地的信徒人数相比较，可见傈僳文在怒江地区的普及程度，在一定程度上结束了一些民族刻木记事的历史，使人们有更多的机会选择"言传身教"或传教文字。

传教文字创立后，教会便积极在云南少数民族地区开办教会学校和短期培训班，使传教文字作为一种新的文化形式融入少数民族传统文化中，改变了传统单一的口碑传承方式，并向制度化、规范化的学校社会教育转变，并使云南少数民族原有的口承文化有了固定和规范的意义，对云南少数民族历史文化的传播和发展起着重要的作用。同时，传教文字翻译出版的《新约全书》和《赞美诗》等宗教读物，由于其易学、易懂、易记，受到少数民族群众欢迎。传教文字的创制，便于少数民族学习和理解汉文，促进了少数民族与汉族思想、文化的交流。20 世纪 50 年代，中国科学院哲学社会科学学部语言研究所的研究人员和云南省各族干部一起，针对传教文字进行了改进，并使其成为在云南少数民族地区试行推广的文字，逐渐为云南少数民族群众所接受。

（二）基督教对云南少数民族民间宗教信仰的影响

基督教传入云南少数民族地区前，云南少数民族多崇信万物有灵，其中以自然崇拜、祖先崇拜、多神崇拜占主导地位。由于民族民间宗教因各地各民族各支系而异，因此基督教对其的影响不尽相同。例如，云南拉祜族拉祜纳支系"摩巴"（即拉祜语巫师的意思），是拉祜族原始宗教活动的职业者，在拉祜族群众中有较高的地位和影响。人们生病和吉凶福祸的预测，都要请摩巴来叫魂、送鬼、占卜、算卦、相面、看手相。而在进行此类活动时，要杀鸡、杀猪、杀牛来进行祭鬼看卦，驱除鬼神。这种原始的习俗浪费了大量的人力、物力和财力，严重影响了拉祜族人民的生产生活。基督教传入后，在信仰基督教的拉祜族地区，"摩巴"的职业被"教牧人员"取代。用迷信袪灾免祸求得吉祥的方法被贬否，送鬼、看卦、叫魂、跳神和讨福等活动逐渐被废除。又据 20 世纪 50 年代初有关怒江地区傈僳族和怒族信教原因的调

---

① 张坦：《"窄门"前的石门坎》，云南教育出版社 1992 年版，第 184 页。
② 《基督教在武定区的情况》（1950 年），载中央民族访问团第二分团《云南民族情况汇集（下）》，云南民族出版社 1986 年版，第 17 页。
③ 《怒江区概况》（1950 年），载中央民族访问团第二分团《云南民族情况汇集（上）》，云南民族出版社 1986 年版，第 3 页。

查，傈僳族"信教原因，主要是在烟酒、疾病、婚姻等方面节省耗费，生活因而得以改善"①。怒族的信教原因则在于："怒族人民长期处在社会生产落后和生活上贫困交迫的境地，患病后民族原始的宗教习俗——杀牲祭鬼，常使贫苦农民濒于破产而不可自拔。信教以后，可以废除杀牲祭鬼的习俗。外国牧师为了笼络人心，以少许药物为患者治病，在一定程度上降低了疾病和死亡率，为此而入教者占绝大多数。"② 由此我们可以看到基督教对云南少数民族民间宗教的影响是很大的。

（三）基督教对云南少数民族文化教育的影响

基督教对云南少数民族文化教育的影响与传教文字的创制和使用紧密相关，教会依托传教文字开办教会学校和培训班。如20世纪50年代仅在云南和缅甸交界的北部地区，"从片马往密支那走，每个较大的村子就有一所小学，小村子两三村合有一所"③。在云南德宏州的景颇族地区，教会也曾开办了十余所小学，其中仅云南的瑞丽县景颇族地区在1944年以前就先后开办了8所教会小学。这些教会学校低年级以英文和景颇文为主课，辅以缅文和圣经学习等课程，到了高年级时，则又将圣经学习提升为主课，另外开设地理、图书等课程，在进行文字普及和文化教育的同时，始终将向学生们灌输宗教教义、培养他们的宗教意识放在主要地位。④ 在云南拉祜族地区，基督教牧师永伟理父子等人曾在澜沧县糯福教堂连续开办了6期传教人员培训班，每期三至六年不等，从各地信徒中选派骨干分子参加培训，以学习拉祜文和佤文的形式进行宗教教育，毕业后学习较好的送到缅甸景栋深造，余者派往各地传教。学员人数最多的一期共开了6个班，其中佤文班两个，拉祜文班4个。六期培训班共培养拉祜文学员1000余人，佤文学员500余人，其中被任命为"撒拉"（拉祜语传道员之意）者590余人，分为十等（一说十二等），七等以上为大撒拉，三等以下为小撒拉。撒拉等级的划分基本上是以学习拉祜文和佤文的年限确定的。

云南少数民族地处边疆山区，长期处于中原王朝的政治、经济和文化边缘，社会交往面小，传教士创办的文字和教会学校使少数民族社会从传统自发和经验教育的模式，逐步转为学校教育制度化的模式。同时突破了少数民

---

① 《怒江区宗教情况》（1950年），载中央访问团第二分团《云南民族情况汇集（上）》，云南民族出版社1986年版，第23页。

② 《怒族宗教情况》，载《怒族社会历史调查》，云南人民出版社1981年版，第118页。

③ 《泸水兄弟民族的文化、宗教和习俗点滴》，载中央访问团第二分团《云南民族情况汇集（上）》（1950年），云南民族出版社1986年版，第248页。

④ 韩军学：《基督教与云南少数民族》，云南人民出版社2000年版，第64—65页。

族地区传统上只有巫师、祭祀、佛爷、长者等熟悉经典、精通仪式、伺候神灵的特殊人士了解掌握自己民族历史文化的状况，教会培养了一批批属于少数民族自己的知识分子，在当地传统文化中注入了新的文化形式。

特别是新中国成立以后，云南民族地区的基督教摆脱了帝国主义的控制，消除殖民化教会教育，倡导学文化、发展生产。例如，信仰基督教的澜沧县班利村拉祜族 1985 年至今有初中毕业生 100 多人，外出当兵 30 余人，打工者约 100 人；2002 年适龄儿童入学率为 100%，有高中生 3 名，中专生 5 名，村民的社会意识、教育意识和综合素质有了较大的提高。

同时，在少数民族节日活动中注入了基督教节日，丰富了少数民族节日文化。如拉祜族的传统节日有新米节、火把节、春节等，1992 年又推出了具有民族特色和代表性的节日"葫芦节"。信仰基督教的拉祜族地区，还增加了宗教节日"圣诞节"等。每年的公历 12 月 24—26 日，教会要举行隆重的纪念活动，如组织圣诗班唱圣诞颂歌，进行大型的游园活动文艺表演，内容极为丰富。

（四）基督教对云南少数民族生活方式的影响

由于历史的原因，云南少数民族地区存有早婚、近亲结婚、嗜酒和吸食大烟等习俗。基督教禁止信教群众喝酒酗酒。如《云南边疆史地丛书——双江》一书有这样的记载："傈黑卡佤嗜烟酒如命，男女妇孺，自小即以此为日常作业，乃入教以来竟多数戒除，比我们汉人的'禁烟要政'还厉行得彻底些；从来肮脏恶陋的容貌服饰，亦知清洁修整，日渐洋化。"

在婚姻方面，废除近亲结婚、买卖婚姻和包办婚姻等。教会在信教群众中严格推行一夫一妻，废除公房制和转房制，禁止三代（有的地方是五代）以内的血缘婚姻，主张婚姻自由，结婚不收彩礼。有的地方还实行结婚仪式的改革，把现代婚姻家庭的观念和制度带进了少数民族社会。如怒族盛行父母包办婚姻，结婚以牛为聘礼，聘礼少则四头黄牛，多则八至十头，贫苦青年男子常无力筹集聘礼而不能结婚成家。入教以后，教会规定"男女婚姻自由"，聘礼最多不能超过一头牛。由于废除了父母包办买卖式的婚姻，得到了青年男女的拥护，不少青年为了争得婚姻自由而入教。在拉祜族信教的地区，男女恋爱自由，只要情投意合，在符合国家婚姻法的条件下，到当地政府部门领取结婚证，确定日期便可成亲。结婚时可以自愿请牧师或传道员到教堂内举行证婚仪式。这种节俭办婚事的方式，对拉祜族的经济发展会有一定的积极作用。

在人们行为规范方面，教会结合当地民族的村规民约，推行十戒，以此来规范信教群众的行为，信教群众的精神面貌和生活都得到了很大的改善。

如澜沧基督教教规有以下 10 条：（1）听父母话；（2）不信鬼；（3）一夫一妻；（4）不偷人；（5）不饮酒；（6）要亲爱；（7）不杀人；（8）不嫖；（9）不赌钱；（10）服从基督教①。因此，在拉祜族大部分地区出现了"不打不闹、不偷不盗、不赌不骗、不吸毒、不贩毒、不吸烟、不喝酒、讲文明、讲礼貌、孝敬父母"的良好社会风气。1991 年，澜沧拉祜族自治县评选出 17 个文明村（行政村），其中有 15 个是信仰基督教的教区。这些教区的信教群众为社会主义物质文明和精神文明的建设作出了积极的贡献。再如，福贡教会制定的 10 条教规：（1）不吸烟；（2）不饮酒；（3）不偷盗；（4）不赌博；（5）不调戏妇女；（6）不信奉鬼神；（7）……；（8）……；（9）不准教徒吃结婚彩礼；（10）……。怒江地区的教会甚至把"讲究卫生"作为教规要求信徒恪守②。

（五）医药传教对云南少数民族社会的影响

云南少数民族地区地处边远贫困山区，历史上人们的生老病死都处于自生自灭的状态，特别在万物有灵观念的影响下，人们对于疾患往往采用神药两用，神主要指巫术和宗教仪式，药主要指当地有限的草药知识。在这种条件下，人们的健康和医疗卫生条件极其低下。当传教士开始在云南少数民族地区进行医药传教时，其在云南少数民族社会中的作用和影响就有了重要的意义。

医药传教第一次把现代医疗卫生的观念和技术带进了鬼神巫术医药控制的少数民族社会，使少数民族群众逐渐放弃了传统的鬼神观念和遇病就求巫问医、祭鬼祭神，消耗巨资的巫术活动。如在澜沧县班利村，基督教传入以后，传教士免费为拉祜族村民打针服药，治疗疾患，宣传现代医药思想。但同时，民间草医依然受到人们的欢迎，村民觉得其收费便宜。通过基督教会的扶持，基督教徒段三妹等经过培训，也开设了诊所。教会会计扎儿 1993 年曾经到澜沧县中医院进修，1994 年开小诊所的收入约 10000 元，随着诊所的增加，2001 年诊所收入约 5000 元。扎儿、段三妹等人作为教会专职传教人员，通过掌握简单的医学技术，为民看病，实践了基督教所提倡的自治、自养、自传的思想。同时，也方便当地群众生活，可以小病不出村，改变了过去生老病死听天由命的状况。更为重要的是信仰基督教的少数民族有

---

① 杨树谷整理：《澜沧县外来宗教情况》，载云南省编辑组国家民委问题五种丛书之一，中国少数民族社会历史调查资料丛刊《中央访问团云南民族情况汇集（下）》，云南民族出版社 1986 年版，第 168—169 页。

② 云南省编辑组国家民委问题五种丛书之一，中国少数民族社会历史调查资料丛刊《中央访问团云南民族情况汇集（上）》，云南民族出版社 1986 年版，第 14—15 页。

了现代医疗卫生技术的科学意识，使过去巨大的祭祀被求医问药、祷告祝福所替代，这对改变少数民族社会生活中的浪费陋习和少数民族的贫困面貌也有重要意义。

四　云南少数民族地区基督教及其文化存在的问题及对策建议

改革开放以来，特别是进入 21 世纪以来，随着基督教的进一步传播和发展，云南少数民族地区也出现了许多新情况和新问题。

（一）云南少数民族地区基督教及其文化存在的问题

1. 对宗教信仰自由政策的了解和理解不够

在信仰基督教的少数民族地区，部分教牧人员和信教群众不同程度地把宗教信仰自由政策片面地理解为宗教活动、传教活动也可以随意进行；有的有意强化"信与不信"的差异，对新形势下宗教与社会主义社会相适应的方针缺乏深刻认识；有的不能适应宗教事务管理走向法制化的趋势，对依法开展宗教活动和接受政府依法管理认识不足，在处理接待海外宗教人士、接受外来资助等涉外宗教事务和大的教务活动时不向政府报告，出了问题才来找政府解决；有的坚持"三自"爱国原则不够，不能在平时的工作和教务管理中加以贯彻。在神学思想上，相当一部分人仍坚持陈旧、落后的观念，表现为只传不管，盲目追求发展；有的在抵制外来渗透上态度不鲜明、立场不够坚定，个别人甚至充当境外敌对势力对我渗透的工具①。

2. 一些地区自由传道和异端邪说仍屡禁不止，宗教活动混乱

在云南信仰基督教的少数民族地区，目前仍然存在自由传道和异端邪说屡禁不止、活动混乱的问题，如福贡县的非法宗教"恒尼"、"斯利匹"，从 1985 年开始至 1990 年，由于诸多历史原因和现实的社会矛盾，教牧人员相互夺权，对《圣经》作出断章取义的解释，截至 1990 年年底，参加的户数已达 977 户 4977 人。"恒尼"、"斯利匹"非法诱使一部分不明宗教真相的信教群众抵制爱国教会，反对政府主管部门的依法管理，干扰司法和教育，严重影响了当地群众正常的生产生活秩序。如爱国的基督教两会的教牧人员和传道员无法进入他们之中传经布道，与两会断绝了关系。县委、县政府职能部门很难到他们之中去宣传有关政策、法

① 熊国才：《云南基督教的历史、现状及特点浅析》，载云南省宗教事务局《云南基督教与基督教工作》（内部资料），云新出（2002）准印字第 116 号，第 136 页。

规、条例。"恒尼"、"斯利匹"教徒不送子女上学,由于没有学生上学,学校被迫停办了 12 所;不领结婚证,超生严重;不求医治病;不参加申报户口,不参加乡村换届选举等;用"显灵"活动制造混乱。武定、禄劝两县的"小众教"部分教徒对党和政府有较强的对立情绪,不接受党和政府的领导,并有其认识偏激、行为极端的特色。教徒认为一个人只能信仰一个主,即信仰了耶和华就不能同时接受政府的管辖。不参加"三自"爱国会,认为"三自"爱国会是官办教会,是世俗权力与教会权力结合的产物,应该反对。不执行计划生育,认为计划生育是"杀生"的犯罪行为。全国人口普查时拒绝申报户口,认为信主只能信一个,户口只能报一次等①。虽然现在以上邪教组织和非正常宗教活动得到了有效治理,趋于平缓,但其宗教活动仍很混乱和不规范。再有如"门徒会"、"旷野教"、"三班仆人派"、"主神教"、"血水圣灵全备福音布道团"等邪教组织和非正常宗教活动依然是影响社会安定的因素。

此外,一是一些教职人员不按教会章程办事,随意为外地要求入教者施洗并支持他们去当地传教、私设聚会点,然后再向政府申请承认,客观上为乱发展宗教场所起到推波助澜的作用。二是省外一些所谓的传道士以经商、打工为名进入云南传教,在一些地方乱传教和乱发展教徒,随意设聚会点,影响了当地教会的团结、损害"三自"爱国教会形象,削弱爱国教会力量。三是一些教会团体内部管理制度不健全,存在无章可循或有章不循的情况;一些教会内部管理不民主,导致教会内部教职人员之间、信教群众之间产生矛盾,影响了教会团结②。

3. 基督教境外渗透仍然严峻

宗教渗透是指境外团体、组织和个人利用宗教从事的各种违反我国宪法、法律、法规和政策的活动和行为。其实质是以颠覆我国国家政权和社会主义制度、破坏祖国统一、控制我国宗教团体和宗教事务为目的的政治活动和宣传,以及在我国境内非法建立和发展宗教组织和活动据点。

云南地处祖国西南边陲,国境线长 4060 公里,有 9 个国家级口岸,12 个省级口岸,全省 16 个州市的 128 个县市全部对外开放。有 8 个州市的 26 个市县与缅甸、老挝、越南相邻。云南有 16 个跨境民族,其中独龙族、哈

---

① 韩军学:《关于"小众教"产生和发展的初步认识》,载云南省宗教事务局《云南基督教与基督教工作》(内部资料),云新出(2002)准印字第 116 号,第 189—194 页。
② 熊国才:《云南基督教的历史、现状及特点浅析》,载云南省宗教事务局《云南基督教与基督教工作》(内部资料),云新出(2002)准印字第 116 号,第 134 页。

尼族、景颇族、拉祜族、傈僳族、怒族、彝族、傣族、苗族、佤族等主要信仰基督教。随着云南改革开放的不断扩大，境外各种势力和宗教组织机构对我边境民族地区的渗透活动也不断加剧，其中尤其以基督教的渗透活动最为严重。当前，境外宗教组织以旅游观光、文化交流、教育科研、经贸合作、兴办企业、慈善救济、捐资助学等合法活动为掩护，或通过非宗教渠道进行宗教渗透的现象突出。如利用派遣专家和教师，以授课、学术研讨、聚会等形式，在我大专院校师生中秘密进行传教活动，发展教徒，并企图向中小学校扩张延伸。有的通过资助学术研讨会、出版学术著作、设立研究基金和教学研究机构对我教育和学术领域施加影响。有的外资企业利用招工、提薪等各种方式利诱和强制我方员工信教。有的利用互联网、广播影视等现代传媒手段对我进行渗透。总之，目前境外利用宗教对我进行的渗透活动，渠道更加多样，范围更加扩大，形式更加变化，手段更加隐蔽，进攻态势更加明显。特别在云南边境沿线及少数民族地区，境外渗透更加严重。

4. 境外宗教院校向我境内非法招生的现象日趋增多

近几年来，缅甸北部基督教的十多所神学院校瞄准德宏、怒江两州，以包食宿、学费和每月发零用钱及发给来回路费等手段，诱使我一些少数民族青年基督教徒非法出境学经。据有关部门透露，仅台湾地区资助缅甸的宗教文化经费每年就达 200 万美元[①]。以德宏傣族景颇族自治州为例，德宏州地处云南西南边陲，与缅甸联邦共和国掸邦、克钦邦接壤，国境线长 503.8 公里，总面积 11526 平方公里，辖 3 县 2 市，2002 年总人口 103.8 万人，是一个多民族多宗教的边疆州。截至 2000 年年底，全州共有教堂 234 所，信教群众包括慕道友共 39246 人。据不完全统计，仅 1995—1998 年去缅神学院学习的基督教徒就有 233 人（不含短期培训），如加上之前毕业和参加短训班的，不少于 500 人[②]。截至 2002 年，德宏州已有 121 人由缅北教会学校毕业回国，现在仍有 112 人非法在缅学经[③]。这些境外神学院校以免费提供吃住及来回费用、赠送书籍，由傈僳语神学教师授课等方式吸引我方青年出境培训，对我们教会的长期稳定造成不利影响。

---

① 熊胜祥：《以"三个代表"重要思想为指导 努力做好新时期云南宗教工作》，载云南省宗教事务局《云南基督教与基督教工作》（内部资料），云新出（2002）准印字第 116 号，第 10 页。
② 德宏州民宗局：《德宏州基督教现状及工作研究》，载云南省宗教事务局《云南基督教与基督教工作》（内部资料），云新出（2002）准印字第 116 号，第 324—330 页。
③ 熊胜祥：《以"三个代表"重要思想为指导 努力做好新时期云南宗教工作》，载云南省宗教事务局《云南基督教与基督教工作》（内部资料），云新出（2002）准印字第 116 号，第 10 页。

5. 私设聚会点问题突出

据有关资料显示，2008 年，云南有基督教私设聚会点 1426 处，接近经批准开放的基督教活动场所的一半。其中，农村有 1266 处，占私设聚会点的 88.78%；城市有 160 处，占私设聚会点的 11.22%；私设聚会点中 50 人以下的有 1191 个，占私设聚会点的 83.52%；51—100 人的有 178 个，占比例的 12.48%；101—500 人的有 56 个，占比例的 3.93%；500 人以上的有 1 个，占比例的 0.07%。

6. 宗教"两支队伍"建设与管理适应不了工作和发展的需要

第一，政府有关宗教工作职能部门的现状是机构弱、人员少、事情多、工作条件差，难以承担政府依法管理宗教事务的工作任务。第二，宗教工作部门经费困难，工作需要与实际投入相差太大。第三，对宗教事务的管理，重点、难点在基层，但目前大多数的乡镇管理不力或无人管理。第四，教牧人员队伍量少质弱，难以适应教务管理工作的要求，基督教爱国组织力量不大，有些州市县没有成立基督教爱国会①。

（二）对策建议

新中国成立以后，基督教和基督教文化一方面在云南少数民族社会中发挥了一定的积极作用，在一定程度上促进了当地经济、文化、教育、卫生和社会事业的发展；另一方面，基督教和基督教文化在新时期改革开放和经济建设中，以及云南"桥头堡"建设中也出现了一些新情况和新问题，对少数民族地区的民族团结、社会和谐、宗教和顺以及生产生活也带来了一些负面影响，有些问题还比较严重。针对基督教在传播和发展过程中存在的问题和困难，特提出以下建议：

第一，要充分认识宗教作为一种社会文化现象具有其存在和发展的长期性和复杂性；充分认识基督教在云南，特别是在边疆少数民族地区存在和发展是特定社会历史时期的必然选择，有着其客观的社会文化基础，不要用人为的方法和手段加以消灭和限制。因此，在如何看待基督教问题上，应当把注意力从基督教的"发展"方面转移到它的"活动"管理方面，充分认识到"堵"不如"疏"，"限制"不如"引导"的科学性和重要性。同时，要积极发掘和利用基督教中有利于边疆少数民族地区发展的积极因素，促进少数民族经济社会的全面发展。

第二，在宗教工作中，要坚持区别对待、分类指导的原则，把握政策，

---

① 熊国才：《云南基督教的历史、现状及特点浅析》，载云南省宗教事务局《云南基督教与基督教工作》（内部资料），云新出（2002）准印字第 116 号，第 137 页。

正确区分两类不同性质的矛盾，突出工作重点，强化工作措施，认真解决宗教工作中的重点和难点问题。针对目前基督教活动受非法宗教活动、邪教活动和境外渗透活动影响较大的特点，一方面，要加大打击邪教、抵制渗透，取缔非法宗教活动的力度，维护社会安定和人民群众生产生活安全，保证宗教活动的正常开展；另一方面，要加紧教会自身建设和自我完善工作，以"积极引导宗教与社会主义社会相适应"为指导，不断加强和完善爱国教职人员的培养工作和教会组织的建设工作，促使基督教活动的规范化，不断增强其抵御非法宗教活动、邪教活动和境外渗透活动干扰破坏的能力。

第三，进一步加强对异端邪说和非正常基督教活动的治理工作。存在自由传道和异端邪说的基督教地区由于受当地社会历史和自然条件的制约，科学文化较落后，生产力水平较低，缺乏合格的基督教教牧人员和宗教活动场所。因此，对这些地区，一是要进一步全面宣传贯彻执行党的宗教信仰自由的政策，进一步加强教育培训，发挥爱国宗教组织的作用，开展正信教育和爱国主义教育，抵制境外渗透。二是要进一步依法加强对宗教事务的管理，使宗教活动在宪法和法律范围内正常开展。三是要进一步加强农村科普知识的普及，增加科技投入，加大扶贫力度，并积极发展养殖业、种植业，增加经济收入，使广大信教群众从生产、生活上得到改变。四是要进一步加强文化、卫生、体育等基础设施方面的投入，改变这些地区长期缺乏文娱、体育活动场所等基础设备以及缺医少药的贫穷落后状况。五是对那些基督教活动混乱和家长不送孩子上学，学校被迫停办的地区，不仅要恢复正常的学校教育，而且还要加大对教育的投入力度，使贫困农户子女能有一个良好的受教育机会，从根本上改变文化落后的状况。

第四，进一步加强宗教工作队伍的建设，建设一支政治强、业务精、善管理的宗教工作队伍和一支具有宗教德识、爱国爱教的宗教教职人员队伍。宗教工作队伍的建设要把好"两关"，即把好进人关，要把那些具备宗教知识训练的政治素质较好的人才充实到宗教工作队伍，改变现有人才结构的不利状况，适应形势发展的需要；把好培训关，要着力抓好宗教队伍的业务和政策培训和素质的提高。宗教教职人员队伍的建设，要加大对年轻教职人员的培养，培养一批既有较高宗教学识又爱国爱教的宗教教职队伍，从根本上改变宗教教职人员与信教人数不合理的现状。宗教教职人员的培养要以"民主办教、民主管理"为重点，坚持不懈地抓好教职人员的思想教育、政策法规和正信教育，培养一支能与社会主义社会相适应的宗教队伍。

第五，增强反渗透的工作力度。一是各级党委政府要加强领导，从战略的高度提高对境外宗教渗透的认识。二是切实解决反渗透的工作经费，解决必要的交通工具和办公条件。三是建立反渗透的信息网络，提高应对和处置问题的能力。四是在边境一线，加强依法对宗教活动场所的管理，把信教群众引导到合法的宗教信仰上来，引导到建设自己的美好生活上来，稳定信教群众。五是统战、民族宗教、司法、外事等部门要齐抓共管，形成合力，使渗透无机可乘，把渗透活动解决在萌芽状态。六是要加大对宗教渗透的调研，寻求解决问题的良策。

第六，加强爱国宗教团体的自身建设。一是要加强党和政府对宗教团体的领导，依法加强对宗教团体的管理。二是要培养一支政治上靠得住、宗教学识有造诣、思想品德能服众、关键时刻起作用的新一代爱国爱教教牧人员队伍，选拔那些在信教群众中有威望的宗教人士担任团体的领导，真正起好党和政府与信教群众沟通的桥梁作用。三是在基督教及信教群众较为集中的云南少数民族地区，如怒江、普洱、临沧、西双版纳、德宏、昭通等州市设立云南省基督教神学院分院，建立省、州、县三级宗教人才培养体系，制定科学合理的教学培训规划，课程除开设社会主义爱国爱教教育、神学教育、科技教育课程外，还要针对云南少数民族语文水平较低的情况，进行傈僳语、拉祜语、佤语、景颇语、哈尼语和汉语的双语教学，以满足云南边疆民族地区的基督教发展和民族教会的需求。

第七，面对对外交往不断深化扩大，要妥善处理正常的宗教往来、合作和利用宗教进行渗透的关系。一是鼓励、支持宗教界在坚持独立自主、平等友好、互相尊重的基础上积极开展对外交往，增进与各国人民及宗教界的相互了解和友谊。宗教文化的对外交流需要各相关部门的重视，目前以多种渠道从境外来进行宗教交流交往的活动逐渐增多，境外文化对我方的影响越来越大，而我方能够进行文化交流的宗教界人士却走不出去，形成了境外文化单向影响我方的状况。应鼓励、支持内地宗教界与国际宗教界的友好交往，为促进祖国统一服务。二是要坚持独立自主的方针。宗教团体要按照国家的有关法律法规，公开进行正常的宗教友好往来，避免或减少宗教人士的私下往来活动。教职人员应树立防范和抵制境外宗教团体和个人干预我宗教事务的思想，做到不邀请境外教牧人员传教、不参与境外宗教培训、不散发传播境外宗教宣传品，接受境外宗教团体的捐赠要按有关规定申报和办理。有关职能部门要加强对引进外资项目和捐资助学、扶贫合作等的审查，规范项目引进的报批程序。各级职能部门要加强信息情报工作，对带有渗透意图的境外捐赠，应及时报告有关部门，已经接受的捐赠要按有关规定处置。

第八，合理安排宗教活动场所，妥善处理基督教私设聚会点问题。宗教活动场所是信教群众表达宗教感情的处所，合理安排宗教活动场所，对基督教活动正常化和抵御渗透、抵御邪教组织的侵扰都有重要的意义。目前存在的私设聚会点大部分是因为宗教活动场的布局不合理造成的。在城市的整改扩建中，应把宗教活动场所纳入城市规划。在农村，对于宗教活动场所布局不合理的要作适当调整。对于一些基督教新传入的地区，确属基督教的，要批准开放适量的宗教活动场所，将其纳入管理。对私设聚会点进行专项治理，要针对不同情况，区别对待。对于因宗教活动场所安排不合理，信教群众自发组织的活动点，要向群众讲明政策，争取群众到开放的宗教活动场所参加宗教活动，引导其走向正常化、规范化。同时，按照方便群众生产生活、便于基层政权管理的原则，合理布点，加强管理。对于家庭教会性质的活动点，要在做好信教群众思想工作的基础上予以取缔。对主持私设聚会点的教职人员，要对其进行教育转化，对个别违法犯罪分子，要坚决依法处理。

云南伊斯兰教经堂教育的
现状与问题调查研究

纳文汇 *

根据《面向西南开放桥头堡战略实施中的自己文化建设研究》项目研究的需要，我们先后到昆明、曲靖、大理、文山、玉溪、峨山、建水、开远、蒙自以及个旧的沙甸、鸡街等回族地区进行调研。一共跑了 6 个地（市）州的 16 个县的有关部门和约 20 个清真寺，分别同云南省伊斯兰教协会和昆明伊斯兰教经学院及各地统战部、民宗局等职能部门的有关领导、干部和清真寺的教长、伊玛目、管委会负责人做了访谈，并到相关的清真寺做了实地调查。通过调研，我们对云南伊斯兰教经堂教育的现状、特点和存在的问题有了进一步的了解和认识，并在此基础上提出我们的对策和建议。

一　云南伊斯兰教经堂教育的历史概述

伊斯兰经堂教育是伊斯兰教传统的教育形式，它是在清真寺内招收学生，由阿訇教授和传习伊斯兰教功课及知识，以培养宗教人才和教育广大穆斯林为目的的民族宗教教育。伊斯兰教经堂教育是伊斯兰文化的重要内容，是伊斯兰教和伊斯兰文化得以传承和发展的重要渠道和有效手段，也是回族穆斯林民间传统的自我教育形式，在回族传统文化的传承中发挥着无可替代的社会功能。我国伊斯兰教的经堂教育伴随着伊斯兰教的传入、发展而形成和发展，但成熟的经堂教育始于明朝嘉靖年间，至今已有 400 多年历史，到了清代中后期，全国各地具有一定规模的清真寺都办有经堂教育。

云南伊斯兰教的经堂教育发端较早，几乎与穆斯林进入云南的历史同步，有其悠久的历史和鲜明的特色，据有关文献记载，在回族入滇 700 余年的漫长历史中，全省回族聚居区凡具备经济能力的清真寺几乎都开办过经堂

---

* 纳文汇：男，云南省社会科学院《云南社会科学》执行主编，研究员，本课题负责人。

教育，明清时期曾形成颇具特色的中国伊斯兰教云南学派，云南由此成为中国回族伊斯兰文化教育的四大中心之一。① 清中后期，统治阶级对勇于反抗的回族人民进行了残酷的镇压和杀戮，回族地区的清真寺大部分被摧毁，伊斯兰教的经堂教育也遭到毁灭性的破坏。到了近现代时期，云南回族文化宗教界的先贤们与时俱进，将儒家文化和国民教育的内容在全国率先整合到经堂教育之中，独创了"中阿并授"的新式教育体制，为国家和民族培养了大批优秀人才，经堂教育才得以逐步恢复。新中国成立后，中国共产党实行民族平等和宗教信仰自由政策，伊斯兰教的经堂教育得到进一步恢复和发展。"文化大革命"十年中，由于林彪、"四人帮"的极"左"路线干扰，以"沙甸事件"的发生为标志，党的民族宗教政策遭到破坏，清真寺被强行关闭，阿訇被打成"牛鬼蛇神"，全省回族地区的经堂教育一律停办。十一届三中全会以后，随着党的民族宗教政策的落实，不仅各地清真寺经堂教育重新得到恢复和发展，而且还在国家宗教局支持下开办了面向西南五省区市招生的伊斯兰最高学府昆明伊斯兰教经学院。

云南伊斯兰教经堂教育对伊斯兰教在云南的传播和发展，对伊斯兰文化和回族文化的传承起到了积极而重要的作用，伊斯兰文化和回族文化在很大程度上就是靠这种民间的自我教育的形式一代代传承延续下来，回族穆斯林也是靠这种教育一代代生存和发展起来，如果没有这种遍布全省回族地区的伊斯兰教经堂教育，云南回族穆斯林不可能生存发展到今天，伊斯兰文化和回族文化也不可能保存发展到今天，更不可能有今天的成就和辉煌。同时，伊斯兰教经堂教育还是回族地区国民教育的一种有效补充，它招收的对象主要是考不上高中或考不上大学的青年人，它让这些不能升学或就业的游散于社会的青年有了自己的归宿，有了接受传统文化教育的机会，为党和政府解决了许多社会问题，对云南回族地区的经济社会发展、社会和谐稳定有着重要的影响和作用。但在经堂教育发展的过程中，特别是在改革开放以来的社会主义市场经济建设中，经堂教育也出现了许多新问题，有的问题甚至很严重，与社会主义和谐社会不相适应，在一定程度上影响了回族地区的民族团结、社会和谐稳定和经济社会的发展。

二　云南伊斯兰教经堂教育的现状及特点

如前所述，由于历史传统的原因，云南回族地区的清真寺凡有条件的几

---

① 其他三大文化教育中心分别是山东、南京、陕西。

乎都开办有传统的伊斯兰教经堂教育，但由于受社会环境、宗教氛围、自然条件、经济基础和师资水平等因素的制约，各地经堂教育的发展很不平衡，其办学规模、生源、教学质量等也参差不齐。在办学的层次上，云南伊斯兰教传统的经堂教育分为初级、中级和高级三个层次，云南的穆斯林群众习惯上又相应称为小学、中学和大学。总体来看，目前云南省回族地区开办的经堂教育经过 30 年的发展，目前基本形成了三种类型：

（1）传统的经堂初级启蒙教育。这种教育大多分为幼儿班和老年班两种。据不完全统计，目前在全省开放的 800 余座清真寺里基本都开办有启蒙教育，基本满足了广大回族穆斯林群众学习传承宗教和民族文化的需要。

（2）以培养农村回族社会所需阿訇为目标的中级经堂学校（中级班）。这类学校广泛分布在滇西、滇南、滇中、滇东各大区域的经济和文化基础较好的回族聚居区，数量在 300 所左右。教学内容除了《古兰经》、圣训、伊斯兰教义、教法等传统课程外，还系统地学习现代阿拉伯语，并聘请具有中学教师资格的本民族或其他民族的教师担任中学语文、历史、时政、法律和自然科学等课程的教学，教学基本采取"中阿并授"的模式。

（3）具备专科性质的新式阿语学校（高级班）。这类学校基本上都分布在省内回族经济文化较发达的滇南、滇中和滇西地区，办学条件、师资水平、课程设置、学籍管理、办学理念等都充分体现了与时俱进的鲜明特点。课程设置主要有：阿拉伯语、《古兰经》、圣训、认主学、古兰学、圣训学、教法、伊斯兰教史、阿拉伯语法、辞法等，另外还有法律、科技常识等，以现代阿拉伯语为主。

此外，云南回族地区清真寺自清代开始还出现了专门的"女学"，招收女哈里发（学生），聘请有一定伊斯兰教学识的"师母"担任女学教师，负责清真寺女学教学工作。因此，云南伊斯兰教经堂女学教育传统十分悠久，并且一直延续到了今天。这是云南回族伊斯兰经堂教育的又一个特点。

在我们调研的所有清真寺中，几乎都办有初级层次的阿文班或者幼儿班和老年班。办有中级阿文班的有：玉溪大营清真寺，峨山大白邑清真寺，建水城区清真寺，巍山县回辉登清真寺、小围埂清真寺，砚山县田心清真寺、松毛坡清真寺、茂隆清真寺。同时办有中级和高级阿文班的有：个旧市沙甸特格瓦阿文职业中学，鸡街老清真寺希达教育学院，开远市城区清真寺阿拉伯语中等专业学校，通海纳家营伊斯兰文化学院，大理穆斯林文化专科学校等。

昆明伊斯兰教经学院是国家宗教局批准开办的全国 10 所伊斯兰教经学

院之一。① 它于 1987 年 10 月在昆明市顺城街清真寺内正式成立，并于 1987 年秋季开始招收大专和阿訇培训班。截至 2007 年，学院已经招收三年制大专班 5 届、四年制本科班 4 届、宗教中专班 1 届，共培养学生 296 人；在职阿訇高级研讨班 5 届共 266 人，青年阿訇培训班 1 届，共为西南各省区培养了具有扎实的伊斯兰知识和现代科学知识的各类学员约 600 人。据统计，在这批毕业生中，先后共有 48 人分别前往叙利亚、巴基斯坦、沙特阿拉伯和埃及等国留学。② 有的已经学成归来，充实到昆明伊斯兰教经学院的师资队伍中，或在昆明市的主要清真寺担任了伊玛目，或在省、州、市两级伊斯兰教协会担任了一定的领导职务。

滇中地区玉溪市的大营村，通海县的纳古镇，峨山县的大白邑、文明村；滇南地区个旧市的沙甸、鸡街，开远市的大庄乡，砚山县的田心三村；以及滇西地区的大理、巍山；滇东、滇东北地区的寻甸、曲靖、会泽、昭通、鲁甸等地的许多回族村庄都是省内著名的经堂教育之乡。十一届三中全会后，这些地区的回族群众在清真寺里率先恢复了经堂教育，学生少则十余人，多则数十人。有条件的清真寺普遍实行"中阿并授"，其中涌现了一些有影响的新式的经堂教育专科学校。如通海县纳古镇的"纳家营伊斯兰文化学院"，滇南开远市城区清真寺的"开远市阿拉伯语专科学校"，大理五里桥的"大理穆斯林文化专科学校"，个旧市的"沙甸特格瓦阿文职业中学"、鸡街老清真寺的"希达教育学院"等。下面我们从实地调研的滇中、滇南、滇西地区中各选几所较有代表性的经堂学校进行介绍，来看一看云南伊斯兰教经堂教育的实际情况。

玉溪市的 46 所清真寺都办有经堂教育，其中有 26 所办有全日制的经文学校或经学班，在校学生 984 人；而正式挂了牌、登记认可的经文学校有 14 所；登记为经文班的有 10 所，有 20 所不具备办学条件；有两所清真寺因招收省外学生超过 50% 而暂不予登记。

通海县纳家营（现为纳古镇）历来都办有经堂教育，现在纳家营和古城清真寺仍办有老年班、妇女班和幼儿班，共有学生 1000 多人，本地人 700 多人，外地人 300 多人。另外，1994 年年初挂牌成立的纳家营伊斯兰文化学院至今仍存在，仍继续招生。设有全日制的初级班和高级班，学生多的

① 经国家宗教局报请国务院批准，目前全国共开办了 10 所大专以上的伊斯兰教经学院：北京的中国伊斯兰教经学院、北京伊斯兰教经学院、郑州伊斯兰教经学院、宁夏伊斯兰教经学院、昆明伊斯兰教经学院、新疆伊斯兰教经学院、沈阳伊斯兰教经学院、兰州伊斯兰教经学院、青海伊斯兰教经学院和河北伊斯兰教经学院。

② 根据云南省伊斯兰教协会办公室提供的统计数据。

时候有 400—500 人，少的时候 100—200 人。毕业时仍举行传统的"穿衣"仪式。新清真寺建成后，原来的老清真寺改为女寺，供女穆斯林礼拜使用。

峨山县大白邑清真寺历史上就办有经堂教育，"文化大革命"时期中断过，1979 年 6 月恢复办学。经堂教育办得较好，也较有特色，在峨山有一定影响。学校现在办有全日制中级班 4 个，另外还办有老年班和幼儿班。中级班是常设班，现有学生约 100 人，本地人 20 多人，外地人 80 人左右，外地人大都是昭通的，没有外省的学生。此外大白邑清真寺还办有女校（女寺），供女穆斯林礼拜和上课使用（我们去考察的时候还看到一些女学生在学习）。

红河州建水县约有 16500 回族穆斯林，分别在 8 个乡镇，其中城区有 3000 多人，回龙有回族 6000 多人，馆译（熟曲江镇）有 3000 多人，全县认可的清真寺有 27 所。其中回龙有一个大寺，三个小寺；曲江、馆译有 10 所清真寺。几乎每个清真寺都有经堂教育。

建水县回龙清真寺历史上就办有经堂教育，据说伊斯兰经学大师马复初设帐讲学第一堂课就在回龙清真寺。现在仍办有经堂学校（称为经文学校），并成立了教育基金会。全日制班共有 100 多人（其中外地学生有 70 人），学制三年；半脱产老年班分男女班，共有 300—400 人。全日制班的老师有 5 个，老年班的老师有 7 个。老师基本是传统的阿文学校毕业的，基本能满足教学的需要。生源主要是初中毕业生，也有小学毕业的，毕业率在 70% 左右。毕业时举行传统的穿衣仪式，毕业后大多数回家务农，少数留校或到其他清真寺任教。学生一律免费，并提供食宿。办学经费由群众捐资，学校的设施和老师的工资均由管委会提供。

开远的经堂教育早就有之，其中开远市城区清真寺经堂教育经文班成立于 1980 年，1998 年经有关部门批准更名为"开远阿拉伯语中等专业学校"，到现在已有 30 年，是在经堂教育的基础上发展起来办得较为成功的阿文学校之一，在云南乃至全国都有一定的影响。学校现办有从初级到高级各种层次的阿文班。现任校长马利古是云南省伊协副会长、昆明伊斯兰教经学院副院长、红河州伊协副会长、开远市伊协会长兼城区清真寺管委会主任，曾分别在巴基斯坦和沙特阿拉伯留学并获博士研究生学位，1998 年任校长至今，在教学管理上有较丰富的经验。他向我们介绍说：

　　现在学校办有五个班（一年级两个班，二年级两个班，三年级一个班），180 多人，学制二年（原来是四年制），最多时有 280 多人。生源主要是云南的（占 50%），另有甘肃、宁夏、广西、黑龙江等 23 个省区的，主要招收初中和高中毕业生。二年级开始开教义学，英语课 2 学时，时事政治 2 学时（讲国家政治法令和阿拉伯国家情况），体育 1 学时。阿语班的阿语课使用北京外国语大学阿拉伯语系的《大学基础阿拉伯语教材》（共 6 册），学完后阿语可达到大专水平。同时教授汉语的初中语文、历史教材，以适应将来进入社会的需要。学生毕业后 80% 有出路，有的到沿海地区当翻译，有的出国留学。此外还办有中老年班和培训班。学校教师面向全国招聘，平均月工资 3000 元，住房、水电免费，另外还报销探亲路费。学生每学年交学费 3300 元（包含学费、伙食费、住宿费、杂费等）。全校现有教职工 30 多人，学校每年开支 80 万—100 万元。经费主要来源：政府资助，企业家赞助，天课、铺面收入等，虽然经费很紧张，但在校领导的努力下还能支撑下去，没有影响办学的质量。

在个旧市的沙甸区和鸡街镇，有两所经堂学校值得特别关注：一所是沙甸的"特格瓦阿拉伯语学校"，另一所是鸡街镇的"希达教育学院"。因为两所学校的主要负责人都持瓦哈比派观点（当地叫"新观点"或"三抬"），在学校也推行新观点，所以在全省有一定的名气和影响。而当地政府和有关部门对他们是采取回避和不正面接触的态度。

大理州是滇西地区经堂教育最发达的地区之一，经堂教育十分普及，几乎遍布州内各县的主要回族村寨和城镇回族聚居社区。巍山县的永建乡是大理州经堂教育的重镇，具有悠久的历史传统。初级和中级经堂学校遍及 20 个回族村寨。1990 年起，在旅居海外的巍山籍侨商马绍周先生的努力下，成立了"惠光教育基金会"，经大理州教育局批准，在其家乡马米厂村开办了惠光实验小学，让村里的孩子在课堂里系统地学习标准的阿拉伯语。学校还专门编印了图文并茂的彩色阿拉伯语小学教材，免费提供给孩子使用；专门聘请教授阿拉伯语的教师授课。十余年来的教学试验效果非常好。此外小围埂清真寺、大围埂清真寺和回辉登清真寺开办的各种层次的经堂教育也很兴旺。

大理五里桥乡的"大理穆斯林文化专科学校"是云南省办得较为成熟的阿文学校之一，它于 1991 年 3 月经有关部门批准成立。该校立足大理，面向全国回族聚居区招生。学校的宗旨是：坚持《古兰》、圣训，坚持教育的三个面向，促进伊斯兰教与社会主义社会相适应，提高回族文化素质，培养具有较高宗教学识、信仰虔诚、热爱祖国，具有阿拉伯语听、说、读、写能力和大专文化程度的爱国爱教的伊斯兰教新型教职人员。经过近 20 年的探索和发展，该校已粗具规模。现该校有大学学历以上的专职教师 26 人，兼职教授 9 人，客座教授 12 人，学校占地面积 51 亩，教学建筑面积 10000 多平方米；有完整的领导班子、管理制度、教学大纲和四个教研部。学生按入学前的国民教育学历分为初级班、高级班和阿訇培训部三个层次实施教学，并挂靠云南师范大学开办了国家成人自学考试汉语言文学专业大专办学点，每学期都开设一门汉语言文学专业大专课程。受大理州伊斯兰教协会委托，不定期举办在职的青年阿訇培训，对其进行爱国主义和法制教育，以提高他们的宗教学识、阿拉伯语水平和政策水平。学校开办近 20 年来，共招生 34 个教学班 1188 名学生，毕业 15 届 16 个班 212 名学生，培养教长、在职阿訇和州内各县初级经堂学校校长 400 余人、大学生 200 多名；毕业生中有 200 人获得了云南省伊斯兰教协会颁发的阿訇证书，80 人获得了云南师范大学颁发的大专毕业证书，80 人出国留学，150 人在各地清真寺任职，80 多人担任阿拉伯语翻译，1 人代表国家参加沙特举办的《古兰经》诵读比赛。同时还编辑出版了《大理穆专》校刊 24 期。大理穆斯林专科学校的办学质量、教学成果和学术成果得到了各级领导的好评和社会各界的认可。

寻甸的经堂教育历史悠久，早在 1925 年就创办了怀圣中阿学校，是当时全省唯一的一所伊斯兰经堂教育大学。1995 年，寻甸县政府正式批准恢复怀圣中阿学校，几年来毕业学生 200 余人。会泽县新街回族乡的经堂教育比较活跃，其中大梁子清真寺 1980—2007 年开办阿文班五届，共毕业学生 180 多人。曲靖城区西门清真寺自 2006 年来开办有经堂教育中级班，2008 年已有学生毕业。[①]

昭通市的经堂教育自改革开放以后得到了较大的发展，1989 年鲁甸开放了清真寺 56 座，昭通开放了清真寺 60 座，有学生 600 余人。但近几年来，昭通市的经堂教育的数量和质量呈下降趋势，2004 年全市开办有经堂教育的清真寺或办学场所共有 79 所，2006 年为 59 所，至 2010 年递减为 35 所，比 2004 年减少了 55%；经堂教育在读学生也大幅减少，2002 年全市在读学生约 4000 人，2004 年减少到 1113 人，至 2010 年只有 778 人；学生的整体素质也有所下降。[②]

自 2007 年开始，根据云南省委宗教工作领导小组下发的《关于贯彻落实中央五部委〈关于进一步加强对阿语学校和伊斯兰经文学校（班）管理

---

① 见曲靖市民族宗教事务委员会编《曲靖回族历史与文化》，云南大学出版社 2010 年版。

② 见李正清《昭通回族文化史》，云南大学出版社 2009 年版；马俊：《云南伊斯兰教活动管理中的问题及对策建议》（调查资料）。

工作的意见〉的实施意见》的要求，全省各地在民族宗教职能部门和伊协等有关组织及广大回族穆斯林的指导关心下，大多数经堂学校都改为经文学校或经文班，并设立了相应的诸如董事会、校长办公室、教务处等管理机构和督学机构，产生了校长、副校长、教务主任等行政、教学管理人员，实行校长负责制；有的学校还成立了基金会，这就为经文学校科学、规范、有序管理和教学质量的提高，以及可持续发展提供了制度性的保证。

实践证明，上述几类新型民办中阿并授专科学校经过多年的发展，已经办出了特色，它们在继承回族民间经堂教育传统的同时，又结合时代的发展和需要而有所创新，是对当前国家高等职业教育的一种有益补充。

三　当前云南伊斯兰教经堂教育存在的主要问题

通过我们先后在昆明、玉溪、红河、文山、大理、巍山等地对约 20 所清真寺经文学校和经文班的调研采访，使我们进一步对云南伊斯兰教经堂教育的基本情况和经堂教育的作用、意义、成就，以及存在的问题有了更深的了解。目前云南省经堂教育也还存在诸多问题，有些问题甚至很严重，这些问题如不能得到及时有效的解决，不仅会影响经堂教育的办学水平和质量，也将影响到回族地区的经济、文化发展和社会稳定。当前，回族地区伊斯兰教经堂教育存在的问题主要有以下几个方面：

1. 普遍办学，学校规模小，管理不规范和教学质量较差

长期以来，云南回族地区凡有清真寺的地方都有经堂教育，大多数经堂学校是采取清真寺教长或阿訇自主招生、自己教学的"私塾"模式办学，教长、阿訇既是校长，也是老师，甚至是一师一校、一师一班，即兴讲课、随口教学，没有教材或自己编教材，没有任何规章制度，没有建立相应的现代规范的教学体制和督学体制，办学和教学资源分散，形成到处办学、遍地开花的结局。这就难以从根本上保证教学质量科学、规范和有序的管理。在我们调研的所有清真寺中，几乎全部都办有经文学校，但除了少数几所学校规模较大、较规范外，大多数经文学校规模都较小，或多或少存在着管理不尽规范、不到位，教学质量不高的情况。

2. 教师的学历、知识、文化水平参差不齐，综合素质有待提高

目前在经文学校任职的教师来源主要是：一是经学院毕业的（约占20%—30%）；二是传统经堂学校毕业的（包括教长、伊玛目、阿訇兼任教师和本校毕业留校的，约占30%—50%）；三是从国外各类伊斯兰学校留学、进修回国的（约占20%—30%）；四是国内国民教育学校毕业的

（包括退休、返聘的教师，约占 20%—30%）。教师来源不一，学历普遍偏低，知识水平、素质参差不齐，特别是汉语水平和现代科学技术知识普遍掌握不够。这些都在一定程度上限制和制约了学校的发展和教学质量的提高。

3. 教师的待遇普遍较低，影响了教师教学的积极性

从我们调查采访的情况看，目前经文学校教师的工资一般是在每月 800—1200 元之间，最高的是在 1500—3000 元，如沙甸特格瓦阿拉伯语学校最高每月 1800 元，鸡街老清真寺希达教育学院最高每月 2000 元，开远阿拉伯语中等专业学校最高每月 3000 元；最低的是每月 500—800 元，如建水县回龙清真寺经文学校最低每月 500 元，甚至 200 元（代课老师）。此外大多数学校没有为教师办国家规定的"三险一金"，即医疗保险、养老保险、失业保险和住房公积金。就是像昆明伊斯兰教经学院这样的最高学府也存在类似的问题：现有编制 15 人，但在编的只有 7 人，在一线工作的都是合同制用工。教师的工资、住房、福利待遇也较差，工资在 800—1500 元之间，退休后的生活没有保障，此外还不能评定职称。再就是为数不少的教师本身就是各清真寺的教长、伊玛目、阿訇兼任，由于其社会地位得不到应有的承认，待遇太低，没有工资保障，所以他们不得不每天忙着去乜贴、念经，忙于生计，也就不可能去主动学习。长期如此，既影响了教师的积极性，反过来也影响了教学的质量，对学校的发展极为不利。

4. 教材不统一，影响了教学质量的提高

现在经文学校普遍使用的教材，除了部分学校阿拉伯语课程统一使用北京外国语学院编写的教材外，其他课程使用的教材都不尽统一，各行其是，各取所需。有的是任课老师自己编写的。特别是必修课的教材不统一，如《古兰经》、圣训、杂学、核听等。如针对中老年人开办的经文班或补习班，有的还在使用新中国成立前的教材，学阿拉伯文还在按照传统的老办法拼读（俗称"割字"），老师教什么学生学什么，只知其然不知其所以然。极大地影响了教学质量的提高。

5. 学生来源不一，就业门路窄，影响了学生学习的积极性

目前各地经文学校招收的全日制中级班和高级班的学生大都是初中毕业的学生，少部分是没有考取大学的高中生，他们大多是本地人，一部分来自省内各州县，少部分来自省外的四川、贵州、甘肃、宁夏、广西等地。这些学生在国民教育学校时大多不爱学习、成绩不好，考不上高中或高中辍学才不得已来接受经堂教育，因此，调皮、厌学、逆反往往是他们的性格特点。很多人往往坚持不了，中途退出。要对这样的学生进行有效教学和管理，困难是很大的。这一方面在一定程度上影响了教学的质量和学校的声誉，另一方面是学生学成毕业后除少数到国外或经学院继续深造，一部分到广州、义乌、上海、福建等沿海地区当翻译、打工或到其他回族地区清真寺任教外，大多数是回家务农和打工，就业难，没有多少出路。学生看不到自己的前途，直接影响了在校学习的积极性。很多年轻人都不愿到清真寺学习，生源严重不足。

6. 办学经费普遍不足，限制和影响了学校的发展

从我们调查下来的情况看，云南回族地区的经堂教育从过去到现在，其办学经费主要是靠回族穆斯林捐资，这其中有回族群众的捐资，也有回族穆斯林挂的功德，还有回族企业家的资助，第一种情况和第二种情况比较普遍，云南大多数回族地区都是如此，如玉溪的大营，峨山的大白邑、文明村，建水的回龙；第三种情况如沙甸特格瓦阿拉伯语学校，其经费主要由沙甸企业家提供。但三种情况不是截然分开，也不绝对，而是彼此交叉，大多数是三种情况并存，只是程度不同而已。但由于回族地区的经济社会发展不平衡，经济发展同教育密切相关，一般是同经济发展成正比，经济越发展的地区，捐资办学、建盖清真寺的人和钱就越多；经济发展较慢、较落后的地区，经费来源有限，靠群众捐资办学就很困难，经堂教育发展就慢，存在的问题也较多。而且，作为一种民间自发行为，群众办学的自觉性、可持续性都不是一成不变的，它缺乏必要的制度保证、法律保证和社会保证，因此，办学经费的不确定性和相对不足也是制约和影响经堂教育稳定和可持续发展的重要因素之一。

四　对策和建议

在云南"桥头堡"建设战略实施中，包括宗教文化建设在内的民族文化建设是其重要的内容。而各民族和各宗教的传统教育又是宗教文化的重要组成部分。所以，重视和加强云南各民族和各宗教的传统教育，既是宗教文化建设和民族文化建设的重要内容，也是"桥头堡"建设的客观需要，同时还是各民族和各宗教自身发展的必然要求。因此，对伊斯兰教经堂教育来说，加强其管理和建设，进一步办好经堂教育，传承和发扬经堂教育的优势及作用，不仅是云南广大回族穆斯林生存与发展的需要和愿望，对促进回族地区的民族团结、宗教和顺、社会和谐稳定和经济文化发展，以及"桥头堡"建设都有积极而重大的意义。

针对上述问题并结合云南省回族地区伊斯兰教经堂教育的实际情况，经过我们认真分析、研究，特提出如下对策和建议。

1. 整合教学资源，集中力量规范办学和规范管理，不断提高经堂教育的教学质量

针对云南省回族地区普遍开办伊斯兰教经堂教育学校且学校规模小、管理不规范和教学质量较差的问题，我们认为，应由省民委、省宗教局领导和协调各级有关职能部门和各级伊协，在全省范围内，整合经堂教育的教学资源，集中力量办学；学习和引进国民教育的现代管理体制，逐步建立和完善经堂教育科学、规范、民主的管理和教学体制。具体是在有历史传统、文化底蕴、经济基础、师资条件，回族集中的一个州市或者一个县办好1—2所高级经文学校，教师可以调配，资金可以集中。首先是办好昆明经学院，在昆明经学院的示范作用下，在条件成熟的地区或经文学校开办昆明经学院的分院，将其纳入经学院的子系统，统一管理和考核。学生在分院学习两年，第三年转到昆明经学院继续深造，毕业时按统一标准考核，考试合格发给昆明经学院毕业证书或分院毕业证书；其次，在条件较好的清真寺集中力量办好中级层次的经文学校或经学班，不再办高级学校或高级班；再次，有条件的清真寺可以开办针对中老年的初级层次的经学班。此类学校主要招收本地穆斯林，以传承本民族文化为主，可以放宽管理，在村委会或伊协备案即可，不必再层层审批；没有条件的清真寺不必强求办学，以减轻当地群众的负担，当地的穆斯林可以到相邻的清真寺学习。

对类似个旧鸡街"希达教育学院"这样的学校，回避不是办法，建议有关部门要予以正视，不能长期置之不理，要为他们提供一个与社会沟通和交流的平台。在其遵守国家有关法律法规和宗教信仰自由政策以及爱国爱教的前提下，应按有关规定对其进行认定、考核，对手续、程序合法，达到有关标准的给予登记注册，并纳入常态管理。

2. 切实解决教师待遇，加强考核和培训，进一步提高教师的教学水平

教师的学历、文化知识、综合素质和教学水平是办好经堂教育和提高教学质量的关键，而一定的工作生活条件、经济基础和物质利益是必要的保证。因此有关部门和组织要切实帮助解决经堂教育教师工资偏低、福利和生活待遇较差的问题，要按国家的有关规定，帮助他们解决医疗保险、养老保险和住房公积金问题，解决他们的后顾之忧。这样，才能保证他们把时间和精力用在教学上。在此基础上要加强对教师的聘用、管理、考核和培训，可以引进和推行竞争机制，进一步提高教师的教学水平和综合素质。在经文学校还要特别注意招聘和培养汉语水平和汉文化较高的教师，注重现代科学技术知识的学习，以适应教学和经堂教育发展的需要。

3. 统一教材，立足本地，坚持中阿并授，培养两用人才，不断为学生拓宽就业门道

建议有关部门和各级伊协，组织专业人员编写全省乃至全国伊斯兰经堂教育各学科、各课程、各层次、各年级的统一教材，对初级以上的经文学校（班），要求学校和老师按教学大纲和统一教材规范施教；学生按统一教材学习；学校管理、办学成效和学生的学习成绩按统一标准考核，这样才能避免教师教学和学生学习的随意性和不规范性，提高经堂教育的教学质量。

在生源问题上，各地对跨地区招生的态度和反映不一，有的支持政府的决定，同意不跨地招生；有的主张顺其自然，有学生就招；有的认为可适当招一点，以补充生源。这种认识与伊斯兰教传统的经堂教育有关，因为历史上传统的经堂教育就是跨地求学、跨地招生的。穆罕默德有"学问哪怕远在中国，也当求之"的圣训，因此回族穆斯林为了求学是不畏路途遥远的，跨地区招生难以避免。希望有关部门对此予以慎重考虑，一切从实际出发，不要搞一刀切，实事求是，因地制宜，一切以有利于回族地区经济文化发展和社会稳定为原则。比如可以在以招收本地学生为主的前提下，确定一定比例或限制一定地区，适当地放宽招收条件，以解决生源不足和满足回族穆斯林的需求。对那些达不到登记条件的清真寺开办的属启蒙教育性质的经堂教育，当地伊协和清真寺管委会要加强管理，积极引导，但在教材使用上和生源上不必强求一律。

在经堂教育的教学中，要坚持中阿并授的办学方针，要强化对汉语、汉文化和现代科学技术的学习和掌握，要与各类职业教育相结合，在课程设置中合理安排伊斯兰教经文教育和专业技术教育的比例，在学生的培养目标上要面向社会、面向国家建设和改革开放的需要，努力培养造就出两用人才，使学生毕业后既能服务宗教，又能服务社会，成为发展农村经济和致富的带头人。回族传统教育中的"中阿并授"与职业技术培训相结合，应当成为云南省目前和今后经堂教育改革的发展方向。

4. 政府支持、群众捐资、自力更生，多头并举

在经费问题上，从政府方面来说，应高度重视宗教工作，加强对宗教工作的领导和支持，对经堂教育的办学经费给予必要的支持和保证。在调研中，许多地方的民族宗教部门希望我们向有关部门反映，现在宗教工作经费是挪用民族工作经费，特别是县一级的宗教工作经费相当紧张，无法有效管理宗教工作，建议从中央到地方建立省级宗教工作经费和基层宗教工作经费补助制度，以解决宗教工作经费严重不足的问题。不要等宗教工作或宗教问题出了事才来解决，火烧眉毛才来救火，那时就亡羊补牢，为时晚矣！从各清真寺来说，一方面要积极争取有关部门和广大穆斯林的支持和帮助，特别是要继续争取回族私营企业家的资助；另一方面要发扬自力更生的精神，充分挖掘和利用清真寺的一切资源，开展多种经营，拓展经济来源，立足自养、自给，以寺养寺。在清真寺和学校的财务管理上，要公开、透明，让捐资人和广大穆斯林有知情权，对财务管理信任放心。只有这样资金链才不会断离，才能保证经堂教育的正常运转。

总之，回族穆斯林的经堂教育经过几百年的发展，已成为一种民族性、群众性、传统性和系统化、制度化的民族教育，有极强的生命力。是具有中国特色的伊斯兰教育，是伊斯兰教育的中国化和本土化，是对国民教育的有效补充。广大的回族穆斯林对经堂教育怀有深厚的感情和希望，素有"国兴学兴，学兴教兴，教兴族兴"的期盼。只要我们正确引导和科学管理，必将对回族地区经济文化发展、社会稳定、民族团结和"桥头堡"建设起到积极的作用。因此，在云南"桥头堡"建设中，要加强包括伊斯兰经堂教育在内的宗教传统教育建设，依法加强对经堂教育的规范管理和创新管理，进一步办好经堂教育，传承和发扬经堂教育的优势及作用，使经堂教育在与中国特色社会主义建设的不断调适与互动中互为支撑、互为促进、互为发展，发挥经堂教育在"桥头堡"建设和云南经济社会发展中的积极作用，进一步促进云南回族地区的民族团结、宗教和顺、社会和谐及经济社会全面发展。

参 考 资 料

［1］国务院宗教事务局编：《宗教政策学习纲要》，宗教文化出版社 1995 年版。

［2］江泽民：《论宗教问题》，《江泽民文选》第 3 卷，人民出版社 2006 年版。

［3］齐晓飞：《关于和谐社会构建中发挥宗教积极作用的思考》，载《世界宗教文化》2011 年第 1 期。

［4］王作安：《中国的宗教问题和宗教政策》，宗教文化出版社 2010 年版。

［5］王作安：《加强管理，促进宗教和谐》，载《中国宗教》2011 年第 3 期。

［6］卓新平：《宗教文化与精神文明建设》，载《中国社会科学》1994 年第 3 期。

［7］纳麒主编：《中国面向西南开发的桥头堡建设丛书》，云南人民出版社 2010 年版。

［8］纳麒：《传统与现代的整合——云南回族历史·文化·发展论论纲》，云南大学出版社 2001 年版。

［9］杨福泉：《民族文化强省建设与民族文化的传承保护》，载《云南文化发展蓝皮书》（2009—2010），云南大学出版社 2010 年版。

［10］王学仁：《建设桥头堡　实施大战略》，载《社会主义论坛》2010 年第 4 期。

［11］王承才：《抓住桥头堡建设机遇　繁荣发展民族文化》，《民族时报》2010 年 8 月 10 日。

［12］张桥贵：《云南跨境民族宗教问题研究》，中国社会科学出版社 2008 年版。

［13］［美］威尔·杜兰：《世界文明史》，东方出版社 1998 年版。

［14］［美］塞缪尔·亨廷顿：《文明的冲突与世界秩序的重建》，新华出版社 2010 年版。

［15］段德智：《宗教学》，人民出版社 2010 年版。

［16］李申：《宗教论》，中国社会科学出版社 2010 年版。

［17］杨兆钧主编：《云南回族史》，云南民族出版社 1994 年版。

［18］纳文汇、马兴东：《回族文化史》，云南民族出版社 2000 年版。

［19］高发元主编：《当代云南回族简史》，云南人民出版社 2009 年版。

［20］杨学政主编：《云南宗教史》，云南人民出版社 1999 年版。

［21］姚继德、李荣昆、张佐：《云南伊斯兰教史》，云南大学出版社 2005 年版。

［22］纳文汇主编：《昆明伊斯兰教史》，云南大学出版社 2005 年版。

［23］肖耀辉、刘鼎寅：《云南基督教史》，云南大学出版社 2007 年版。

［24］刘鼎寅、韩军学：《云南天主教史》，云南大学出版社 2005 年版。

［25］萧继红、董允：《云南道教史》，云南大学出版社 2007 年版。

［26］杨学政、梁晓芬、王碧陶：《云南佛教史》，（打印稿，待出版）。

［27］刘稚主编：《东南亚概论》，云南大学出版社 2007 年版。

［28］马绍美主编：《沙甸的昨天·今天》，云南民族出版社 1996 年版。

［29］桂榕：《历史、文化、现实：国家认同与社会调适——云南回族社区个案研究》，云南人民出版社 2012 年版。

［30］姚继德、肖芒主编：《云南民族村寨调查丛书·回族——通海纳古镇》，云南大学出版社 2001 年版。

［31］中国社会科学院宗教研究所编：《世界宗教文化》总第 64 期至总第76 期。

［32］《中国宗教》2011 年第 1 期至 2012 年第 10 期。

后　　记

　　《云南对外开放中的宗教文化建设》是在我负责主持的国家社科基金项目《面向西南开放桥头堡战略实施中的宗教文化建设研究》的基础上修订形成的。该项目研究自 2011 年立项、开题、田野调查、查阅文献、收集资料、撰写，至 2013 年修改完稿，到 2014 年 3 月结项，历时两年零九个月的时间，其中的辛劳和甘苦可想而知。首先需要说明的是，该书虽然是以我个人的署名正式出版，但课题组全体成员对该项目研究给予了积极的支持和配合，承担了各自应尽的责任，所以，从这一点是来说，它也是大家共同劳动的成果。课题组成员云南省社科院宗教研究所副研究员苏翠微承担了课题中"宗教文化在云南社会历史进程和经济社会发展中的作用和影响"等部分初稿及专题调研报告《基督教在云少数民族地区的传播和影响》的撰写；课题组成员云南省社科院宗教研究所助理研究员王碧陶承担了课题中"云南宗教及其文化状况与特点"等部分初稿及专题调研报告《云南与东南亚国家南传上座部佛教的历史渊源和现实关系》的撰写，其他内容则由我独立完成，并由我对所有资料进行了筛选，对初稿进行了修改、统稿、编辑或重写，直至完成评审稿。之后我又根据评审专家的意见，查阅和参考了相关文献资料。再次对评审稿进行了调整、修订、补充和完善，并做了与之相关的大量工作，最终通过鉴定予以结项。后按社科院的安排和要求，进一步对"综合报告"做了修订和完善，并在征得课题组相关成员同意后将"专题调研报告"作为附录交出版社正式出版。在此，作为该项目的负责人，我要感谢课题组全体成员的支持和配合！感谢云南省社科院领导和有关部门的关心和支持！感谢中国社会科学出版社有关领导、责任编辑和校对人员的辛勤劳动！

　　再次需要说明的是，把云南建设成为中国面向西南开放的重要"桥头堡"，是在当时的历史背景下由时任总书记胡锦涛同志提出，后经云南省委确定和国务院批准实施的国家层面的建设战略。2013 年 9 月，习近平主席提出"丝绸之路经济带"和"21 世纪海上丝绸之路"（即"一带一路"）建设的战略构想，后经十八届三中全会确定为国家发展战略而正式启动。2015年1月，习近平总书记在云南考察时再次提出，要把云南建设成民族团结进步示范区、生态文明建设排头兵、面向南亚东南亚辐射中心。从"桥头堡"建设，到"一带一路"建设，再到"辐射中心"建设，都是国家发展战略的重要组成部分。但不管是"桥头堡"建设、"一带一路"建设，还是"辐射中心"建设，进一步全面对外开放，加强中国与世界各国的广泛联系，发挥包括宗教文化在内的民族文化在对外开放中的积极作用都是其重要内容和题中之意。本课题从立项到出版已历时五年之久，其间国内、国际形势以及政治、经济、文化等状况已发生了很大变化，因此，为了适应形势的需要，根据该课题研究的主要内容和目的，几经斟酌，特将书名定为《云南对外开放中的宗教文化建设》。这既符合时代的要求，也体现了该课题研究的意义和价值。

最后还需要说明的是，由于该课题研究涉及内容多、范围广、问题敏感，加之受时间、田野调查、资料及本人学识的限制，在研究的深度、视角、重点、个案、学理性、创新性等方面还存在诸多不足和缺憾，这都有待今后进一步的学习和深入的调查研究，同时也希望能得到同仁、专家、读者的批评和指教。

谢谢！

纳文汇

于昆明龙泉苑

2016 年 11 月